Nach dem Zweiten Weltkrieg hat in Deutschland nur Bertolt Brechts
»Theater am Schiffbauerdamm« – und auch nur solange Brecht dort
selbst arbeitete – auf die Entwicklung der Theaterpraxis einen Einfluß
gehabt, der mit dem der »Schaubühne am Halleschen Ufer« vergleichbar ist. Sie hat der Theaterarbeit insgesamt neue Maßstäbe gesetzt und
die Theaterkritik herausgefordert. Diese Schaubühne ist das Ergebnis
der Arbeit der Regisseure Peter Stein und Klaus Michael Grüber, der
Radikalität ihrer Ansätze und ihrer Ansprüche, der theoretischen Vorbereitung und praktischen Probenarbeit. Sie ist aber – mehr als wahrscheinlich bei jeder anderen Bühne dieser Bedeutung – auch das Ergebnis der Arbeit einer Gruppe von Schauspielern, die bereit war, sich von
zwei so verschiedenen Köpfen in sehr verschiedene Richtungen lenken
zu lassen – nicht in blinder Folgsamkeit, sondern in kritischer, immer
zum Widerspruch fähiger Zuneigung.
Peter Iden hat diese Arbeit der letzten neun Jahre mit intensivem Interesse verfolgt. In seiner Darstellung werden die berühmten Theaterauf-
führungen auch für den lebendig, der sie nicht miterlebt hat. Sie ist
gleichzeitig ein Ansatz zur Geschichte des Theaters in der Bundesrepublik in den 70er Jahren.
Peter Iden, geboren 1938 in Meseritz/Brandenburg. Gymnasium in
Lüneburg und Frankfurt am Main. 1955/56 als Stipendiat in Kalifor-
nien. Studium der Philosophie in Frankfurt und Wien. Verantwortlich
für die Frankfurter Theater-»Experimenta«. 1973/74 Lehrbeauftragter
im Fachbereich Klassische Philologie und Kunstwissenschaften an der
Universität Frankfurt. Als Redakteur Theater- und Kunstkritiker der
›Frankfurter Rundschau‹. Veröffentlichte 1973 »Edward Bond« (eine
Monographie).

Die Schaubühne am Halleschen Ufer 1970-1979

Von Peter Iden

Mit Fotos von
Ilse Buhs, Helga Kneidl, Abisag
Tüllmann, Günter Vierow
und Ruth Walz
Hanser Verlag

Theaterbuch 3

Foto Seite 2/3:
Peer Gynt, II. Teil, IV. Akt, Szene 12
ISBN 3-446-12852-2
© 1979 Carl Hanser Verlag München Wien
Ausstattung: Klaus Detjen
Umschlagfoto: Helga Kneidl
Satz und Druck: Appl, Wemding
Printed in Germany

Inhaltsverzeichnis

Vorwort 9

Die Schaubühne – Theater im Widerspruch 11

Einleitung 11
Die (Theater-)Verhältnisse und wie dagegen etwas Neues
entsteht 16
Peter Stein in München 16
Das Bremer Theater 19
Das Zürcher Schauspielhaus 26
Frankfurt 28
Berlin 29
Das Mitbestimmungs-Statut der Schaubühne 30
Der Anfang der Arbeit 34
Die Zielgruppen-Projekte 38
Ästhetik und Programm 40
Aufbrüche, die scheitern 41
Die Regisseure 46
Peter Stein 46
Klaus Michael Grüber 50
Die Bühnenbilder 57
Karl-Ernst Herrmann 57
Kritik von links – Peter Rühmkorfs Polemik 63
Was ist wirklich einzuwenden? 66
Aussichten, Pläne 70

Die Schauspieler 73

Ensemble-Politik 73
Gesichter im Ensemble 76
Edith Clever 83
Bruno Ganz und Jutta Lampe 86
Porträt: Bruno Ganz 87
Porträt: Jutta Lampe 92

Die wichtigsten Inszenierungen 97

Brecht/Gorki:»Die Mutter« (1970) 98
Handke:»Ritt über den Bodensee« (1971) 101
»Die Unvernünftigen sterben aus« (1974) 113
Ibsen:»Peer Gynt I + II« (1971) 116
Wischnewski:»Optimistische Tragödie« (1972) 136
Horváth:»Geschichten aus dem Wiener Wald« (1972) . . 144
Kleist:»Prinz Friedrich von Homburg« (1972) 150
Labiche/Strauß:»Das Sparschwein« (1973) 158
»Antikenprojekt« (1974):»Übungen für Schauspieler« . . 160
Euripides:»Die Bakchen« 165
Gorki:»Sommergäste« (1974) 181
Friedrich Hölderlin an der Schaubühne 187
»Empedokles. Hölderlin lesen« (1975) 188
»Winterreise« 192
Lasker-Schüler:»Die Wupper« (1976) 200
Shakespeare an der Schaubühne 203
»Shakespeares Memory I + II« (1976) 204
»Wie es euch gefällt« (1977) 213
Botho Strauß an der Schaubühne 218
»Trilogie des Wiedersehens« 222
»Groß und klein« (1978) . . . . : 226

Statt einer Bibliographie 235

Kritikerstimmen 237

Sämtliche Aufführungen der Schaubühne 269

Register 275

Vorwort

Theaterbücher über Dramatiker, Regisseure, Schauspieler, Bühnenbildner – aber ein Buch über die Arbeiten nur *einer* Bühne? Es gibt in Deutschland nach dem Zweiten Weltkrieg drei Theater, deren einzelne Produktionen zu einem Werkzusammenhang zu verbinden wären: Bertolt Brechts Bühne am Schiffbauerdamm in Ost-Berlin, das Bremer Theater während der Intendanz von Kurt Hübner – und die 1970 gegründete, neue Schaubühne am Halleschen Ufer in West-Berlin. Von einem »Werkzusammenhang« zu sprechen, ist dabei jedoch im Fall der Schaubühne schon deshalb problematisch, weil die Spielpläne eher durch Diskontinuität, die Aufführungen durch thematische und stilistische Wechsel geprägt scheinen. Dennoch ist ein Zusammenhang zu erkennen: in der Organisation der Arbeit, in der Radikalität der Ansätze, in der Qualität der Resultate. Darin ist jedenfalls mehr Kontinuität enthalten, als irgendein anderes deutschsprachiges Theater in den letzten Jahren entwickelt hat. Der Betrieb der meisten Bühnen, ihre Struktur, aber auch der Pluralitäts-Anspruch und der Produktionsdruck, unter denen sie stehen, lassen längst keinen »Stil« mehr zu, selten auch nur eine »Linie«. Gegen diese mangelhafte Praxis wurde die Schaubühne gegründet. – Ist der Versuch, soweit bislang beurteilbar, gelungen? Der schädliche Mythos, der sich um die Schaubühne gebildet hat, die Legende, legen nahe: ja. Und sicher zurecht gilt der öffentlichen Meinung diese Bühne als das erste Theater der Republik. Aber: Was insgesamt, an den Arbeitsmethoden und den Absichten, richtig gewesen ist, war es im Detail der Ergebnisse durchaus nicht immer. Daraus folgen scheinbare und wirkliche Widersprüche, in die jeder Beobachter sich unweigerlich verstricken mußte; so auch der Autor dieser Monographie. Es ist allerdings seine Überzeugung, daß es ein von Widersprüchen freies Theater sinnvoll so wenig geben kann wie eine entsprechende Wirklichkeit. – Immer wieder aber haben die mit der Realität streitend-korrespondierenden Aufführungen der Schaubühne dem Elend von Verhältnissen doch auch die Aussichten auf die Veränderung zu einem Glück entgegengehalten. Darum hinterließen sie oft soviel Trauer und soviel Lust. Und so eine sonderbare Mischung von beidem. – Davon war zu erzählen.   *P. I.*

»Nicht um die Konservierung der Vergangenheit,
sondern um die Einlösung der vergangenen Hoffnung
ist es zu tun.«

Horkheimer/Adorno:
Dialektik der Aufklärung
Philosophische Fragmente

Die Schaubühne –
Theater im Widerspruch

Einleitung

»Was für eine Reise!« – immer wieder war das, in der Bearbeitung von Eugène Labiches Komödie *Das Sparschwein* durch die neue Berliner Schaubühne am Halleschen Ufer (1973), der wehklagende Ausruf jener braven Bürger aus der französischen Provinz, denen in der Hauptstadt Paris nur schlimme Erlebnisse zustießen – eine Lustreise hatten sie unternehmen wollen, und es wurde eine Schreckensreise daraus. Im Rückblick auf viele Theaterabenteuer an dieser Schaubühne seit 1970 verändert der Klageruf, in deutschen Theatern eine Zeitlang ein geflügeltes Wort, seinen Sinn: Tatsächlich – nicht nur, weil Fahrten nach Berlin stets noch besondere Reisen sind und sogar die Berliner selbst von diesem Theater zu dramatischen Ausflügen in abgelegene Filmateliers, auf das Messegelände und in das nächtliche Olympia-Stadion veranlaßt wurden, nicht nur, weil oft lange Wege zurückgelegt werden mußten für dieses Theater – wollen der Erinnerung die großen Aufführungen der Schaubühne nicht anders erscheinen denn als Reisen.

Aber nun als schöne, ereignis- und erkenntnisreiche Fahrten, vielfältig bewegt, voll der erstaunlichsten Abwechslung der Gegenden und der Menschen, aufeinander bezogen dabei und einander durchdringend: das Wirkliche und die Träume, Chaos und Ordnung, Erregung und Stille, Empfindung und Einsicht, Scherz und Trauer.

Niemals sind die Premieren dieser Bühne »normale« Daten des Kultur-Programms gewesen, sie sind es bis heute nicht. Was die Schaubühne »macht« – schon die Pläne dafür waren heiß verhandelte Themen in allen anderen Dramaturgien Europas, unter Regisseuren und Schauspielern, Fernsehleuten und Kritikern. Das Phänomen dieses unerhörten Beobachtungsdrucks (der in der Schaubühne selbst oft bedauert wurde) ist schwer zu erklären. Es hat seine Gründe wohl in der Entstehungsgeschichte dieses Theaters und in den Arbeitsformen, die es entwickelt hat, vor allem aber in Produktionen, die Theater als eine besondere Form von Leben behauptet haben: Nicht als etwas, das zur Unterhaltung oder Belehrung vorübergehend so wahrzunehmen gewesen wäre wie leider die meisten Premieren sonst, dem raschen Vergessen bestimmt, sondern als Abenteuer, das Zuschauer zu Teilnehmern, ja: nun wirklich zu Reisenden machte, sie herausholte aus den bekannten Verhältnissen (freilich auch: damit diese Verhältnisse besser begreiflich würden), für Zeiträume manchmal, die nachher wie Tage schienen, und der Blick war dann verändert und das Denken auf neuer Spur. Aufführungen waren das, die man mitleben, in denen man leben konnte.

Wie die Schaubühne dem europäischen Kulturbetrieb in jeder Saison die Glanzlichter ihrer Produktionen aufsetzte, hat sie ihn auch überholt: Weil Theater hier jeweils aufs neue bestimmt und gerechtfertigt wurde, nicht als bloß ausgefallenes großstädtisches Freizeit-Angebot, sondern als Erlebnis- und Erfahrungswert, zugehörig der Zeit und der individuellen Lebenspraxis. Früh wurde der Schaubühne nachgerühmt (und von manchem bald auch eingewendet), sie sei ein Ort der besonders intensiv betriebenen dramaturgischen Reflexion. Die Ergebnisse dieser entschiedenen Nachdenklichkeit, welche die Arbeit der Bühne von Anfang an wirklich prägte, waren aber fast immer: große Erlebnisse. Jeder, der daran teilnahm, hatte lange zu erzählen und viel. Gewiß war über dramaturgische, politische und ästhetische Konzepte viel zu sagen – zuerst aber haben die Aufführungen sich an die Erlebnisfähigkeit ihrer Zuschauer gewendet und sie geweckt. Das ist im zeitgenössischen Theater, wo immer es sich auch gesellschaftlich verpflichtet, so selbstverständlich nicht. Der Ereignischarakter vieler Arbeiten der Schaubühne gründet vor allem in diesem hohen Erlebniswert der Inszenierungen. Es ist vielleicht das wichtigste einzelne Moment (und das schönste) der Produktion dieses Theaters, daß es gelang, auch sehr komplizierte ästhetische und politische Überlegungen mitzuteilen im Entwurf eingängiger und mitzuerlebender Bilder.

Mit diesen Bildern hat das Theater weit ausgegriffen. Manche der Aufführungen waren angelegt als Versuche, ganze historische Zeiträume szenisch zur Anschauung zu bringen: Die beiden *Peer Gynt*-Abende (1971) – eine lebhafte Bildergeschichte zu den Weltvorstellungen des 19. Jahrhunderts; das zweiteilige *Antikenprojekt (Übungen für Schauspieler* und *Die Bakchen* des Euripides, 1974) – ein langer, fragender Exkurs in die Antike; das dreiteilige Shakespeare-

Projekt (*Shakespeares Memory I + II*, 1976, und im folgenden Jahr *Wie es euch gefällt*) – die ausführlichste Einlassung auf das elisabethanische Zeitalter und den Geist der englischen Renaissance, die bis dahin ein Theater sich zugetraut hatte. Das waren manchmal wirklich eher »Unternehmungen« als noch Aufführungen, es mußten für sie immer wieder neue Schauplätze geschaffen werden, Umgebungen für Abläufe und Darstellungen, die über die eingeübten Erwartungen an Theaterinszenierungen kühn hinausgingen.

Das Interesse an den Produktionen der Schaubühne war sehr bald weltweit. Das Ensemble gastierte in Finnland und in Polen, in London und in Paris, mehrmals in der Schweiz und in Italien; längst nicht alle Einladungen zu internationalen Tourneen konnten angenommen werden. Während einiger Spielzeiten wurde Berlin durch dieses Theater fast zu einer Pilgerstätte für Theaterleute, die aus Amerika ebenso anreisten wie andere aus Moskau. Die Nachwirkung der Aufführungen und der Arbeitsmethoden der Schaubühne ist noch gar nicht abzusehen. Soviel kann man aber schon festhalten: Nach dem Zweiten Weltkrieg hat in Deutschland nur das Theater Bertolt Brechts am Schiffbauerdamm – und nur solange Brecht noch selbst dort arbeitete – auf die Entwicklung an den Bühnen einen Einfluß gehabt, der dem der Schaubühne vergleichbar ist. Dieser Einfluß ist an den Theatern, nicht nur in Deutschland, allenthalben nachzuweisen. Er betrifft die Konzepte der Dramaturgien, er hat viele der wichtigsten Regisseure und Schauspieler des europäischen Theaters mitgeprägt, die heute aus der Generation der Dreißig- bis Vierzigjährigen in exponierten Positionen arbeiten und er ist aus einer neueren Geschichte der Entwicklungen des Bühnenbildes (als Entwicklung des Bildes zum Raum) nicht wegzudenken. Das heißt: Es wurden in Berlin der Theaterarbeit insgesamt neue Maßstäbe gesetzt. Noch der Widerstand gegen Organisationsformen der Schaubühne hat mindestens einen ihrer Kritiker zu entscheidenden Steigerungen getrieben: Claus Peymanns Erfolg als Schauspieldirektor in Stuttgart zwischen 1974 und 1979 ist auch ein Resultat der Auseinandersetzung dieses Regisseurs mit der Schaubühne, deren Mit-Direktor er zunächst war. Auch die Theaterkritik ist von der Berliner Bühne herausgefordert worden: Die intensive geistesgeschichtliche und praktische Vorbereitung einzelner Projekte der Schaubühne hat der Tageskritik die Grenzen einer Tätigkeit aufgewiesen, der es mitunter nicht mehr gelingen konnte, die Dimension einer

Aufführung unter journalistischen Voraussetzungen noch zu erfassen, zu beschreiben und zu beurteilen.

Die enorme, anhaltende Wirkung auf das gegenwärtige Theater ist zustandegekommen, ohne daß die Produktionen der Schaubühne einen einheitlichen Stil ausgebildet hätten oder auf die Verwirklichung eines bestimmten ästhetischen oder politischen Programms festgelegt gewesen wären. Das ist ein erstaunlicher Umstand. Die Aufführungen am Theater Otto Brahms, die Inszenierungen Stanislawskis in Moskau, die Arbeiten Reinhardts oder Jessners, Piscators oder Brechts, in jüngerer Zeit die Versuche Grotowskis in Polen und Peter Brooks in London und Paris – das sind alles Entwürfe, die sich, jedenfalls retrospektiv, in ihren Einzelheiten weit eindeutiger als die der Schaubühne auf ein stilistisches Grundkonzept zurückführen lassen, auf einen relativ übersichtlichen Kanon von Absichten und Mitteln. Ihre historische Bedeutung liegt gerade in der programmatischen Zielsetzung. Einer solchen stilistischen Fixierung ist die Schaubühne früh ausgewichen. Man sieht das schon an den Stücken. Eröffnet wurde das Theater, im Oktober 1970, mit einer Aufführung von Brechts *Die Mutter* (nach Gorki), aber schon die zweite Premiere, drei Monate später, galt Peter Handkes *Ritt über den Bodensee*. Und Handke hatte gerade, scharf polemisierend, sein Desinteresse am Theater Brechts öffentlich bekundet. Der Durchgang durch die Spielzeiten (der in diesem Buch ein eigenes Kapitel bilden soll) wird später noch zeigen, auf welch unterschiedliche Positionen des alten und des zeitgenössischen Dramas die Schaubühne reagiert hat. (Zum Ärger vor allem einzelner linker Gruppen, die eine ideologische Festschreibung des Programms verlangten.) Gespielt wurden Enzensbergers *Verhör von Habana* (als dritte Premiere, 1971) und Hofmannsthals *Gerettetes Venedig* (noch im selben Jahr), Wischnewskis Revolutionsstück *Optimistische Tragödie* und Kleists *Prinz von Homburg* (beide 1972), Labiches *Sparschwein* und von Botho Strauß *Die Hypochonder* (beide 1973), Heiner Müllers *Lohndrücker* und Handkes *Die Unvernünftigen sterben aus* (beide 1974), *Oberösterreich* von Kroetz und *Empedokles* von Hölderlin (1975), Brechts *Fatzer-Fragment* und *Die Wupper* der Else Lasker-Schüler (1976). Ein Angebot an Dramen, dessen einzelne Punkte miteinander schwer zu verbinden sind.

Ebensowenig lassen sich die Inszenierungen selbst, ihrem theoretischen Ansatz, ihrem Instrumentarium oder ihrer Tendenz nach, als

Zeugnisse eines durchgängigen Stils beschreiben. (Das Gemeinsame ist auf den ersten Blick allerdings die Bereitschaft und die Fähigkeit zur Verwirklichung immer neuer, den wechselnden Anlässen zugedachter Bühnenräume). Das hat seine Ursache darin, daß die Mehrheit der Schaubühnen-Produktionen sich auf zwei Regisseure verteilt, deren Vorstellungen von Theater weit auseinanderliegen, ja: fast einander entgegengesetzt sind. Die Regisseure Peter Stein und Klaus Michael Grüber unterscheiden sich nach Herkunft, Temperament und Denken. Einer stand oft fremd vor den Arbeiten des anderen. Was sie indessen dennoch verbindet, hat die große Spannweite der Schaubühnen-Ergebnisse möglich gemacht: die Radikalität der Ansätze und der Ansprüche von beiden, ihre Insistenz (in der theoretischen Vorbereitung und in der praktischen Probenarbeit) auf ein Theater jenseits jeder Art von Beiläufigkeit. Das Verdienst des Ensembles ist es, sich noch auf die divergierendsten Entwürfe und Spielweisen ein- und umgestellt zu haben. Die Schaubühne ist das Theater Steins und Grübers, aber sie ist, mehr als wahrscheinlich je eine andere Bühne dieser Bedeutung, auch das Theater einer Gruppe von Schauspielern, die bereit war, sich von zwei so verschiedenen Köpfen in sehr verschiedene Richtungen lenken zu lassen – nicht in blinder Folgsamkeit, sondern in kritischer, immer auch zum Widerspruch fähiger Zuneigung. Von der unterschiedlichen Arbeitsweise von Stein und Grüber wird noch ausführlich zu handeln sein. Peter Stein hat Grüber an die Schaubühne geholt und dort gehalten. Auch das ist ein bemerkenswerter Vorgang: daß dieser sicher bedeutendste deutsche Regisseur seiner Generation sich dem schlechthin Anderen nicht verweigert, sondern es, im Interesse des Theaters, neben sich im Gegenteil gerade installiert hat.

Die produktiven Kräfte dieses Spannungsverhältnisses, das die Schaubühne seit dem ersten Auftritt Grübers, mit dessen Inszenierung von Horváths *Geschichten aus dem Wiener Wald* (1972), geprägt hat, sind noch längst nicht erschöpft. Aus den Aufführungen der ersten acht Jahre, die wir jetzt überblicken, werden andere Inszenierungen resultieren, Entwicklungen, die ohne die vorausgegangenen Ergebnisse nicht zu denken sind. Das gibt jedem Resümee, jeder Beschreibung und jeder Wertung, notwendig etwas Vorläufiges. Die Schaubühne, so sehr sie Theatergeschichte schon gemacht hat, ist selber noch keineswegs Geschichte. Aber der nun bevorstehende Wechsel der Spielstätte, der Umzug vom Halleschen Ufer in die City Berlins, in den Mendelssohn-Bau am Kurfürstendamm, bedeutet doch eine Zäsur. Das inzwischen erste deutsche Theater begann am Rande; es rückt nun, auch äußerlich, ins repräsentative Zentrum. Das ist auch ein symbolischer Umzug. Er wird den Charakter der Arbeit verändern. Das neue Haus verheißt auch wieder neue Möglichkeiten. Die Erwartungen sind hoch: und mit guten Gründen. Die Hoffnung, die sich mit dem Platzwechsel verbindet, heißt: kontinuierliche Fortentwicklung der Arbeit unter wesentlich günstigeren äußeren Voraussetzungen.

Aber wie das war, damals am Halleschen Ufer, wie groß der Elan, welch ein Aufbruch, was für Reisen dann und wie (fast immer) gern haben wir sie unternommen, auch Theaterkritiker beinahe am Ziel – das ist nun doch schon eine eigene Geschichte. Im folgenden wird versucht, dem Gedächtnis einige ihrer Stationen noch einmal abzurufen.

Die (Theater-)Verhältnisse und wie dagegen etwas Neues entsteht

Wie ist die Schaubühne entstanden? Das war ein spannender Hergang. Seine Schauplätze waren München und Bremen, Zürich und Frankfurt, schließlich Berlin. Er vollzog sich vor dem allgemeinen Hintergrund der politischen Verhältnisse in der Bundesrepublik am Ausgang der sechziger Jahre, mitbewegt von einer Stimmung des Aufstands; und vor dem besonderen Prospekt der korrumpierten Zustände in den deutschen Theatern der Zeit, deren Hierarchien verkrustet und deren Funktionäre ohne Moral waren. Gegen diese Verelendung an den Bühnen entwickelte sich ab etwa 1967 der Widerstand der Jüngeren. Sein Protagonist wurde Peter Stein.

Peter Stein in München

Stein, damals noch nicht dreißig, bürgerlicher Herkunft, als Sohn eines Industriellen aufgewachsen im Restaurations-Klima der alten Kurstadt Bad Homburg vor der Höhe, ausgedehntes Studium besonders der Kunstgeschichte, hatte an den Münchner Kammerspielen bei Fritz Kortner assistiert. Von Kortner hat er, nach eigener Darstellung, später vor allem Intensität, Genauigkeit des Arbeitens und die Ver-

16

pflichtung auf die Sprache als Ausgangsmaterial jedes Regie-Konzepts für sich angenommen. (Einmal wurde er von Kortner beauftragt, ein kurzes Tonband mit Geräuschen herzustellen, nur wenige Minuten. Es wurde eine wochenlange Arbeit. Mal für Mal forderte Kortner Korrekturen, verlangte die äußerste Akribie im Detail. Wie Stein davon erzählt, ist das mehr als eine Anekdote. Seine eigene Praxis ist von dieser Genauigkeit in der Einzelheit sehr bestimmt.) Die erste eigenständige Regie Steins war die Inszenierung von Edward Bonds *Gerettet*, in einer Dialekt-Fassung von Martin Sperr an den Kammerspielen im Frühjahr 1967. Die Aufführung war das überraschendste Debut eines Regisseurs am deutschen Theater nach dem Krieg. Vielleicht auch deswegen, weil sie so sehr in die Zeit »paßte«: Stein und den jungen Schauspielern gelang die Beschreibung der Londoner Jugendlichen, die in der Gesellschaft keinen Halt mehr finden, als eine Schilderung auch der Lebensprobleme ihrer eigenen Generation in Deutschland: Das aussichtslose Bild einer Gesellschaft, deren Jugend sich in sinnlosen Zerstörungsakten gegen die Übermacht der alten Ordnungen zu behaupten sucht. Bonds Drama, ins Bayerische gewendet, erschien als Vorgriff auf das, was in der Bundesrepublik kommen sollte. Für die Zeitschrift *Theater heute* war es »die Aufführung des Jahres« (Jahresheft 1967).

Nach seiner zweiten Regie an den Kammerspielen, Brechts *Im Dikkicht der Städte* (März 1968), galt Peter Stein schon als einer der ersten Regisseure des deutschen Theaters. Seine Karriere wäre an der Münchner Bühne fortzusetzen gewesen, hätte Stein nicht, im Juli 1968, nach einer Aufführung des *Vietnam Diskurs* von Peter Weiss, seiner dritten Inszenierung, für den Vietcong sammeln lassen. Gegen diese enge Verklammerung der Realität des Theaters mit den politischen Realitäten der Epoche, in diesem Fall dem Protest gegen den brutalen amerikanischen Kolonialkrieg in Vietnam, verwahrte sich die Theaterleitung. Der Intendant August Everding erteilte Stein Hausverbot, das Münchner Arbeitsfeld war plötzlich versperrt.

Von Intendanten wie August Everding ist nun zu reden. Sie herrschten in ihren Theatern, den alten, traditionsreichen und den nach dem Krieg rasch und repräsentativ (und meistens zu groß) wieder aufgebauten Häusern, fast ausnahmslos wie die Fürsten von Kleinstaaten. Everding in München, Buckwitz in Frankfurt, Barlog in Berlin, Stroux in Düsseldorf und ihre kleineren Vettern in der Provinz – unterstützt durch eine auf die Etablierung von Positionsautoritäten bedachte Kultusbürokratie – gerierten sich, als gehörten ihnen die Häuser und die Ensembles, über die sie in getäfelten Chefetagen regierten. Das will nicht sagen, daß unter ihrem Einfluß nicht manchmal beachtliche Ergebnisse erreicht wurden. Aber die nachwachsende Generation mochte sich nun nicht mehr allein an die Ergebnisse halten. Sie stieß sich an den Widersprüchen. Gewiß, Harry Buckwitz zum Beispiel spielte in Frankfurt auch Brecht – aber war das Verhältnis zu seinem Ensemble wirklich anders als das eines Herrn zu seinem Knecht? Jetzt aber wurde nach den Voraussetzungen und den Bedingungen der Arbeit gefragt. In den Ensembles begann man, die Beteiligung an der Planung zu verlangen und generell: mehr Wirklichkeitssinn und Realitätsbezug im Theater. Mit der schlüssigen These: Wenn Theater als Erkenntnisinstrument ein Mittel zur Emanzipation des Menschen ist, dann muß am Anfang der Arbeit die Emanzipation der Schauspieler stehen. Wer auf einer Bühne nur immer in fremdem Auftrag spielt, kann kaum mit Theater gegen die Entfremdung des Menschen argumentieren.

Solche Überlegungen eröffneten die große, noch heute nicht zuendegebrachte Auseinandersetzung mit den überholten Strukturen der Theaterbetriebe. Sie wurde und wird von allen Parteien mit Heftigkeit, oft mit Erbitterung geführt. Die Forderung der Ensembles auf das Recht der Mitbestimmung hat die Theater politisiert. Dieser Anspruch war die naheliegende Konsequenz einer Anwendung bestimmter Lehren des Dramas und der Zeitgeschichte auf die betriebsinterne Organisation der Apparate. Schon das Dokumentartheater Mitte der sechziger Jahre war eine kritische Reaktion auf die Dominanz restaurativer, die Vergangenheit verleugnender Tendenzen in der Republik. Die Erfahrung der Ohnmacht angesichts der Widersprüche des Vietnam-Kriegs, die Rebellion der Studenten an den Universitäten, der zunehmende Protest gegen wirtschaftliche Konzentrationsprozesse – das alles drängte nach 1967 immer stärker in die Theater: Selten in der Form von Stoffen für die Bühne, wohl aber als Impuls, die Arbeitskonditionen selber zu verändern.

Die Folgen waren weitreichend. Zwar wurde Mitbestimmung nur für ein Stadttheater, das Schauspiel der Städtischen Bühnen in Frankfurt, gesetzlich verankert; sie hat sich dort, nach mehreren Modifikationen des ersten Statuts, formal bewährt. Als allgemeine Praxis konnte sie nicht durchgesetzt werden. Dennoch kann heute kein deutsches Theater mehr so herrschaftlich geführt werden, wie noch zehn Jahre zuvor. Bis in die Provinz werden Formen jedenfalls der Mitsprache der Ensembles in Fragen des Spielplans und der Personalpolitik fast überall praktiziert. Einen alleinigen Führungsanspruch können die Intendanten im allgemeinen nicht mehr behaupten. Es war ein schwieriger Weg, auf dem aber immerhin soviel erreicht wurde.

Das Bremer Theater

Der Wunsch nach Veränderung, der in den Ensembles laut wurde, fand seinen Ausdruck auch in einer Aufführung, die für die neue Bewegung fast den Wert einer Schlüsselinszenierung hatte: Peter Steins Inszenierung von Goethes *Tasso*, im März 1969 am Bremer Theater. Die Bremer Bühne war unter dem Intendanten Kurt Hübner zum führenden deutschen Theater der sechziger Jahre geworden, doch zerstörte die Willkür sozialdemokratischer Lokalpolitik Anfang der siebziger Jahre die Voraussetzungen für Hübner, die Arbeit eines Jahrzehnts in Bremen sinnvoll weiterzuführen. Hübners Programm war immer betont anti-ideologisch. Er setzte auf die Autonomie des Kunstwerks und der Künstler, die er, mit einem scharfen Gespür für Innovationswerte, nach Bremen engagierte. Die Bremer Spielpläne während der Jahre Hübners waren bestimmt von Schwerpunkten: Drei- bis viermal je Saison wurden alle Kräfte auf ein einzelnes Projekt konzentriert; daneben füllten Mittelmaß und Boulevard die Programme. Die Wechselbäder, in die das Publikum durch diese Praxis geriet, haben immer wieder bittere Konflikte hervorgerufen. Der überregionale Ruf des Hauses gründete sich auf seine, in der Stadt oft abgelehnten, kühnen Attraktionen: Auf die Inszenierungen von Peter Zadek, Peter Palitzsch und Kurt Hübner selbst, auch auf die neuen Bühnenbild-Ideen von Wilfried Minks. In Zadeks und Hübners Klassiker-Aufführungen (Zadek: Schillers *Räuber*, Shakespeares *Maß für Maß*; Hübner: Shakespeares *Hamlet* und *Macbeth*) erschienen die klassischen Stoffe als eminent gegenwärtige und wurde Gegenwart interpretiert durch sie. Was in Bremen an neuen Interpretationsansätzen erarbeitet wurde, leitete eine Entwicklung ein, die an unseren Bühnen bis in die aktuellsten Produktionen hinein noch immer nachwirkt.

In Bremen artikulierte sich die ästhetische Avantgarde des deutschen Theaters. Hübner hatte ein Forum geschaffen, das die besten Kräfte anzog und ihnen Entfaltungsmöglichkeiten einräumte. Wie Zadek und Hübner hier eine neue Klassiker-Interpretation begründeten, so bildete auch Wilfried Minks, in Zusammenarbeit mit den Regisseuren, hier seinen Stil aus: Die offene Simultan-Bühne, deren Wirkung die einer scheinbar freien bildnerischen Erfindung war, ist das auffälligste Merkmal dieses Stils gewesen. Minks zitierte Elemente der zeitgenössischen bildenden Kunst in den Kontext von Räumen, in denen spätere Ideen des Environments schon anklangen.

Die Bremer Arbeit kann an dieser Stelle im ganzen nicht dargestellt werden. Es ist aber zu sagen, daß sich wahrscheinlich erst in Bremen das deutsche Theater von der Tradition der Sellner, Hilpert, Gründgens (und auch schon von dem Dogmatismus Brechts) wirklich gelöst hat, die die Nachkriegsjahre zunächst noch bestimmt hatte. Bremen – da war nun ein neues Theater, anders in den Formen und in den Auskünften. Beachtete Premieren dort waren immer Ereignisse, nach denen man umdenken mußte. Hübner war damals der wichtigste Förderer und Anreger. Er hat Rainer Werner Fassbinder aus dem Keller des Münchner Anti-Theaters nach Bremen verpflichtet (für Goldonis *Das Kaffeehaus*, 1970), und er ermöglichte Klaus Michael Grübners erste Inszenierung in Deutschland (Shakespeares *Sturm*, 1969). Und es war auch Hübner, der Peter Stein nach dem Münchner *Vietnam-Diskurs*, und trotz der Auseinandersetzungen um Steins Solidaritätsbekundung mit dem Vietcong, für *Tasso* nach Bremen engagierte.

Diese Aufführung steht am Anfang der Schaubühne, obwohl sie dort nicht produziert wurde, später allerdings ist sie in Berlin viele Male noch gezeigt worden. In Bremen, wo er zunächst Schillers *Kabale und Liebe* inszenierte (Ende 1968), traf Peter Stein auf Bruno Ganz, Edith Clever, Jutta Lampe, Werner Rehm, die Schauspieler, die dann jahrelang den Kern des Schaubühnen-Ensembles bilden sollten. Hier praktizierte er zuerst mit ihnen jene Arbeitsmethoden, deren Weiterentwicklung schließlich, wie wir sehen werden, ein eigenes Theater verlangte. Es ist vielleicht nicht das geringste Verdienst Kurt Hübners, daß er diesen Kontakt vermittelt hat. Der Theatermann, an dessen Bremer Bühne sich das westdeutsche Theater der sechziger Jahre verwirklicht hat, bereitete, wenngleich ohne das zu wollen, auch den Beginn der Schaubühne mit vor, von der auf das Theater der

Tasso, Regie: Peter Stein, Bremen 1969

siebziger Jahre so starke Einflüße ausgehen sollten. Hübner jedoch verkörperte damals noch den Typ des durchaus rollenbewußten Intendanten. Die Arbeitsweisen Steins und der kleinen Gruppe von Schauspielern konnte er so nicht akzeptieren. Es ist eine traurige Erinnerung, daß die für die Zukunft so folgenreiche Beziehung zwischen Hübner und Stein schon bei der Premiere von *Tasso* böse zersplittert war.

Diese Premiere bildet wieder einen Einschnitt in der Nachkriegsgeschichte des deutschen Theaters. Wenn von manchen Kunstwerken gesagt werden kann, sie seien »epochemachend« (weil der Geist einer Zeit, ihre Gegensätze und Spannungen sich in ihnen spiegeln), so muß es ganz sicher von dieser Aufführung behauptet werden.

Am Vorabend der Premiere von *Tasso*, es war der 29. März 1969, eine Stunde vor Mitternacht, kam es in Bremen zu einem Auftritt, der beispielhaft zusammenfaßte, wie drängend die Konflikte waren, die sich zwischen den Vertretern der Hierarchie, den Intendanten, und den Schauspielern mit ihren Emanzipationswünschen entzündet hatten. Ein Teil des Ensembles wollte mit dem Bremer Schauspieldirektor Rolf Becker (der Schauspieler und Regisseur war) Claus Bremers Bearbeitung der *Weiber-Volksversammlung* des Aristophanes aufführen. Die Gruppe beschloß, gemeinsam ein Inszenierungs-Konzept zu entwickeln. Es war ein erster Versuch von Schauspielern, auch Funktionen der Regie zu übernehmen; die satirische Schilderung eines quasi sozialistischen Gemeinschaftslebens schien dafür die richtige Vorlage. Aber die Schauspieler kamen mit den neuen Aufgaben nicht zurecht. Die Probenarbeit zerfiel in Diskussionen, die schließlich immer weniger das Stück und immer mehr die Organisationsstrukturen des Stadttheaters zum Thema hatten. Die Veränderungsimpulse der Beteiligten waren an einen begrenzten dramatischen Stoff nicht mehr zu binden: Eine Aufführung konnte nicht mehr zustandegebracht werden, dies ein Vorgang, der sich, wo Ensembles sich ähnlich befreiten, später noch gelegentlich wiederholt hat. Dennoch wurde der Premierentermin nicht abgesagt, man bat das Publikum auf die Hauptbühne, wo für die Zuschauer und die Theatermacher blankgescheuerte, hölzerne Sitzbänke aufgestellt waren. Vor dem Publikum (und später auch mit ihm) wurde dann in zunehmend schärferen Äußerungen erörtert, was damals am meisten beschäftigte: die Reform des Theaters. Hoch über den Debattierenden, Streitenden, kletterte der

Intendant Kurt Hübner auf schmalen Stegen zwischen Scheinwerfern und Punktzügen herum, häufig die Position wechselnd; argwöhnisch, mißtrauisch, wohl auch böse schleuderte er Fragen und Zwischenrufe aus dem Theaterhimmel auf die Versammlung herunter. Die politische Auseinandersetzung über die Arbeitsformen am Theater hatte doch noch eine Theaterszene produziert. Es war das vielleicht einprägsamste Bild für die neue Unruhe: Unten Zorn und Enthusiasmus der Schauspieler (und ein eher verwundertes Publikum) – und oben, drohend, aber auch schon unsicher, der Intendant, um den und gegen den es ging.

Im *Tasso,* am nächsten Tag, wurden dann die Spannungen aus diesem Konflikt zum Movens einer Inszenierung. Der Streit um das Theater wurde nun sichtbar als das, was er in Wahrheit immer gewesen ist: Als Streit für eine bessere Ordnung der Gesellschaft. Als die Schauspieler und der Regisseur Peter Stein auch hier noch einmal aus dem theatralischen Zusammenhang heraustreten wollten und am Ende der Aufführung das Publikum zu einer Diskussion über aktuelle deutsche Verhältnisse aufforderten, erhob sich im Parkett Ivan Nagel, damals noch Dramaturg der Münchner Kammerspiele, und schnitt die Fragen des Ensembles an die Zuschauer brüsk ab: Man habe soeben eine große Aufführung gesehen, deren Wirkung durch eine allgemeine Diskussion nicht geschmälert werden dürfe. Die Äußerung machte deutlich, wie entschieden sich sogar sonst aufgeschlossene und liberale Theaterleute gegen einen allzu expliziten Realitätsbezug versperrten.

Hauptthema des Bremer *Tasso* waren die Disproportionen zwischen Kunst und Leben. Die Bearbeiter Peter Stein und Yaak Karsunke und die Schauspieler entdeckten in Goethes Gedicht nicht nur die Spiegelung von des Dichters, Goethes, Rolle in der Gesellschaft seiner Zeit, sondern auch Bilder für ihre eigene Situation (und Funktion) als Künstler in der Gesellschaft ihrer Zeit. Die Abhängigkeit des Künstlers Tasso am Hof von Ferrara – indem die Aufführung davon handelte, handelte sie auch von ihren Produzenten. Denn: »Ähnliche Erwartungen wie die höfische Gesellschaft ihrem Dichter, bringt die bürgerliche Gesellschaft ihrem Theater entgegen. Wir wissen, daß wir mit unserer Inszenierung diese Erwartungen befriedigen: wir verhalten uns dabei wie Goethes Tasso und wie Goethe selbst. Wir füllen die bereitgestellten Rollen aus und erfreuen mit kunstvollen Verrenkun-

23

gen und Verkrampfungen den Blick der Mächtigen« (Stein und Karsunke im Programmheft). Das Zitat bezeugt den polemischen Elan, der in die Arbeit eingegangen war. Er äußerte sich stilistisch in einer Ästhetik der manierierten Gebärden, einer latent verzweifelten Künstlichkeit des Sprechens (das oft fast zu einem Singen wurde), der Bewegungen und der Posen. Es waren außerordentliche, in dieser Subtilität und Dichte lange nicht auf einer Bühne gesehene schauspielerische Leistungen, mit welchen Bruno Ganz (Tasso), Edith Clever (Leonore Sanvitale), Jutta Lampe (Leonore von Este), Wolfgang Schwarz (Alfons der Zweite) und Werner Rehm (Antonio) jenen polemischen Manierismus beglaubigten. In aller Schönheit der Aufführung – der Wilfried Minks einen weitläufigen, grün ausgeschlagenen, von einer durchsichtigen Plastikwand eingegrenzten Raum geschaffen hatte – war immer auch der Zweifel zu spüren am gesellschaftlichen Nutzen der Schönheit von Kunstwerken. Die Inszenierung Peter Steins, aus welcher die Schaubühne entstand, war erfüllt von tiefer Skepsis gegenüber der Kunst und den Wirkungsmöglichkeiten des Theaters. Gegen den Glanz der Sprache des Gedichts stellte Stein die bösen Chiffren für die Verstümmelung, die Verkrüppelung des als »Emotionalclown« (Stein) am feudalen Hof aus- und hingehaltenen Torquato Tasso: Am Ende wurde der Dichter von Antonio geschultert und von der Bühne getragen wie ein strampelndes Kind, hilflos, wehrlos.

Solche Zeichen für die Ohnmacht der Kunst und des kritischen Gedankens, von denen es in der Aufführung viele gab, entsprachen einem wesentlichen Element des Zeitgefühls am Ende der sechziger Jahre. Auch war schon zu sehen, daß das Aufbegehren der Studenten abgewiegelt werden und die herrschenden Verhältnisse sich in ihren Grundmustern behaupten würden, nicht zuletzt die Ereignisse vom Pariser Mai '68 hatten das gelehrt. Die Proteste gegen den Krieg Amerikas in Vietnam wie gegen die Springer-Presse erwiesen die Machtlosigkeit der Protestierenden. Erlebnisse der eigenen Ohnmacht wurden zur bestimmenden Erfahrung der Epoche.

In Steins *Tasso* war diese Erfahrung gegenwärtig. Nun aber nicht in dem Stück willkürlich beigebrachten Applikationen; sondern gegenwärtig gerade darin, daß dessen formale Strukturen und dessen Sprachgestus mit äußerster Einläßlichkeit nachempfunden wurden. Das war und ist noch der Unterschied zwischen den Methoden Steins und denjenigen Peter Zadeks (dessen Antipode er in den kommenden

Jahren wurde): Wo Zadek den Kontext eines klassischen Dramas aufbricht und einzelne Momente zum Antrieb eigener Assoziationen macht, entfaltet Stein seine kritischen Haltungen aus der radikalen Einlassung auf den vorgegebenen Text. (So näherte er sich, noch im selben Jahr, auch einem zeitgenössischen Stück, Edward Bonds *Early Morning* [Trauer zu früh], das er in Zürich inszenierte.) »Ich habe den verzweifelten Ehrgeiz, die Strukturen dieser alten Stücke aufzuspüren und zu verstehen; das, was da an Leben drin ist, zu begreifen« – diese Bemerkung Steins in einem Interview (mit der *Basler Zeitung*, 8. 7. 78), fast ein Jahrzehnt später, trifft auch auf seine Inszenierung des *Tasso* schon zu.

Keine vorschnelle Aktualisierung also, sondern nachvollziehende Bemühung um den Lebensgehalt des Stoffs und der Form. Das ist in der Resonanz auf den Bremer *Tasso* oft mißverstanden worden. Der Schmelz der Aufführung, die rankenden, schönen Gebärden Edith Clevers und Jutta Lampes, die wie Bildern Klimts entstiegen schienen, in den luxuriösen, fließenden Gewändern von Minks und Susanne Raschig, die tatsächlich verzaubernde Poesie der Wortkaskaden, Wörtermelodien – das alles hat viele im Publikum auf die falsche Spur gelockt: Sie erschraken dann vor den »bösen« Augenblicken, in welchen Ausdrücke für die hündische Abhängigkeit Tassos gefährlich störend in die kunstreiche Idylle wie Mißklänge eindrangen. Mancher sah dann gleich nur wieder: die Zerstörung eines Klassikers. So sehr die Aufführung auf das politische und das Gefühlsklima ihrer Entstehungszeit reagierte, so sehr war sie der Zeit zugleich auch voraus. Nicht nur die Arbeitsweise Steins und der Schauspieler brauchte die kontinuierliche Weiterentwicklung im Zusammenhang eines eigenen Theaters; auch die Heranführung des Publikums an eine veränderte Theaterästhetik verlangte eine Kontinuität, die erst an der Berliner Schaubühne möglich wurde.

Die *Tasso*-Inszenierung wurde nach der Bremer Premiere an vielen Bühnen Europas gezeigt. Diese fragile und schwierige Aufführung ist bis heute die am häufigsten gespielte des Schaubühnen-Ensembles. Sie ist sehr gefeiert, immer wieder aber auch mißverstanden und abgelehnt worden. (Im Herbst 1969 gastierte das Bremer Ensemble mit *Tasso* bei der Theaterbiennale von Venedig. Die Schauspieler hatten das Stück einige Zeit nicht gegeben, in Mailand auf einen Anschlußflug wartend, probten sie *Tasso* – wahrscheinlich das einzige Mal, daß

Verse Goethes im Mailänder Flughafen zu hören waren. Für die Abendvorstellung im Teatro Fenice in Venedig hatte die Leitung der Biennale den Einfall, die Besatzung eines in der Lagune vor Anker liegenden Kriegsschiffs der italienischen Marine mit Freikarten zu beschenken: Den unvorbereiteten Matrosen muß, was sie da zu sehen bekamen, ein sehr sonderbares Spiel gewesen sein.)

Das Zürcher Schauspielhaus

Als sie in Venedig auftraten, waren Stein und die Darsteller des *Tasso* schon an das Schauspielhaus in Zürich verpflichtet. Peter Löffler war dort Intendant geworden und versuchte eine Erneuerung des Zürcher Theaters. Aber was Werner Düggelin und Hans Hollmann, die gerade in Basel begonnen hatten, gelingen sollte: die Theaterarbeit in einer Stadt neu zu begründen und ihr über ein Jahrzehnt lang (bis 1978) internationale Aufmerksamkeit zu sichern – das war in Zürich nicht zu leisten. Zu hartnäckig war der arrogante Widerstand, den die das Theater tragenden Schichten des oberen Mittelstandes jeder Anstrengung Peter Löfflers und seines Dramaturgen Klaus Völker entgegensetzten, das Schauspielhaus wieder zu einer Bühne zu machen, die zur Vermittlung neuer Stücke und neuer Theaterideen fähig wäre. Zu mächtig waren die reaktionären Kräfte, die sich alsbald sammelten (unterstützt von der *Neuen Zürcher Zeitung*, gegen die der kleinere *Tagesanzeiger* den Intendanten Löffler so unermüdlich wie vergebens in Schutz nahm): Schon in der ersten Spielzeit Löfflers, 1969/70 – deren Aufführungen den Anspruch auf ein kritisches Theater nicht nur vortrugen, sondern in mehreren Fällen auch bereits einlösten –, kündigten sich die Brüche an, die dann zu Löfflers vorzeitigem Abgang aus Zürich führten. Die Diskrepanzen zwischen Teilen des Publikums und dem Verwaltungsrat auf der einen und Löffler und dem Ensemble auf der anderen Seite wurden vor allem provoziert durch die Inszenierungen Peter Steins: Im Oktober 1969 verantwortete Stein die deutschsprachige Erstaufführung von Edward Bonds *Early Morning (Trauer zu früh)*, im Dezember 1969 brachte er mit Ulrich Heising O'Caseys *Kikeriki* heraus und im Juni 1970, als letzte Arbeit in Zürich, Middleton & Rowleys *Changeling*. In diesen Aufführungen spielten schon die meisten der Schauspieler, die später zum Ensemble der Schaubühne wurden: Bruno Ganz, Edith Clever, Jutta Lampe,

Dieter Laser, Heinrich Giskes, Günter Lampe, Otto Mächtlinger, Tilo Prückner, Rita Leska, Rüdiger Kirschstein. Auch die Spannungen, die zwischen ihnen und den älteren Darstellern des Zürcher Ensembles entstanden, haben die Arbeit sehr belastet. Von den Vorstellungen der Jungen zu dem Komödiantentum eines Wolfgang Reichmann oder Peter Ehrlich (die sich während der Aufführung von *Early Morning* dem Publikum gegenüber von Stein distanzierten) gab es keinen Weg mehr.

Löffler hatte, als er die Stein-Gruppe nach Zürich holte, richtig disponiert. Er sah das Entwicklungspotential. Die Aufführungen haben es bestätigt. Besonders mit der Inszenierung von Bonds Stück bewies sich die Leistungsfähigkeit der Gruppe, die eine waghalsige Aufführung gegen die Ressentiments des Publikums und einiger der alten Zürcher Protagonisten durchsetzte. Stein hatte sich, nach seinem Erfolg mit *Gerettet* in München, noch einmal auf ein Stück Bonds eingelassen. Loyal und skeptisch zugleich: Er erfüllte die Partitur mit allen Längen, leistete sich kaum einen Strich, hielt aber auch Distanz zu den philosophierenden Passagen, was vor allem an der Figur Arthurs, den Bruno Ganz spielte, bemerkbar wurde. Die Panik Bonds, die aus seiner Wahrnehmung der Welt kommt, bestimmte den Rhythmus der ersten Hälfte der Aufführung; für die Szenen im Kannibalen-Himmel verlangsamte Stein das Tempo, ließ er den diesseitigen Jammer als jenseitigen (also: als ewigen) in zerdehnten Bildern sich fortsetzen. Der Maler Uwe Lausen hatte Stein ein Bühnenbild entworfen, das die Zeichen einer neuen Ästhetik (die Mittel der Pop-Art und eines vergrößerten Realismus) verarbeitete. Viktorias Thron: in dem weiß-grau verkleideten Bühnenraum, ausgelegt mit einem rotlila Bodentuch, ein auf Rädern hereingefahrenes Gestell, ein Kinderstuhl, aber hoch wie ein Schiedsrichter-Sitz beim Tennis. Für die Picknick-Szene wurde das erste Bodentuch nach hinten weggerissen, ein grünes war nun Wiese im Park von Windsor. Auf ihr ein enormer Liegestuhl, Blow-up eines bekannten Gegenstandes in ein unbekanntes Groß-Format. Das Super-Ding war vielfältig einsetzbar: Als Grabmonument, als Höhle, als Galgen. Lausen, von Stein angeregt, hatte mit seinem Zürcher Bild-Entwurf vorgemacht, was es bedeutet, das ganze Klima eines Stücks, die verschobene Optik der wahnsinnigen Welt Bonds, in einen Bildwert zu fassen. Die Erinnerung an Steins Aufführung, die in der Geschichte der Rezeption von Stücken Bonds durch das deutschsprachige Theater an vorderster Stelle steht, wird lebendig durch die Erinnerung an die Bildsignale, die sie entwickelt hat. Der kalte Greuel und die Zärtlichkeit in dem Stück wurden besonders von Bruno Ganz, Dieter Laser, Jutta Lampe und Tilo Prückner präzise-intelligent erspielt. Die Brutalitäten mit einer allerdings rücksichtslosen Deutlichkeit, der das Zürcher Publikum sich verweigerte. Als während der Premiere Prückner (der verrohte Len) von dem in ein Braunhemd und Kniehosen gesteckten Gladstone Peter Ehrlichs sorgsam-gemein gefoltert wurde, richtete jemand aus dem Publikum an den Vorsitzenden des Verwaltungsrats die Frage, wann denn in Zürich wieder »ansprechendes Theater« zu erwarten sei.

Dem von da an ständig wachsenden Widerstand gegen die Gruppe um Peter Stein konnte Löffler – das war bald abzusehen – auf die Dauer nicht standhalten. Die große Chance, die das Engagement Steins dem Schauspielhaus bot, wieder Anschluß zu finden an das zeitgenössische Theater (und an die Traditionen der ersten Exil-Bühne des deutschen Dramas während der Hitler-Zeit), wurde nur auf kurz verwirklicht. (Freilich: Als die Schaubühne, ein Jahr nach der Vertreibung der Gruppe aus Zürich, mit *Peer Gynt* in der Stadt gastierte, war die Begeisterung groß.) Löfflers Nachfolger wurde der in Frankfurt abgetretene Harry Buckwitz. Er benutzte seine erste Pressekonferenz, um Löffler und Stein zu attackieren. Es blieb der einzige Triumph von Buckwitz in Zürich, unter seiner Intendanz ist das Schauspielhaus aus der europäischen Theaterlandschaft fast verschwunden.

Frankfurt

In Zürich hatten sich die Widersprüche zwischen den Arbeitswünschen der Stein-Gruppe und den Zwängen eines Stadttheaters beinahe noch krasser herausgestellt als zuvor in München und in Bremen. Die Gruppe war in einen der alten Apparate nicht ohne weiteres zu integrieren. Noch ein weiterer Versuch dazu wurde aber unternommen. In Frankfurt wurde über die Möglichkeit verhandelt, einem Dreier-Direktorium, bestehend aus Peter Stein, Claus Peymann und Dieter Reible, die Leitung des Schauspiels der Städtischen Bühnen anzuvertrauen. Die Realisierung des bereits bis in Details durchdachten Plans scheiterte schließlich an der Ablehnung durch den Kulturdezernenten Karl vom Rath und den Intendanten Ulrich Erfurth. Erfurth, ein

Mann mit ungewöhnlich geringem künstlerischem und politischem Gespür, führte am Frankfurter Theater die ganze Misere der schlechten Stadttheater-Hierarchie ständig vor Augen. Er konnte sich die Konsequenzen der Einrichtung eines Direktoriums, also das Prinzip einer geteilten Verantwortung, nur als Schreckbild vorstellen. Daß Günther Grass, mitten in den Auseinandersetzungen mit Erfurth, sich auf dessen Seite schlug und in Frankfurt Dramaturg wurde (ohne daß bekannt geworden wäre, was er dort je geleistet haben soll), ist natürlich nicht mehr als eine Kuriosität. Erst als er seine Unfähigkeit vollends hatte erweisen können, verließ Erfurth 1972 Frankfurt; und erst dann konnten, mit Hilfe des neuen Kulturdezernenten Hilmar Hoffmann, im Theater ein Direktorium und die Mitbestimmung etabliert werden (Peter Palitzsch, Klaus Gelhaar, Peter Danzeisen).

Berlin

In Frankfurt war Stein nahe daran, für sich und die Gruppe ein Instrument zu erhalten, über das sie relativ selbständig und unabhängig hätten verfügen können. Nun meldete plötzlich Berlin sein Interesse an. Ein junger Mitarbeiter der Kulturbehörde, der Senatsangestellte Nürmberger, konnte seinen SPD-Senator veranlassen, mit der Stein-Gruppe wegen einer Ansiedlung in Berlin Kontakt aufzunehmen. Als festes Haus kam die als Privattheater mit Zuschüssen der öffentlichen Hand betriebene Schaubühne am Halleschen Ufer in Frage. Gesellschafter des Privatunternehmens, das 1962 aus dem Studententheater hervorging, waren Jürgen Schitthelm und Klaus Weiffenbach. Die Bühne hatte traditionell »linke« Spielpläne, im Angebot der Saison 1969/70 befanden sich gleich drei Stücke von Brecht, neben Werken von Horváth und Erdmann. Der Zuschuß belief sich 1968 auf 592 000 Mark. (1970, nachdem die Stein-Gruppe eingezogen war, wurden Subventionen in Höhe von 1,8 Millionen Mark gezahlt, 1977 waren es dann 6,4 Millionen, bei einem Gesamtetat von 8,2 Millionen Mark.) Die Gespräche zwischen dem Berliner Senat einerseits und Schitthelm/Weiffenbach und Stein andererseits erbrachten eine Einigung, vor allem hinsichtlich einer besseren finanziellen Ausstattung der Bühne. Ab dem 1. August 1970 gab es die (neue) Schaubühne am Halleschen Ufer, künstlerisch und wirtschaftlich geführt von einem Direktorium, dem, neben den beiden Gesellschaftern, die Regisseure

Peter Stein und Claus Peymann und der Dramaturg Dieter Sturm angehörten.

Die Berliner Verpflichtung Steins und seiner Gruppe wurde begünstigt durch eine Politik, die für Berlin die Chance wahrnehmen wollte, sich wieder als kulturelles Zentrum darzustellen. Die Schaubühne hat solchen Absichten in den kommenden Jahren auch tatsächlich entsprochen: durch eine Theaterarbeit, die international beachtet wurde. Als die CDU schon nach kurzer Zeit das neue Theater radikaler politischer Haltungen verdächtigte und Fehler in der Buchführung zum Anlaß eines Antrags auf Kürzung der Subventionen nahm, schien alles wieder in Gefahr. Aber da war die Beachtung schon zu groß, als daß die Gründung hätte rückgängig gemacht werden können. Die Schaubühne wurde zum Kernstück einer neuen kulturellen Initiative im Berlin der siebziger Jahre.

Es war ein langer, kehrenreicher Weg bis zu dieser Gründung. Wer ihn nachgeht, gerät in die politischen und künstlerischen Probleme der Zeit: Diese Theatergründung ist wirklich eine direkte Konsequenz aus den Zuständen, nicht nur an den Bühnen. Kein austauschbarer, kulturpolitischer Einfall – sondern eine Notwendigkeit. Aber geschaffen waren zunächst nur die Voraussetzungen für ein Experiment. Noch nie war ein Theater so organisiert worden wie dieses, auf schmaler Basis, organisiert werden sollte. Das war das Wagnis. Die sich damals darauf einließen – entschlossen, aber auch zweifelnd begannen sie mit der Arbeit.

Das Mitbestimmungs-Statut der Schaubühne

Auf die neue Organisationsform der Schaubühne richtete sich sofort die öffentliche Aufmerksamkeit, vor allem die der Theaterleute. Hier hatten die überall bedachten, erhofften, stockend in Gang kommenden Veränderungsprozesse nun einen Kristallisationspunkt – und ein Lehrbeispiel. Das Statut, das die innerbetriebliche Demokratie an der Schaubühne regulieren sollte, war nicht der Entwurf eines Einzelnen, sondern schon ein Ergebnis des Zusammenwirkens vieler Köpfe der Gruppe, Ergebnis also jener Kooperation, für die es den zukünftigen Rahmen abgab. Natürlich war es kein endgültiges Papier; seine ständige, von der Praxis nahegelegte Modifikation über die Jahre war vorgesehen und fand auch statt. Mitbestimmung wurde als ein Prozeß installiert, nicht als Gesetz verordnet. Als Ziel wurde festgesetzt: alle Mitarbeiter – und in den künstlerischen Fragen besonders die Schauspieler – an allen Entscheidungen möglichst weitgehend zu beteiligen. Die damit verbundene Hoffnung: Die größere Verantwortung der Mitarbeiter für das Ganze müßte das Interesse steigern und als besondere Qualität in die Produktionen eingehen – und an ihnen sichtbar werden. Denn anders als im industriellen Fertigungsvorgang, in dem organisatorische Veränderungen weder den Entfremdungscharakter der Arbeit aufheben, noch unbedingt am Produkt erkennbar werden müssen, schließt jede Reorganisation der Theaterarbeit jedenfalls die Erwartung ein, es werde am Resultat wahrzunehmen sein, unter welchen Umständen es entstanden ist. (Diese andere Erwartung gründet auf der richtigen Vorstellung, Theaterspiel sei mit einem Begriff wie »Entfremdung« grundsätzlich nicht zusammenzubringen.) Wir kommen auf die Präsenz der Arbeitsform im Arbeitsergebnis noch zurück. Sie unterscheidet die Schaubühnen-Produktion von der anderer Theater, an denen Mitbestimmungsversuche gelegentlich eher zu Behinderungen als zur Steigerung von Resultaten führten.

An dem Schaubühnen-Statut haben Regisseure und Schauspieler mitgedacht, die sich als Künstler schon bewiesen hatten und zu Ruhm gekommen waren. Der Berliner Senat hätte irgendeiner Gruppe von Namenlosen das Experiment sicher nicht finanziert. Die Schauspieler, die mit Stein (Claus Peymann hatte auf die Ensemblebildung weit weniger Einfluß) nach Berlin gingen, brachten vielschichtige Erfahrungen aus den Betrieben mit, an denen sie vorher engagiert waren (Jutta Lampe zum Beispiel die Erfahrungen aus so unterschiedlichen Theatern wie Wiesbaden, Mannheim, Bremen). Das war von Anfang an ein Vorteil: Diese Erfahrungen verringerten die Naivität. – Hinzu kam die relative Übersichtlichkeit eines kleinen Theaters, das – eine sehr wichtige Voraussetzung für den Versuch – nur eine geringe Anzahl von Premieren je Spielzeit herauszubringen hatte. Zumal dieser Vorzug der Schaubühne macht das Betriebs-Statut als Modell untauglich: Es ist nicht leicht übertragbar auf Stadt- und Staatstheater, die gehalten sind, bis zum Zehnfachen an Inszenierungen je Saison zu produzieren. (Eine andere Frage ist allerdings, ob nicht bald mit tiefgreifenden Maßnahmen gegen diese ruinösen Zwänge angegangen werden müßte.)

Was sah das Statut in seiner ersten Fassung vor? Zum wichtigsten Organ wurde die Vollversammlung bestimmt, die von der gesamten Belegschaft des Hauses gebildet wird. Die Vollversammlung tritt einmal im Monat zusammen (in kürzeren Abständen, wenn ein Drittel der Belegschaft es verlangt). Sie hat das Recht, drei der fünf Mitglieder der Theaterleitung zu wählen; die beiden Gesellschafter, Schitthelm und Weiffenbach, sind nicht abwählbar. Gegenüber den Beschlüssen der Theaterleitung hat die Vollversammlung ein Veto-Recht in allen Fragen (einfache Mehrheit). Die Theaterleitung ist verpflichtet, ihre Geschäfte und Planungen allen Mitgliedern des Hauses bekanntzumachen. Dazu dienen die Protokolle, die von jeder Direktions- und Arbeitssitzung hergestellt und an jeden Beschäftigten verteilt werden. Die Beschlußfassung in Engagement- und Etatfragen wird von der Theaterleitung an die einzelnen Fachbereiche delegiert. (In den meisten Fällen hat sie lediglich die dort getroffenen Vorentscheidungen zu bestätigen.)

Eine Vereinfachung der praktischen Kommunikation zwischen Theaterleitung und Vollversammlung bereitet das Statut (dessen Skizzierung hier sich auf eine Darstellung von 1971 im Arbeitsmaterial zu *Peer Gynt* bezieht) mit der Einrichtung eines sogenannten »Gremiums« vor. Es besteht aus je zwei Vertretern der Schauspieler und der Technik, je einem Vertreter des künstlerischen Stabs und der Verwaltung, die von ihren Sparten durch Wahl benannt werden. Die Sparten können ihre Vertreter jederzeit abwählen und durch andere ersetzen. Die Information des Gremiums durch die Theaterleitung erfolgt in der zweimal wöchentlich stattfindenden Direktionssitzung. Das Gremium ist verpflichtet, die Belegschaft ständig über alle Vorgänge zu unterrichten, d. h. die Vertreter der einzelnen Sparten informieren diese auf direktem Weg.

Bemerkenswert an dieser Betriebsverfassung ist, in welchem Maß die Mitglieder der Technik an der Urteilsbildung beteiligt werden. Das ist so nur möglich, weil die Zahl der Beschäftigten zur Zeit der Gründung der neuen Schaubühne bei etwa einhundert liegt: Eine Vollversammlung, bei der jeder gleiches Stimmrecht hat, läßt sich unter diesen Umständen gerade noch durchführen; es wurden hier bald Grenzen erreicht und Änderungen nötig. – Auf Information, und das heißt ja auch: auf die Durchdringung der Trennwände zwischen den einzelnen Sparten, wird besonderer Wert gelegt. Das Mittel dieser Information sind die Protokolle. Noch aus den wenigen Beispielen, die in diesen Band nur aufgenommen werden konnten, wird ersichtlich, wie differenziert und auf welch hohem Niveau das Instrument der Protokolle benutzt wurde. Wer diese Papiere liest, muß den Eindruck haben, daß sich hier der Umschlag einer organisatorisch-technisch gebotenen Praxis in eine intellektuelle Leistung vollzogen hat.

Die Aufzeichnungen aus den Ensemblesitzungen, vor allem während der Vorbereitung von Aufführungen, bezeugen die durchgängig angespannte Konzentration der Beteiligten und den hohen Stand des angeeigneten Vor-Wissens. Ursprünglich sollten die Protokolle lediglich zwischen den Sparten vermitteln; das Bewußtsein, daß jede Äußerung festgehalten werden würde, hat dann aber alle zu reflektierteren, präziseren Formulierungen veranlaßt. Durch diesen Effekt hat die Einrichtung des Protokolls auch auf die Vorbereitung der Inszenierungen eingewirkt.

Diese Vorbereitungen wurden mit der äußersten Sorgfalt betrieben. Bald nahmen die Sitzungen den Charakter von wissenschaftlichen Seminaren an, mit Referaten, Co-Referaten, Kritik. Das Arbeitspensum der Schauspieler war nicht mehr auf feste Arbeitszeiten zu beziehen. Der Kritiker Gerd Jäger hat, nachdem er einige Zeit als Gast die Arbeit beobachten konnte, im Jahresheft 1973 von *Theater heute*, einen Tagesablauf umrissen: »8-10 Uhr Lesen, Vorbereiten, Rollenlernen; 10-15 Uhr Probe, 16-18 Uhr Nachmittagsvorstellung (z. B. Kindertheater) oder Auswertungsdiskussion oder Arbeitsgruppe oder Generaldebatte; 20-23 Uhr Abendvorstellung.« Die Gagen zu dieser Zeit, 1973: Zwischen 1200 und 2500 Mark. – Von der Ausführlichkeit der Vorbereitung, der Methode der weitläufigen, dabei zugleich genauesten Erforschung der Gegenstände, ist von den anderen deutschen Bühnen manches übernommen worden. Die Stärkung der Dramaturgie an den Theatern (und damit die theoretische Fundierung einzelner Projekte) ist zweifellos von der Schaubühne gefördert worden. Wenn man so will, ist das auch eine Folge des demokratischen Statuts: Es hatte die Protokolle vorgesehen als Medium der Information; sie potenzierten dann Genauigkeit und Ergiebigkeit dramaturgischer Analysen im Kollektiv, die für andere vorbildlich wurden.

Unter erheblicher, zusätzlicher Arbeitsbelastung aller Mitglieder des Theaters hat das Statut funktioniert. Es sind oft Vermutungen darüber angestellt worden, ob diese Betriebsverfassung auch ohne einen Peter Stein praktikabel gewesen wäre. Sicher ist, daß einige sich den Regeln nicht lange unterwerfen wollten oder konnten; der junge, durch Handke-Uraufführungen bekannt gewordene Regisseur Claus Peymann etwa, von Stein für das Schaubühnen-Projekt gewonnen (nachdem Stein zunächst mit Hansgünther Heyme verhandelt hatte), tat sich schwer damit und blieb kein halbes Jahr. Ebenso sicher ist, daß Peter Stein manchen, dem der Druck zu groß schien, doch noch gehalten hat. Die Integration des Ensembles, besonders in den Krisenzeiten von Produktionen, ist wohl sein Verdienst. Sie gelang ihm mit Eigenschaften, welche die Gruppe zu respektieren lernte: Selbstdisziplin, Loyalität (ja: Treue) gegenüber dem Team, Engagement und Fleiß. Damit hat er, auch gegen die politischen Differenzen innerhalb der Gruppe, das Kollektiv zusammengehalten. Gleichzeitig hat Stein aber auch verhindert, daß das Ensemble in eine falsche Lebensgemeinschaft (etwa nach Art des amerikanischen Living Theatre) abglitt.

Das andere Integrationsmittel Steins sind seine Fähigkeiten als Regisseur. Die Gruppe hat ihn als Koordinator und als Visionär zwar auch in Zweifel gezogen, aber schließlich doch immer wieder akzeptiert. Indem Stein die Schauspieler in der Probenarbeit erreichte, hat er auch den Zusammenhalt des Theaters garantiert. Die Hauptrolle Steins schränkt den Wert des Statuts natürlich ein. Am Ende werde doch gemacht, was Stein wolle – auch das ist aus der Schaubühne kolportiert worden. Indessen unterschätzt solche Polemik die (der demokratischen Struktur des Hauses nicht unvereinbare) Überzeugungskraft Steins und die Bereitschaft der Schauspieler, guten Argumenten zu folgen. Diese Bereitschaft ist auch eine Funktion der Freiheit, die die Mitglieder der Schaubühne gewonnen haben. Es wäre nicht ohne Stein gegangen; aber Peter Stein brauchte auch die Voraussetzungen, die das Kollektiv sich schuf.

Der Anfang der Arbeit

Die Organisationsform, auf die das Kollektiv sich verständigt hatte, ist auch das erste Thema seiner Arbeit. Schon die erste Aufführung, die Inszenierung von Brecht/Gorkis *Die Mutter,* schildert die Schwierigkeiten des Wegs aus schlechten Verhältnissen in eine andere (bessere) Ordnung der Gesellschaft. Die Verhältnisse und die Antworten auf sie sind historische, das Stück spielt in den Kämpfen der Jahre vor der russischen Revolution von 1917. Jedoch gründet die Authentizität der Schilderung darauf, daß das Ensemble, von fernen Umständen handelnd, sehr wohl seine eigenen mitbedenkt. Die in und mit der Gruppe selbst gesammelten Erfahrungen gehen in die Darstellung der historischen Probleme ein; andererseits wirkt der historische Stoff schärfend auf das Selbstverständnis des Ensembles zurück. Was die Matrosen in Wischnewskis *Optimistischer Tragödie* bewegt: die Frage, wie Leute geführt werden können, die sich von Führung gerade freigemacht haben; die Schwierigkeit, Autorität zu etablieren und mit allen Mitteln der Macht Forderungen der Disziplin durchzusetzen – die Schauspieler stellen damit auch eigene Fragen, die sich aus dem Aufbau ihrer Gruppe ergeben.

Mit der Problematik der Gruppe, als einem Teilgebilde des größeren gesellschaftlichen Zusammenhangs, beschäftigen sich beinahe alle Aufführungen der Schaubühne. Die Gruppe und ihre veränderlichen Beziehungen zu einzelnen Individualitäten, die aus ihr heraustreten, sich ihr entgegenstellen oder Führungsrollen beanspruchen – die Inszenierungen von *Optimistische Tragödie*, *Prinz von Homburg*, *Sommergäste*, *Empedokles* befassen sich ganz vordringlich damit; im *Antikenprojekt* wird das Spannungsverhältnis zwischen der Gruppe und der Selbstbehauptung des Subjekts bis dahin zurückverfolgt, wo es ein Antrieb der Entwicklungsgeschichte des Theaters, ja: ein Antrieb seiner Entstehung war.

Indem die Gruppe zum Thema der Aufführungen wird, enthalten diese stets auch Elemente der Selbstdarstellung. Es ist wichtig, das hier als etwas Positives festzuhalten, weil Mitbestimmung im Theater, außerhalb der Schaubühne, so oft sinnlose, da an keinem Stoff mehr festgemachte Selbstdarstellungen von Ensembles hervorgebracht hat. In Berlin wurde dieser Gefahr dadurch begegnet, daß die Stoffe und Vorlagen von der Gruppe fast wissenschaftlich erschlossen wurden; das hat die eigenen Erfahrungen der Kontrolle durch das historische Material unterworfen. Daß die Schaubühne von dieser Praxis nie abgekommen ist, sondern ihre Techniken im Gegenteil von Mal zu Mal verbesserte, ist der Intelligenz und der Insistenz ihrer beiden Dramaturgen, den Kenntnissen und dem Vermittlungsvermögen von Dieter Sturm und Botho Strauß nicht zuletzt zuzuschreiben. – Selbstdarstellung einer Gruppe, die jedem ihrer Mitglieder das Recht einräumt, über Erscheinungsform und Tendenz einer Produktion mitzuentscheiden – und die jeden verpflichtet, das Ganze mitzutragen: in der Inszenierung von *Die Mutter* wurde sie anschaulich, trug sie den Elan, der den Abend füllte, stiftete sie die Klarheit, die die Schönheit dieser Aufführung war.

Es war der Anfang. Zum ersten Mal rückte das leicht schäbige, verbaute Haus am Halleschen Ufer, aus dessen engem Foyer man über mehrere Treppen zu dem Theater im Oberstock hinaufsteigt, in das Blickfeld einer breiteren Öffentlichkeit. Die Spannung war sehr groß; fast körperlich war die Beweislast spürbar, unter der dieser Beginn stand. Die Guckkastenbühne war für den ersten Abend verwandelt worden. Das Publikum, das in den folgenden Jahren bei jeder Premiere der Schaubühne derart neue Räume kennenlernte, nahm nun Platz auf Bänken, die die offene, mit Segeltuch bedeckte, gleichmäßig hell ausgeleuchtete Spielfläche auf drei Seiten umgaben. Das Lehrstück über die durch Erfahrungen wachsende Einsicht einer alten Frau in die Notwendigkeit der Revolution (deren »Mutter« sie endlich wird), wurde dem Zuschauer nicht frontal engegengestellt, sondern von mehreren Seiten her einsehbar gemacht.

Die »Belehrung« des Publikums beginnt hier damit, daß die Mittel und Techniken der theatralischen Vermittlung nicht verdeckt, sondern entschieden zur Kenntnis gebracht werden. Auf der Spielfläche kommen die im Hintergrund in einer Reihe immer präsenten Darsteller für ihre Szenen jeweils nach vorn, bringen dann in raschen, genauen Bewegungen die wenigen Requisiten des Spiels selbst mit. Die Präzision, mit der Abläufe, Szenenwechsel, Umbauten funktionieren, ist stupend. Alles wird von allen mitverantwortet, einer arbeitet dem anderen zu, wer eben noch eine Szene trug, legt selbst Hand mit an beim Aufbau der nächsten, tritt dann zurück. Nur Therese Giehse, der Mutter, wird von den Jüngeren im Kontext dieser Arbeit ein besonderer Platz wie selbstverständlich eingeräumt: Die Bitte an die Giehse, die Rolle der Mutter zu übernehmen, war auch eine Reverenz des jungen Kollektivs vor der Tradition des kritischen Theaters einer anderen Generation.

Schon nach wenigen Auftritten konnte man einen Eindruck haben davon, daß Spielformen wie diese nur durch die Reorganisation, nein, durch ein totales Umdenken der Produktionsverhältnisse am Theater möglich waren. Die Diskussionsszenen des Stücks wurden hier auch darum so packend und einsichtig, weil die Schauspieler an die Formen der kollektiven Analyse von Sachverhalten durch ihre Arbeit gewöhnt waren. Sie konnten also einen Teil ihrer täglichen Wirklichkeit geläufig und unverkrampft in die Aufführung einbringen. Zu sehen war ein Stück, in dem ein Mensch etwas lernt, eine Realität begreift, und dann auch die Idee ihrer Veränderung zu denken und in die Tat umzusetzen beginnt. Wie die Aufführung davon erzählte, gab sie auch Auskunft über die Voraussetzungen, unter denen sie zustandegekommen war. Weil es die Voraussetzungen eines neuen Theaters waren, kam eine eigenartige, optimistische Emphase in das Unternehmen. Stolz und sehr selbstbewußt propagieren das die Revolutionäre Brechts: »Aus niemals wird: heute noch«. In der Darstellung durch das Ensemble spielte auch so ein Stolz mit: Was lange nicht möglich schien, an diesem 8. Oktober 1970 bewies es sich: Man konnte Theater machen wie es noch nicht gemacht worden war.

Die Zustimmung des Premierenpublikums war jubelnd. Wer damals dabei war, wird das schwer vergessen: Berlins Regierender Bürgermeister Schütz neben dem Kritiker Henning Rischbieter in stehender Ovation. Jedoch zeigte sich in dem Beifall für diese erste Aufführung der Schaubühne, deren Prägnanz und stilistische Konsequenz an den deutschen Theatern seinerzeit nicht ihresgleichen hatten, auch bereits eine Kluft an: ein Abstand zwischen dieser Bühne und der sie tragenden Gesellschaft. Dieses Theater sollte in Zukunft (mehr als alle anderen) damit zu tun haben. In der *Mutter*-Premiere wiederholte sich, was wir von der Rezeption des Piscator-Theaters im Berlin der Zwanziger Jahre wissen: Ein Publikum in Nerzen applaudierte denen, die auf der Bühne vorschlugen, die Gesellschaft dieser Applaudierenden abzuschaffen.

Hier wurde schon absehbar, was für die Beurteilung des Experiments »Schaubühne« entscheidend sein würde: Ob es gelingen könnte, den Abstand zwischen verschiedenen Gesellschaftsentwürfen nicht nur immer wieder als unüberbrückbaren darzustellen, sondern die Schwierigkeiten der Reaktion auf diese Intransigenz zu einem Moment des Spiels auf der Bühne werden zu lassen. Mit dieser ersten Aufführung war das noch nicht erreicht worden. Sie stellte das Unvereinbare aus. Und überging die Widersprüche zwischen dem revolutionären Gestus des Stücks und der aktuellen Wirklichkeit der Gesellschaft mit dem der Aufführung impliziten Hinweis darauf, daß jeden falls (oder: immerhin) am Theater eine radikal demokratisierte Spielpraxis durchgesetzt worden war.

Die Zielgruppen-Projekte

Der propagandistische Zug der *Mutter*-Inszenierung (als deren Regisseure neben Peter Stein noch Frank-Patrick Steckel und Wolfgang Schwiedrzik genannt wurden) war nicht zu übersehen. »Wer sich gegenüber dem Beispiel (d. h. der Verwandlung einer alten Frau aus dem Proletariat in eine kämpferische Revolutionärin, d. V.) auf geschichtliche Besonderheiten und solche der Klasse versteift, muß sich den Verdacht gefallen lassen, er wolle seinem pädagogischen Zweck ausweichen … Mindestens kann mit der Aufführung des Stücks der verbreiteten Abneigung gegen eine revolutionäre Politik entgegengetreten werden, indem das Verhalten von Leuten gezeigt wird, die einmal eine solche Politik gemacht haben« – Stein/Steckel auf einigen losen Blättern, die im Foyer verteilt wurden. So forsch und resolut hat sich die Schaubühne nach *Die Mutter* nur noch im Zusammenhang mit ihrem sogenannten »Zielgruppen-Theater« geäußert, den Aufführungen für Kinder, Lehrlinge und Arbeiter.

Dieses 2. Programm der Schaubühne stand sehr bald (und steht bis heute) im Schatten der Hauptproduktionen. Das Ensemble hat ein Höchstmaß von Energien für diese Zielgruppenarbeit aufgewendet. Es gab zu der Zeit die Hoffnung, man könne neue, andere Publikumsschichten für die Bühnen gewinnen, wenn Spielgruppen aus den großen Häusern zu den Leuten zögen, die selber nie in die Theater gehen. Solche Versuche wurden fast überall unternommen. Die der Schaubühne unterschieden sich von der Mehrheit der übrigen vor allem wohl dadurch, daß sie politisch eindeutiger programmiert waren. Es ging bei den Projekten um Klärung und Stärkung der Position der Lohnabhängigen im Arbeitskampf (Gerhard Kelling: *Die Auseinandersetzung*, 1971; Johannes Schenk: *Transportarbeiter Jakob Kuhn*, 1972), um die Geschichte niedergeschlagener Revolutionsansätze (*Märzstürme 1921*, eine Kollektivproduktion nach einer Idee von Schwiedrzik, 1972), generell um die Widersprüche zwischen Oben und Unten (Brecht: *Die Ausnahme und die Regel*, 1973). Das nach der Zahl der Aufführungen – es wurden 35 – erfolgreichste Unternehmen dieser Zielgruppenarbeit war freilich das am wenigsten explizit politische: *Gilgamesch und Engidu*, eine Kollektivproduktion nach dem *Gilgamesch*-Epos, auf Anregung und unter Leitung von Tilo Prückner, ein Kindertheater, das vom breiten, bunten erzählerischen Duktus der *Peer Gynt*-Inszenierung zum Vergnügen der Kinder manches übernahm.

Das Kinderstück wurde in dem Haus am Halleschen Ufer gespielt. Die anderen Teile des 2. Programms waren leicht einzurichtende und in Gang zusetzende Aufführungen. Alle Schauspieler haben sich daran beteiligt, auch die mit den großen Namen; manchem gab diese Arbeit das Gefühl, das zu entwickeln, was in den Hauptinszenierungen mit der Zeit (das heißt: je kunstreicher, raffinierter sie wurden) schwererfiel: das Gefühl, politische Haltungen und Bekenntnisse ungebrochen einbringen zu können. Diese schlichten, rasch auf eine klare Auskunft zudrängenden Aufklärungs-Unternehmungen mit der jeweils zugehörigen, ausführlichen Diskussion fanden in Klubräumen, Gewerkschaftssälen, Freizeithäusern statt. Sie waren glanzlos – und zurecht bestand die Schaubühne darauf (wie einmal im Falle einer Einladung zur Frankfurter »Experimenta«), mit diesen Stücken nur zu gastieren, wenn sie auch wirklich vor Zielgruppen gezeigt werden konnten. (Für den Auftritt im Programm des Frankfurter Festivals, mit Kellings *Die Auseinandersetzung*, wurden Lehrlinge der Post gesucht – und gefunden, Journalisten hatten keinen Zutritt).

Das Ensemble betonte, was es in den Gesprächen mit Kindern, Lehrlingen, Arbeitern über deren Reaktionen lerne, würde der Tätigkeit am Theater insgesamt zugute kommen. Das mag so gewesen sein. Direkt nachzuweisen sind Erfahrungen dieser Art kaum. Ebenso schwer ist es, die Publikumswirkung solcher Versuche einzuschätzen, Theater instrumental der Vermittlung bestimmter politischer Konzepte zuzuordnen. Die Zielgruppenprogramme waren wichtig für alle, die sie bestritten haben. Es ist kein Paradox, wenn man sagt, daß sie für das Bild der Schaubühne dennoch von geringer Bedeutung sind. Eine Arbeit wie diese mußte getan werden, entsprechend dem linken Standort, den man einnahm. Aber es hätten auch weniger Begabte sie tun können. Worüber das Kollektiv wirklich verfügte, die Fähigkeit, gesellschaftliche Einsichten am Material literarischer Stoffe in ausgreifenden Spielvorgängen zu entfalten, war erst in den »großen« Aufführungen zu erkennen, die auf *Die Mutter* folgten. – Es ist jedoch festzuhalten, daß die politische Arbeit der Zielgruppenprogramme trotz der zunehmenden Belastung durch die anderen, alle Mittel des Apparats beanspruchenden Produktionen nicht aufgegeben wurde.

Ästhetik und Programm

Die Mutter wurde noch wahrgenommen als Anlaß, eine Lösung aller Widersprüche durch die Revolution zuversichtlich (beinahe: gläubig) zu antizipieren. Eine Möglichkeit zu dieser Perspektive räumt das Ensemble sich und seinem Publikum von da an nicht wieder ein. Mit einigem Recht kann gesagt werden, daß sich schon hier, nach der ersten Aufführung, ein Umbruch der dramaturgischen Entwürfe und der ästhetischen Mittel ihrer Verwirklichung ereignet. Man muß nicht, um sich über das Ausmaß dieses Wandels klar zu werden, die Inszenierung von *Die Mutter,* 1970, vergleichend gegen das Projekt *Winterreise,* 1977, stellen: die realistisch durchgebildete Zeichnung von gesellschaftlichen Verhältnissen gegen die träumerisch imaginierte, in visionäre Augenblicke zerfallende, wehe Metapher. Schon in Peter Handkes *Ritt über den Bodensee,* 1971, und, in anderer Hinsicht noch deutlicher, in den beiden Teilen von Ibsens *Peer Gynt* im selben Jahr, verlagert sich der Blickpunkt, unter dem die Schauspieler, Regisseure und Dramaturgen die Stoffe angehen. Und zwar in Richtung auf eine fortan sich immer stärker ausprägende Skepsis gegenüber jeder Behauptung auch nur der Möglichkeit einer gradlinigen gesellschaftlichen Entwicklung.

Diese Skepsis ist der Reflex eines wachsenden und die Arbeit bald ganz bestimmenden Interesses am Subjekt. In Handkes *Ritt über den Bodensee* befinden sich die Figuren in einer gleichsam vorgesellschaftlichen Situation. Sie lernen erst, sich mit Worten und Gesten aufeinander zu beziehen, und sie erfahren dabei: die Unzuverlässigkeit, Brüchigkeit und Unzulänglichkeit aller Äußerungsformen des Subjekts. Man sieht Menschen, die sich gerade erst selber kennenlernen; und das ist hier ein Kennenlernen, das sie verstört. – Diese Handke-Aufführung an der Schaubühne, in der Disposition riskant, in der Probenarbeit sehr umstritten (Claus Peymann, der Regisseur, verließ im Verlauf der Proben die Schaubühne, Wolfgang Wiens sprang ein), im Ergebnis als subtile (und elegante) Einlösung des Stücks überzeugend

– diese für das Publikum unerwartete und anfangs auch schwer verständliche Aufführung antwortete auf die optimistische Propaganda von *Die Mutter* mit den abgründigsten Zweifeln: Ihr redet von »Veränderung der Gesellschaft« – und wißt noch nicht einmal, daß es schon ein lebensgefährliches Abenteuer ist, wenn zwei sich auch nur über eine alltägliche Winzigkeit verständigen wollen. These dieser Aufführung war: Wer so von Veränderungen redet wie Brecht – hat nichts verstanden.

Aufbrüche, die scheitern

Diese tief skeptische Haltung und, als ihre Vorbedingung, die verschärfte Beobachtung der ungleichmäßigen und irregulären Strukturen und Emanationen der Subjektivität haben die Schaubühne auf das Thema gebracht, das sie durch alle Spielzeiten bis heute beschäftigt. Wir wollen es mit dem Begriff des Aufbruchs umschreiben. Alle Inszenierungen des Hauptprogramms sind, von *Ritt über den Bodensee* an, Schilderungen von Aufbrüchen. Das war jedoch auch *Die Mutter* – gelungener Aufbruch einer Gruppe und eines Einzelnen, der alten Frau, in die neue Zeit. Wir müssen also genauer sagen: Alle Aufführungen bis 1978 erzählen von Aufbrüchen, die scheitern, und mehr: denen das Scheitern zwangsläufig und immanent ist. Sie zeigen: das Scheitern als ein unvermeidliches Moment jeden Aufbruchs.

Dabei sind die Formen der Aufbrüche und die Gründe für die Niederlagen von Fall zu Fall sehr verschieden. Es unterscheiden sich die Menschen, die Lebens-Zusammenhänge, die sie verlassen wollen, die Widerstände, auf die sie treffen und von denen sie aufgehalten werden. Die Intensität der Anstrengung, sich aus den sozialen Gefügen zu lösen, in denen wir die Menschen der Stücke zuerst wahrnehmen, ist eine andere im *Peer Gynt* als in der *Optimistischen Tragödie*; wie die Lust zu Veränderung und Wechsel sich motiviert und welche Bahn sie sich bricht – das erleben die *Sommergäste* anders als die Provinzler in *Sparschwein*, die in die Wälder fliehenden Figuren von Shakespeares *Wie es euch gefällt* anders als die Kunstvereins-Clique in der *Trilogie des Wiedersehens* von Botho Strauß. Es unterscheiden sich auch die Hoffnungen, die an die Veränderungen geknüpft werden. Die Sehnsucht von Horváths Marianne in *Geschichten aus dem Wiener Wald* spricht sich anders aus als die von Kleists glücklich-unglücklichem

Homburg; und natürlich entstammen Rausch und Raserei der Bakchen in der Tragödie des Euripides einem anderen Verlangen als die unruhigen Bewegungen des Hyperion der *Winterreise* im nächtlichen Stadion. Aber wovon die Schaubühne in all diesen Arbeiten immer erzählt hat: es waren Geschichten von Auszügen, Aufbrüchen zu etwas Anderem hin. Dieses allemal sehnsüchtige Drängen auf Veränderung, das die Inszenierungen vielfältig bebildert haben, ist die innerste Verbindung zwischen ihnen.

Aufbruch – der Begriff ist entfaltet worden in Bildern des Aufstands, des wütenden Aufbegehrens, der gewalttätigen Rebellion; und in anderen eines sachten Entgleitens, eines allmählichen Verlierens der alten Realität. Unweigerlich ist, was aus den Veränderungen resultierte, nachher als Variante des nur vermeintlich Überwundenen sichtbar geworden. Mit dem Titel des Stücks von Wischnewski läßt sich zusammenfassen, auf welchen gemeinsamen Fluchtpunkt die Einzelperspektiven der Aufführungen zulaufen: die optimistische Tragödie als das Trauerspiel der optimistischen Lust an der Veränderung.

Alle Wege, die die Figuren der Stücke in den Inszenierungen gegangen sind, führten sie hinaus – und zurück. Am Ende all der Reisen, kühnen Unternehmungen mit hochfliegenden Plänen, waren die Verhältnisse, von denen sie befreien sollten, niemals sehr weit. Im *Peer Gynt,* dessen Darstellung sich in der Erinnerung fast wie die einer langen Lebensreise ausnimmt, war diese Tendenz schon klar ausgeformt. Das Bewegliche an Peers Phantasie, seine sich wiederholenden Anläufe, des Lebens und seiner selbst habhaft zu werden, das Sich-Verträumen und der Zug in die Ferne, erschienen als Momente einer Haltung, die statisch ist, so sehr sie auch Mobilität vorgibt. Die Abenteuergeschichte von Peer Gynt, dessen Taten unproduktiv sind, der seine Kräfte verschwendet, sich nicht einfinden kann in den Kontext einer, irgendeiner Gesellschaft, entwickelte in ihrer Schilderung durch die Schaubühne aus den Traum- und Wunschbildern des 19. Jahrhunderts den Inbegriff eines bürgerlichen Lebens, das gerade dann, wenn es von sich weg will, ausdrücklich bei sich selber bleibt. Die kritische Dimension des weitgespannten Unternehmens bestand darin, daß die Einlassung auf Ibsen sich als Beschäftigung mit den Ursprüngen der gegenwärtigen Gesellschaft herausstellte. Gefragt wurde, wie groß denn nun wirklich der Wert von Phantasie, Imagination und also: der Wert von Kunst sei; und was es bedeutet, daß wir aus unseren Träumen soviel hermachen – wenn der ganze Aufwand so eines in Phantasien gelebten Lebens, wie dieser Peer es führt, am Ende doch nur ins Leere fällt. (Wie die Mittel der Aufführung ihre kritische Substanz zum Vorschein brachten und legitimierten, wird an anderer Stelle noch gezeigt werden.)

Die Fragen nach den tatsächlichen Veränderungskräften der Phantasie rückten Steins *Peer Gynt* in die Nähe seines *Tasso*. Der Bezug auf die gegenwärtige Gesellschaft, in der das Theater spielte, war eindeutig zu bestimmen. Das dauernde Weg-Wollen Peers, seine Lust am Anderswo, wurde, wie das Sich-Versteigen Tassos in die Hohe Kunst, als ein Grundgestus bürgerlicher Welt- und Lebensentwürfe kenntlich gemacht. Ein Gestus der weit ausholenden Gebärde, die wenig verändert. Die aktuelle Bestätigung bot die Anschauung der Gegenwart, mit der die Aufführung mehr zu tun hatte als das Märchengewand, in dem sie daherkam, dem ersten Blick nahelegte. Als die beiden Teile von *Peer Gynt* 1971 in Berlin Premiere hatten, war schon zu sehen, daß der Aufbruchselan der Bürgerkinder am Ende der sechziger Jahre den Zuständen nicht hatte beikommen können. Was erschüttert worden war, rutschte schon wieder auf die alten Plätze in der alten Ordnung; gerade von Reformen war noch die Rede. Das Zeitklima war eines der gemischten Gefühle: resignierende Zuversicht oder, je nachdem, wo einer stand, zuversichtliche Resignation. Der Engländer Edward Bond (mit seinem *Lear*) und der Ost-Berliner Heiner Müller (mit seiner *Macbeth*-Bearbeitung) schrieben damals Stücke eines abgründigen Pessimismus gegenüber den Entwicklungschancen der Zivilisation und der Kultur, schwarze, aussichtslose Szenen, voller Gewalt und Schrecken. Von der Trauer dieser neueren, zeitgenössischen Dramen war auch in Ibsens *Peer Gynt* an der Schaubühne etwas zu spüren. Doch wurde die Trauer hier anders instrumentiert – mit den Mitteln einer verlockenden, verführerischen, hinreißenden Abenteuergeschichte. Erst an ihrem Ende kam es bitter heraus: daß der Jammer Peers über die vergangenen Wechselfälle doch größer ist, als die Lust daran war. Ein Theater sehr nahe der Zeit.

Die Erfahrungen der Epoche sind treibende Energien der Schaubühne gewesen. Noch wenn man manchmal an Verweigerungen der Realität teilzunehmen glaubte, ist man plötzlich auf Aktualität und auf die Zeit gestoßen. Das Aktuelle kam am stärksten und nachwirkendsten zum Ausdruck in den Zweifeln und in der Skepsis, die die

Aufführungen gegenüber den Möglichkeiten von Verwandlungs- und Erneuerungsprozessen (eines Individuums oder einer Gruppe oder einer gesellschaftlichen Klasse) artikuliert haben. *Optimistische Tragödie* (1972) ließ sich weit ein auf die Schwierigkeiten der Gruppe russischer Matrosen, die sich in der Revolution von 1917 zur Anarchie befreit wähnen, und denen die Funktionäre der KP eine neue Führung aufzwingen; wodurch aus dem anarchistischen Haufen eine entschlossene Kriegstruppe wird, die kämpfend – untergeht. – *Geschichten aus dem Wiener Wald* (1972): Der Aufbruch Mariannes (in die Hoffnung einer Liebe), der in einen Albtraum sich verstrickt, den in Klaus Michael Grübers Inszenierung alle Einzelheiten des Stücks, das zuvor so nie gesehen wurde, nun zwingend beglaubigten. – Und *Prinz von Homburg?* Aus der Biographie Kleists erdachten sich Botho Strauß und Peter Stein den Traum eines Dichters von einem Helden. Auf den Schultern trugen im letzten Auftritt der Aufführung (1972) die Offiziere den Prinzen von der Bühne – nein, nicht den Prinzen, nur ein Wunschbild davon, eine Puppe, während der Schauspieler des Homburg (Bruno Ganz) elend am Boden alleine zurückblieb, einer, »dem auf Erden nicht zu helfen war« (Kleist); welch ein Sturz aus der Zuversicht und aus dem schönen Gemälde einer glänzenden Zukunft. Der Aufbruch der Provinzlinge zu Anfang des *Sparschweins*, 1973, ist schon erwähnt worden, dieser wunderschreckliche, komische Ausflug nach Paris, der die Gruppe schwer beutelt, und zum Schluß kracht da eine ganze Welt zusammen. – In den *Bakchen* des *Antikenprojekts,* 1974, verschuldet der neue Dionysos-Kult, eine Religion des Aufbruchs, als erstes – eine schreckliche Untat. – Am Ende von Gorkis *Sommergäste*, 1974, verlassen die Frauen, nach einem freudlosen Sommer, die Enge der Kleinbürgerwelt ihrer Männer. Steins Aufführung schilderte diesen Abschied als einen Aufbruch in das Gestrüpp des Wäldchens, das den Hintergrund der Szene bildete: Es war ein sogleich leise ironisierter Abzug, mutige, erste Schritte, voller Lust und Überzeugung – und dann verfingen die Körper sich alsbald im Unterholz zwischen den Stämmen. – *Der Tod des Empedokles. Hölderlin lesen*, 1975, lieferte für die Zweifel an den Chancen von Anfängen in den Aufführungen der Schaubühne die allgemeinste und zugleich die gültigste Bild-Chiffre: Ein Zitat aus Caspar David Friedrichs *Die gescheiterte Hoffnung* (in der Kunsthalle Hamburg), sich auftürmende Eisschollen, auf dem Bild ist ein Schiff eingeklemmt und

44

geborsten in diesem Eis, auf der Bühne in Berlin bezeichnen die kantigen Blöcke den Gipfel des Ätna, in dessen Krater der Philosoph Empedokles sich stürzen wird, die Welt aufgebend, um die Wahrheit der Welt zu erfahren. Etwas soll gewonnen werden – und kostet den Preis des Lebens. – Die Flüchtlinge in Shakespeares *Wie es euch gefällt,* 1977, haben den Hof mit seinen Zwängen verlassen und suchen die vermeintliche Freiheit der Wälder – aber was finden sie dort? Die alten Nöte, die alten Fragen – nur die Umgebung haben sie gewechselt, freier ist darum niemand geworden. – So endet auch der Selbstrettungsversuch des Kunstvereins-Direktors und der vereinsamten Arztfrau in der *Trilogie des Wiedersehens* von Strauß, 1978, an einem verregneten Nachmittag in einem Bahnhofshotel, traurig.

Die Praxis der Aufbrüche in die Veränderung wurde in diesen Aufführungen beschrieben als die eines absehbaren Scheiterns. Die Zweifel an den praktischen Aussichten kritisierten dann natürlich auch die Theorie der historischen oder aktuellen Utopien, denen die Figuren auf der Bühne anhingen. Das war eine nicht zu übersehende Konsequenz, und manche der linken Gruppen, die der Schaubühne zunächst nahestanden, haben ihr – worauf später noch eingegangen wird – in diesem Punkt bald widersprochen. Viele haben von diesem Theater die plakative, direkte, jedenfalls eine aggressive Denunziation der Gesellschaft erwartet und einfordern wollen, die rote Fahne an jedem Abend. Die Schaubühne ist solchen Forderungen nicht entgegengekommen. Längst ehe Hans Magnus Enzensberger (dessen *Verhör von Habana* zum Programm der ersten Spielzeit gehörte) 1978 von der Linken verlangte, »ohne Ärmelschoner zu denken« (Kursbuch 52), wurde an der Schaubühne darauf bestanden, die Widersprüche in den vergangenen und den gegenwärtigen Verhältnissen möglichst genau, also: frei von weltanschaulichem Besserwissen darzustellen. Das Ziel hieß: politische und ästhetische Strömungen der Zeit zusammenzudenken (Botho Strauß). Es war die schwierigere Aufgabe.

Die Regisseure

Die »ästhetische Strömung«, die die Schaubühne dann allerdings mehr selbst veranlaßt als etwa zitiert hat, äußerte sich zuerst in dem neuen Schauwert der Aufführungen. In ihnen erwies die Bühne sich wieder als ein Ort der Lust – des Schauens und des Begreifens. Die Regisseure Peter Stein und Klaus Michael Grüber dachten das Theater frei von den vielen Auflagen der Konvention, durch die sie es überall belastet sahen. Gegen die Verengung und Verarmung, die schon das Dokumentartheater den Bühnen auferlegt hatte, und die in der Folge der Selbstkritik an den Theatern um 1968 noch zunahmen, versuchte vor allem Stein die Wiedergewinnung des Kunstwerks mit der Fülle der Mittel einer weitläufig ausgebreiteten Bilderwelt. Die Dramaturgen Dieter Sturm und Botho Strauß, der Bühnenbildner Karl-Ernst Herrmann und die Schauspieler haben diesen Erneuerungsprozeß – aus dem sich ein Umdenken an vielen Theatern hergeleitet hat – mitgedacht und mitgetragen. Neben Stein und Grüber haben auch andere Regisseure an der Schaubühne gearbeitet. Luc Bondy (*Die Wupper*, 1976, *Man spielt nicht mit der Liebe*, 1977) und Wilfried Minks (*Die Hypochonder*, 1973) haben mit dem Ensemble nach außen erfolgreich arbeiten können; intern war das Klima nicht immer so gut. Frank-Patrick Steckel, der zum Team gehörte, glückte von Heiner Müllers *Lohndrücker* (1974) eine Interpretation, die von dem Stück überzeugte. Aber diese Regisseure haben die Entwicklung der Schaubühne doch nur sehr punktuell beeinflußt. Für das Bild dieses Theaters entscheidend wurden die Arbeiten von Stein und Grüber. (Entscheidender auch als die für das Selbstverständnis der Gruppe wichtigen Kollektiv-Inszenierungen, zum Beispiel der Abend mit Szenen von Kroetz und O'Casey, 1975, und der Komödienerfolg mit Courteline, *Die ganz begreifliche Angst vor Schlägen*, 1977).

Peter Stein

Wir suchen bei Stein und bei Grüber nach durchgängigen Merkmalen ihrer Arbeit. (Die Beschreibung ihrer einzelnen Inszenierungen wird an anderer Stelle genauer auf die Einzelheiten sehen.) Stein begründete, mit *Peer Gynt*, die Tendenz der Schaubühne zum Aufbau von Bildern, die sich dem Blick des Zuschauers wie Lebensräume eröffneten. Er vergrößerte das Format der Spielzusammenhänge. Das war ohne die Beschädigung der Stücksubstanz möglich, weil Stein die Bewegungen des Spiels aus der Sprache der Texte ableitete. Die Differenzierung der Sprachschichten eines Stücks stand am Anfang der Vorbereitungen. Das ist auch sonst am Theater die Regel: nur ist man ihr an der Schaubühne länger und bis in die Probenarbeit gefolgt. Aus der Analyse der Sprachgesten der Vorlage ergaben sich Gliederung und Ablauf der Szene. Weil Sprache die Maße des Raums und die Dauer von Bewegungen bestimmte, konnte selbst im turbulenten Aufzug einer Gruppe, wie etwa in den Massenszenen der *Optimistischen Tragödie,* noch die Detailgenauigkeit von Kammerspielen entwickelt werden, zum Beispiel in dem Gespräch des weiblichen Partei-Kommissars mit dem anarchistischen Matrosen Alexej (Elke Petri und Ulrich Wildgruber). Das war an Steins Aufführungen oft staunenswert, wie von dem großen Schwung einer vielteiligen und stark dynamisierten Szene ein einzelner Augenblick nicht weggesogen wurde und unterging, sondern wie dieser ein Bild zusammenfassen und auf seine Essenz bringen konnte. Diese aus der Sprache der Figuren gewonnenen Wechsel des Rhythmus und des räumlichen Ausschnitts kennzeichnen, nach *Peer Gynt* und *Optimistische Tragödie,* vor allem die Aufführungen von *Prinz von Homburg, Fegefeuer in Ingolstadt* (beide 1972), *Sparschwein* (1973) und *Sommergäste* (1974). Mit seinem Beitrag zum *Antikenprojekt* (1974) forschte Stein nach den Anfängen der dramatischen Rede. – Als sich Bild und Bewegung in *Shakespeares Memory* und *Wie es euch gefällt* (1976/77) verselbständigten, sich nun nicht mehr als Funktionen der Texte aus diesen rechtfertigten, zerfielen die Unternehmungen in Arrangements und verloren ihre Schlüssigkeit. Eine Entwicklung kehrte sich damit um: Nicht der sprachliche Ausdruck bestimmte, wie noch in *Sommergäste,* den Bildwert der Szenen, sondern der dominanten Wirkung von bildnerischen Erfindungen und Dekorationen wurden Schauspieler und Sprache gleichsam nur noch hinzugefügt.

Steins Interesse an Sprache als dem wichtigsten Medium des Theaters hat in der Mehrzahl seiner Aufführungen selbst schwierigste Gedankengänge klar und verstehbar werden lassen. – Ein anderes Element der Fundierung seiner Arbeiten war die Aufmerksamkeit für die historischen Umfelder der Stücke. Stein hat ein sehr ausgeprägtes Gefühl für die geschichtliche Bedingtheit von Problemen und Fragestel-

lungen (und eine fast rabiate Hartnäckigkeit darin, sich Geschichte anzueignen). Es ist ein Gefühl für die Authentizität des dramatischen Stoffs. Wenn seine Aufführungen, von *Peer Gynt* bis zur *Trilogie des Wiedersehens*, sich im vorläufigen Rückblick zu einem dichten Panorama der bürgerlichen Gesellschaft zusammenschließen, einem begten Prospekt ihrer Ursprünge, Entwicklungstendenzen und Krin, so ist daran auffällig, wie wenig pauschal die Problemlagen im nzelnen vorgestellt und beurteilt wurden. Es ist da kaum je rasch ine Summe gezogen worden. Die gespannte Aufmerksamkeit Steins, einer Dramaturgie und seiner Schauspieler, für Geschichte hat die eiligen (freilich dann auch nur angeblich für heute brauchbaren) Resümees verhindert. Die Fragen des Dramas wurden im Kontext der historischen Epoche gesehen, und die Spannungen einer Periode nicht auf bloße Reizwerte heruntergestriegelt. Wenn in Steins Inszenierungen gegen die Hoffnungen im Augenblick des Aufbruchs, gegen die Verführungskraft der utopischen Entwürfe, ohne daß diese denunziert würden, die kritischen Bilder des Scheiterns gestellt werden, optimistische Tragödien auch als Tragödien des Optimismus erscheinen, wird diese Konfrontation einer Idee mit ihrem Gegengedanken plausibel durch die Verpflichtung auf historische Authentizität. Sie hat mit der musealen Rekonstruktion allerdings nichts gemein.

Peter Stein ist (anders als Grüber) ein Regisseur der Schauspieler. Aus ihrer Beobachtung lernt er, wozu er sie bringen kann. Das hat seine Wahrnehmung für die psychische Realität geschärft. Es scheint heute, als habe er von *Tasso* bis zur *Trilogie des Wiedersehens* einen Weg zurückgelegt, auf dem sich ihm soziale Spannungen mehr und mehr aus psychischen Motiven begründen. (Der Shakespeare-Exkurs, in dem Stein auch seiner Lust an den Unwägbarkeiten des Experiments nachgegeben hat, wirkt eher wie eine Unterbrechung dieser Entwicklung, noch einmal die totale Einlassung auf die Bedingtheiten eines Zeitalters.) Eine anfangs relativ einlinige, politische Entschiedenheit versperrt sich jetzt immer weniger gegen die offenbar wachsende Empfindlichkeit für psychische Komplikationen und Irregularitäten.

Es sind Komplikationen, die daraus entstehen, daß die Spannung zwischen dem, wie es ist, und dem Bewußtsein davon, wie es sein

Peter Stein (links) und Karl-Ernst Herrmann

sollte, vom einzelnen Subjekt ohne Schaden nicht auszuhalten ist. Stein hat auf der Bühne in realistischen Gesellschaftsausschnitten geschildert, worin dieses Mißverhältnis zwischen der schlechten Wirklichkeit und den Hoffnungsbildern – ein Mißverhältnis, das die Subjekte und die Gruppen immerzu bedroht und gefährdet – seinen Grund hat: in den materiellen Fundierungen der sozialen Gefüge, in den gegeneinanderstehenden Interessen der Klassen, auch in der Dialektik einer Rationalität, die sogar mit emanzipatorischer Absicht Herrschaft nur abermals konstituiert. Indem dieses kritische Theater die wechselnden Hoffnungsformen immer wieder lebhaft entfaltete, das heißt: Leben daraus gewann, hat es Hoffnung selber, als sein Prinzip, nicht verraten.

Klaus Michael Grüber

Stein hat dynamische Ansichten von Verhältnissen gegeben. Gegen seine Ausschnitte der Welt stehen die vier Arbeiten des Regisseurs Klaus Michael Grüber an der Schaubühne: Sie liefern nicht ausschnitthafte Beschreibungen, sondern behaupten die Inszenierung als Kunstwerk, das selber Welt setzt. Dieser Zug zu einer Autonomie der Inszenierung gegenüber ihrem Realitätsstoff (und den Stoffen des Dramas) war an Grübers Aufführungen schon deutlich hervorgetreten, ehe dieser Regisseur 1972 zum ersten Mal an der Schaubühne arbeitete. Der Sohn einer schwäbischen Pfarrersfamilie lebte während seiner zwanziger Jahre lange in Mailand und war dort einer der Mitarbeiter Giorgio Strehlers, eine erste eigene Inszenierung beschäftigte sich mit Arthur Adamov. Hübner holte ihn im Winter 1969 (also im Jahr von Steins *Tasso*) für Shakespeares *Sturm* nach Bremen. Der Regisseur Grüber spielte, weil der vorgesehene Darsteller für die Premiere ausfiel, den Prospero selbst. Das war die erste Begegnung mit ihm: In dem Bühnenbild von Wilfried Minks, einer sandigen, von hohem Schilfgras bewachsenen Landschaft, kauerte Grüber in einem Erdloch und sprach aus einem großen Buch langsam und leise die Sätze Prosperos nach. Um ihn herum erschienen die anderen Figuren (Martin Sperr als Caliban) wie sonderbare Traumgestalten. Die unglaublichen Begebenheiten des Stücks wurden mitgeteilt und erfahren als Bruchstücke des verschütteten, zerstörten Zusammenhangs einer fernen Erzählung. Ein Jahr später in Stuttgart hat Grüber sich so auch

Kleists *Penthesilea* genähert: In einer monochromen Grundstimmung bezog sich ein klagendes Erinnern noch einmal auf das schon vergangene, zurückliegende Abenteuer eines wechselvollen Kampfes. (Auch Grübers *Im Dickicht der Städte*, 1973 in Frankfurt, bildete ähnlich eine übergreifende, die alte Unruhe des Kampfes zwischen Garga und Shlink nun stillstellende Stimmung aus. In einem die Bühne füllenden Haufen ausgetretener Schuhe, Requisiten früherer, inzwischen erstorbener Mobilität, bewegten sich die Schauspieler, als suchten sie danach, wie sie sich einmal bewegt hatten. Die Differenz zwischen dieser und Peter Steins noch vehement und aggressiv das Chaos der Unruhe nachvollziehender Aufführung des gleichen Stücks von Brecht fünf Jahre zuvor an den Münchner Kammerspielen enthält auch den Unterschied der Anfänge beider Regisseure.)

An der Schaubühne begann Grüber 1972 mit Horváths *Geschichten aus dem Wiener Wald*. Die Aufführung ging wieder aus von einem retrospektiven Ansatz. Die Menschen des Stücks sind Zerstörte. Eine Gesellschaft hat sie hervorgebracht (und sie bilden eine Gesellschaft), deren Egoismus, Lebens- und Profitgier sie zugleich vernichtet. Die Hochzeiten – das sind Schlachtfeste; die Moral: ein Stechmesser. Darum können die Figuren ihr Leben nur haben als Albtraum. Was um sie ist und was mit ihnen geschieht – es geschieht in den entrückten, zerquälten Bildern einer schrecklichen Einbildung. Eine Kultur, die noch die unsere ist, erscheint als eine längst verschwundene, abgelebte, wie im Rückblick besehen. Grüber zerlegte Horváths Volksstück – und setzte das Szenen-Material wieder zusammen: zu einem Requiem. Surreale Elemente, assoziativ erfundene, phantastische Auftritte (die Szene im Maxim) trieben an der Realität deren absurde Züge hervor. Kaum je war ein Stück so kraß von seiner Aufführungstradition abgetrennt worden wie dieses von Horváth durch Grüber.

Das Neue in Grübers Entwicklung war hier, daß die allgemeinen Chiffren für die Entfremdung der Menschen in ihren Verhältnissen von Augenblicken einer randscharf erspielten Wirklichkeit durchsetzt waren. In den dämmrigen Trauerbildern, welche die Aufführung vor Augen brachte, versank der Lebensgehalt einzelner Szenen nicht widerstandslos. Man sah darum immer noch: worum getrauert wurde. Diese Erhaltung eines realistischen Kerns der Szenen war ein Ergebnis der Zusammenarbeit Grübers mit einem Ensemble, das, wie der Dramaturg Dieter Sturm, die Bilderfindungen des Regisseurs immer wieder fragend kontrolliert hat. – Der Blickwinkel, aus dem sich die Aufführung das Stück erschloß, war der eines Rückblicks. Es war die Perspektive eines alten Rittmeisters, der die Inszenierung durchwanderte und in fast allen Szenen auftauchte: Einer, der die Ereignisse nur noch von weitem, aber plötzlich auch in aller Deutlichkeit wahrnimmt. Das Stück wurde vorgeführt als Erlebnis einer einzelnen Person und schattiert von ihrem Gefühl. Das ist eine Methode der Projektion. Grüber hat sie später, an *Empedokles* und *Winterreise,* wiederholt. Der formale Kunstgriff, der auch disparateste Szenenteile noch zusammenhält, hat eine inhaltliche Konsequenz. Alle Auftritte erscheinen nun motiviert als Ausdrücke der Empfindungen eines Subjekts. Die Willkür der Zeichen und Bilder, das Phantastische und noch das Wahnsinnige daran: das alles wird zulässig und schlüssig als Reaktion eines Bewußtseins auf die Welt.

Es ist ein Bewußtsein, in dem der Regisseur Grüber sich selbst wiedererkennt. Seine Annäherung an die Stoffe ist zuerst eine Suche nach Identifikations-Punkten. Er hat es, anläßlich von *Winterreise,* einmal so formuliert: Wie Hölderlin in der Gestalt seines Hyperion, der klagend unterwegs ist in der Fremde und in schlechter Zeit, sich selbst gedacht habe – so sehe nun wieder er, Grüber, sich in der Gestalt Hyperions. Der Regisseur, ein Dichter der Szene; und in deren Hauptfiguren: selbst gegenwärtig.

Dieses Verlangen nach Selbstausdruck in den szenischen Formulierungen des eigenen Welterlebnisses ist Grüber der wichtigste Antrieb. Es ist zugleich der Grund für die zunehmende Entfernung seiner Arbeit von den literarischen Vorlagen. Schon das Szenenmaterial von *Wiener Wald* erweiterte er um Fragmente aus anderen Entwürfen Horváths; und in seiner Interpretation der *Bakchen* verließ er nicht erst mit dem letzten Bild, aus dem fast eine bürgerliche Ibsen-Szene wurde, den Kontext der Tragödie des Euripides; in *Empedokles* wurde den Versen Hölderlins eine zweite, heutige Ebene der Erfahrung vergehender Zeit hinzuerfunden; *Winterreise* benutzte Teile des Briefromans *Hyperion* als Versatzstücke freier szenischer Assoziationen. Er müsse immer durch »einen Tunnel der Reduktion« gehen – diese Bemerkung Grübers bezeichnet einen Weg, der einer Selbstschöpfung von Theater, Szenen, die sich, unabhängig von den Texten des Dramas, gleichsam selbst erdichten, immer näher zu kommen scheint. Das Risiko, das diese Entwicklung zu einer immer größeren

52

Klaus Michael Grüber im Olympia-Stadion

Autonomie der Mittel des Theaters einschließt, ist eine verstärkte Hermetik der Ergebnisse. Es gab in den Aufführungen Grübers an der Schaubühne Augenblicke, in welchen diese Gefahr sehr greifbar war: dem Verstehen kaum noch zugängliche, enigmatische Kompositionen, die sich jeder verbindlichen Auslegung verweigert haben.

Der Mangel an Verbindlichkeit wurde allerdings noch stets wettgemacht durch szenische Vorgänge, in denen sich augenblicklich der Gehalt eines Dramas und die Idee einer Inszenierung verdichteten und anzuschauen waren. In den *Bakchen* reißen die Frauen des Chors die Bretter des Bodenbelags weg, braune Erde wird sichtbar, aus ihr kriechen zwei Alte hervor, Kadmos und Teiresias, sie, die Ältesten, werden als erste dem Gott Dionysos huldigen, ihr Auftritt antizipiert schon, was die Zukunft bringen wird: die wilden Energien, die der neue Kult freisetzt, werden die Grundlagen dessen zerstören, was bis dahin Ordnung hieß. Die Tragödie handelt von dieser Zerstörung, die

53

in der Aufführung eine Bildchiffre fand, noch ehe Zerstörung wirklich sich ereignet. – In *Empedokles*. *Hölderlin lesen* hat Grüber die Schwierigkeiten der Annäherung an die Texte der letzten Fassung durch die Erfindung eines gesonderten Darstellungsraums und die Einführung zusätzlicher Personen zu einem sichtbaren Teil der Aufführung gemacht: neben der Bühne, auf der wir den Empedokles sehen und das Zitat aus Friedrichs *Gescheiterter Hoffnung*, ein zweiter Spielraum, das heutige Ambiente eines Wartesaals, Menschen darin, beinahe leblos, Ersterbende, vereinzelte Regungen nur noch vorübergehend. Das meinte: So, fast gelähmt, aussichtslos stehen wir vor den Herausforderungen der Texte, deren Reden vom Innewerden der Natur im Tod, vom Werden im Vergehen, uns wie unscharfe Erinnerungen kaum mehr erreichen. – *Winterreise* war insgesamt so eine Metapher. Hitlers Stadion in der kalten Nacht, Grabkreuze auf den leeren Rängen, Zelte auf dem Rasen, Schauspieler, unruhig herumwandernd, mit den Worten des Dichters klagend über das verlorene antike Griechenland und über das Deutschland seiner Zeit, aber gemeint war: unser Land und jetzt. Zeitbilder, die von vielen Zeiten sprechen. Und Räume, in denen andere Räume enthalten sind: das Stadion, eine griechische (olympische) Kulisse *und* Inbegriff faschistischer Machtdarstellung *und* heutiger Fußballplatz; ein Ort der Massen – und der Verlassenheit darin herumirrender Einzelner. – Oft ist Jetztzeit mit ihren Requisiten plötzlich in die Entwürfe solcher Bilder geraten. Auch Naturzitate, Hinweise auf den Mythos von Entstehung und Vergehen. Motorisierte Kehrmaschinen und richtige Pferde in den *Bakchen* – Zeichen, aus welchen sich die Authentizität jener Aufführung (anders als bei Stein) herleitete als das Ineins von Nähe und Distanz, eine Durchdringung des Vergangenen mit Gegenwart in der Absicht, während der Bewegung auf die Stoffe zu das Gefühl für den Abstand nicht zu verlieren.

Zu den einzelnen Widersprüchen, die in Grübers Kompositionen den größeren, grundsätzlichen Widerspruch zwischen Realität und Hoffnung zum Vorschein bringen, gehört auch dieser: Seine Arbeiten wurden immer von einem Klima des Endes, des Abschieds, des Versiegens der Kräfte bestimmt, nicht von hellen, bunten, lockenden Farben. Sogar in der Vitalität und dem rasenden Glück der ersten Liebesbegegnung von Marianne und Alfred im *Wiener Wald* war schon die Verzweiflung des schlimmen Ausgangs enthalten. Alle Abläufe wirkten wie knapp vor dem Stillstand. Zu spüren war der Nachtwind im (nur selten) hellichten Tag. Aber: Zugleich war in den Arbeiten auch ein sonderbarer Bewegungsimpuls, der ausging von dem wiederkehrenden Motiv der Reise. Nicht nur werden, wie gezeigt wurde, die szenischen Arrangements erdacht aus dem Blickfeld einer Figur (dem des Rittmeisters etwa oder dem Hyperions), sondern sie sind auch untereinander verbunden dadurch, daß diese einzelne Bezugsfigur, fortschreitend von Bild zu Bild, uns die Szenenfolge insgesamt als Folge der Bilder einer Reise erscheinen läßt. Das Motiv, das ein Strukturprinzip aller Arbeiten dieses Regisseurs ist, hat sich in Grübers szenischen Variationen zu beiden Teilen von Goethes *Faust* – 1975 in der Kapelle des Pariser Hospitalbezirks Salpêtrière – und in der *Winterreise* am deutlichsten ausgeprägt. Im langen Reisemantel, den Koffer immer dabei, wanderte Faust über die verschiedenen Schauplätze der Szenen Goethes, ein beteiligt-unbeteiligter Zeuge merkwürdiger Ereignisse. Und atemlos war Hyperion in dem Stadion unterwegs, an den Grabkreuzen, bei den Zelten, auf der Aschenbahn. Die zugrundeliegende Erkenntnis ist: Wir können die Bewegungen in der Umwelt nur noch in der eigenen Bewegung erfahren. Wie der Zeitgenosse durch die technischen Apparate mobiler geworden ist als je zuvor in der Geschichte, und wie wir, was immer irgendwo vorfällt, alsbald in bewegten Bildern vor Augen haben – so liefert die Perspektive des Reisenden nun auch Grübers Kompositionen das Muster ihrer Gliederung. Die Wechsel der Einstellungen erscheinen als Reflexe der Positionswechsel eines reisenden Ichs. Und die Stillstände in den Bildern wiederholen dann nur, was wir selber erleben: die Erfahrung der Erschöpfung, auch einer plötzlichen Interesselosigkeit, mitten im Fluß der Eindrücke, Reize, Informationen. Je mehr Bewegung, vermittelte oder selbst vollführte, uns in Anspruch nimmt, umso mehr verbrauchen sich auch Lust und Energie zur Reaktion.

Was wir an den Arbeiten Grübers, in Hinsicht auf ihr Verhältnis zu den Stoffen des Dramas und der Wirklichkeit, ein Prinzip der abständigen Nähe nennen können – wir sehen jetzt, daß es sich aus dem Motiv der Reise ergibt. Losfahrend, mutig aufbrechend, kommt einer leicht in die Nähe fremder Verhältnisse, wird damit sogar womöglich vertraut – und bleibt doch: der nicht dazugehört. Das Zeit-Symptom der Entfremdung, deren jedenfalls vorübergehende Aufhebung im Reisen die Freizeit-Angebote der Agenturen versprechen, bestätigt sich gerade in den Fahrten nach draußen, die die Welt nahe auf Abstand halten. Grübers Bilder handeln von solcher Nähe und von solchem Abstand.

Erfahrungen des mitreisenden Ichs. Aufbrüche, für die in Wahrheit unerreichbar bleibt, was sie scheinbar erreichen. Allgemeiner, aber zugleich elementarer als das Theater Steins ist auch das Grübers ein Theater von Bildern des Aufbruchs, die dessen Scheitern enthalten.

Die Regisseure Stein und Grüber haben beide an der Schaubühne wichtige Schritte ihrer Entwicklung getan: Steins weiterer Weg könnte spannender, aussichtsreicher werden als der von Grüber, der von Verengungen (und den daraus folgenden Zwängen zum Selbstzitat) momentan stärker bedroht ist. Was beide bisher erreicht haben, ist nicht zu denken ohne ein Ensemble von Schauspielern, auf das die Regisseure ihre Ideen beziehen konnten, das diese Ideen aber auch mitreflektiert und korrigiert hat. An der Schaubühne ist – trotz der erwähnten zwei, drei Versuche mit Kollektiv-Inszenierungen – der Einfluß der Regie auf die Theaterarbeit nicht geschmälert worden. Die Rolle der Regisseure wurde nicht gestrichen. Diesem Mißverständnis von Mitbestimmung am Theater ist man nicht erlegen. Richtiger ist zu sagen: Die Regisseure wurden gestärkt – einerseits durch die ausführliche Zuarbeit der Dramaturgie, die an jeder Produktion bis zur Premiere beteiligt war, und andererseits durch eine auch zu analytischem Denken hochbegabte Gruppe von Schauspielern. Es war die enge, im Fall von Stein fast ununterbrochene Kooperation mit dieser Gruppe, die die Entfaltung der Regisseure nicht nur begünstigt, sondern überhaupt erst möglich gemacht hat.

Die Schauspieler haben sich auf Stein und Grüber in außerordentlichen Verwandlungen eingestellt, trotz der unterschiedlichen Arbeitsweise von beiden. Das schienen manchmal schon nicht mehr die gleichen Menschen: Bruno Ganz als Peer Gynt in Steins Aufführung und als Oskar in Grübers *Wiener Wald*; Jutta Lampe als Ibsens Solveig (bei Stein) und als Horváths Marianne (bei Grüber); Libgart Schwarz als Hauptfigur in Steins Version der *Trilogie* von Strauß, damit befaßt, an der äußersten Grenze des Darstellbaren das Bild einer Frau zu wagen – und nur ein paar Monate vorher hatten wir sie, in Grübers *Winterreise*, am dunklen Rand des Stadions für sich alleine, Hölderlin murmelnd auf- und abgehen sehen, von den Tribünen aus kaum mehr wahrzunehmen als ein Nachtschatten.

Solche Verwandlungen, immer ein Wiedersehen mit Unbekannten, waren große Reize der Theaterarbeit an der Schaubühne. Das Ensemble hat, von Stein und Grüber jeweils zu Anderem gefordert, das Repertoire seiner Mittel ständig erweitert. Und durch das Ensemble als den gemeinsamen Bezugspunkt beider Regisseure, haben auch Stein und Grüber aufeinander reagiert, vielleicht sogar: voneinander gelernt. Die Schaubühne – das sind ihre beiden Regisseure; aber sie ist ebenso: der mal für mal erstaunende Spielkörper dieses Ensembles. (Die Tageskritik hat für die Leistungen von Schauspielern selten mehr als ein Adjektiv. In diesem Buch gilt einigen Schauspielern der Schaubühne ein eigenes Kapitel).

Die Bühnenbilder

Aber die Schaubühne – das waren immer auch ihre Bühnenbilder. Mit dem Begriff ließ sich oft nur unzulänglich abdecken, was tatsächlich zu sehen war. Man hat in dem doch eher unscheinbaren Haus am Halleschen Ufer mitunter kaum glauben können, daß ein Innenraum wirklich so verwandelbar sein sollte – in phantastische und ganz realistische Landschaften, in die Szenerie von Träumen und in historische Stätten, in Gegenden der Innenwelt und in Orte des praktischen Lebens. Das Haus wirkte von Aufführung zu Aufführung jedesmal wie umgebaut. Daran knüpften sich für das Publikum vor den Premieren immer große Erwartungen: Wie würde die Schaubühne diesmal aussehen? So ausgreifend war die Umbau- und Verwandlungslust der Bühnenbildner, daß das Haus zu eng wurde. Auf dem Berliner Messegelände (*Antikenprojekt*), in den Hallen der Filmateliers in Spandau (*Shakespeares Memory* und *Wie es euch gefällt*) und im Olympia-Stadion (*Winterreise*) fand das Theater neue Schauplätze für die Kunst seiner Raumplastiker. Der Mendelssohn-Bau am Kurfürstendamm, in den die Schaubühne umziehen wird, soll nun so hergerichtet werden, daß er für die ständige Veränderung der Spielräume auch die entsprechenden technischen Voraussetzungen bietet, die am Halleschen Ufer nicht gegeben waren.

Die Tendenz der Entwürfe von Spielräumen der Schaubühne ging auf die Ausbildung von Umgebungen. Wie sich in der bildenden Kunst neben Plastik, Zeichnung und Tafelbild das neue Genre des »Ambientes« (oder auch des »Environments«) entwickelte, eine Kunst, für die der Raum nicht mehr nur Schauplatz, sondern das Medium selber ist, so weiteten sich an der Schaubühne, etwa gleichzeitig, die Bühnenbilder zu einem jeweils eigenen Kosmos von »Umgebungen« aus, in denen Schauspieler und Zuschauer nun anders, nämlich im Prinzip enger als bisher, zueinander in Beziehung traten. Im ersten Teil des *Antikenprojekts*, während der Shakespeare-Abende, aber auch im Fall von *Wiener Wald* und *Optimistische Tragödie* gerieten die Zuschauer fast körperlich in die szenischen Arrangements und Abläufe. Die Umgebungen der Schauspieler – es waren auch die ihres Publikums.

Das war ein entscheidender Schritt der Öffnung; er bestimmte das Verhältnis von Bühne und Parkett als realen Zusammenhang zwischen Spielenden und Zuschauenden. Diese Entwicklung wurde vorbereitet durch Formen des experimentellen Theaters der sechziger Jahre, vor allem in Amerika. Sie hatte einen anderen Anreger in dem Bühnenbildner Wilfried Minks, in dessen Bremer Arbeiten der Gedanke der Ausweitung des Szenenbildes zur Umgebung schon enthalten war. Die Raumideen von Minks haben, nicht zuletzt durch den deutlichen Rekurs auf Erfindungen der zeitgenössischen bildenden Kunst, die szenischen Vorstellungen fast aller Regisseure des westdeutschen Theaters nachhaltig verändert. Hier fand die Schaubühne Ansätze, von welchen ihre Versuche ausgehen konnten.

Minks hat auch selbst einmal an der Schaubühne gearbeitet, 1973 inszenierte er *Die Hypochonder* von Strauß. Für die, die mit Claus Peymanns Hamburger Uraufführung des Stücks vergleichen konnten, war in Berlin die eindringlichere Inszenierung zu sehen, jedoch in einem eher konventionellen Bild, an der Entwicklung neuer Bühnenräume durch die Schaubühne hat Minks direkt nicht teilgenommen. Sie wurde vor allem verantwortet von Karl-Ernst Herrmann. Es ist keine Frage, daß Herrmanns Räumen für die Wirkung dieses Theaters die größte Bedeutung zukommt. Wenn gesagt wurde, daß die Erweckung einer neuen Schaulust ein auffälliges Merkmal der Inszenierungen von Stein und Grüber gewesen ist, so ist Herrmanns Arbeit gerade in dieser Hinsicht nicht hoch genug einzuschätzen. Für einzelne Projekte wurden auch andere Bühnenbildner verpflichtet: Klaus Weiffenbach schuf die Szene für *Die Mutter* und das Deck des Kriegsschiffs für *Optimistische Tragödie*; Susanne Raschig (mit Moidele Bickel als Kostümbildnerin engagiert) ließ für Heiner Müllers *Lohndrücker,* in

Steckels Inszenierung 1974, den realistischen Komplex gemauerter Ofenschächte bauen, durch den das Arbeiter-Milieu in dem Stück überzeugend plausibel wurde. Klaus Michael Grüber holte, für die *Bakchen*, die Maler Gilles Aillaud und Eduardo Arroyo nach Berlin; Antonio Recalcati, der italienische Maler, kam für *Empedokles* und *Winterreise*. Aillaud, Arroyo und Recalcati haben an der Schaubühne kühne Kunstbilder entworfen, die aber dennoch immer auch dramaturgische Funktion hatten. Sie haben gezeigt, daß die Übernahme von Ideen aus der bildenden Kunst über das bloße Zitieren durchaus hinausreichen kann. In ihren Arbeiten hat sich angedeutet, welche Möglichkeiten die Theaterpraxis außer acht läßt, wenn sie, wie das die Regel ist, den Dialog mit der bildenden Kunst der Zeit so wenig sucht. (Freilich: Um den Dialog geht es, nicht um das Garnieren von Aufführungen mit den Einfällen von Malern und Plastikern.) Diese Gastspiele von bildenden Künstlern waren wichtig. Aber die stärksten Impulse während der ersten acht Jahre der Schaubühne kamen doch von Herrmann.

Karl-Ernst Herrmann

In den Räumen von Herrmann fanden die Stoffe vieler Aufführungen, noch ehe ein Wort gesprochen war, ihre erste Deutung: Das Lebensmärchen von Ibsens Peer in einer abenteuerlichen Märchenlandschaft, mit Berg und Tal, mit einem hellen Strand und Schiffen am Horizont, mit Höhlen für die zauberischen Trolle und Pyramiden für die Reisenden in Ägypten; in den halbdunklen, verwinkelten Gassen und Gängen, die Herrmann für Hofmannsthals *Gerettetes Venedig* baute, kündigte sich sogleich an, in welche Liebeshändel, politische Intrigen und Mordgeschäfte die Personen des Stücks sich verwickeln würden; für den kritischen Surrealismus von Horváths *Wiener Wald* entstand ein Bühnengelände mit Zonen, in denen die phantastische Groteske, und anderen Orten, an welchen das harte Elend der Leute glaubhaft wurden. – Kleists *Homburg* verstanden Stein und Strauß als den Dichtertraum von einem Prinzen – und Herrmann schuf ihnen einen Raum, der schwarz ausgegrenzt war aus der Welt, hinter der halbhohen Rückwand sah man noch eine weite Landschaft liegen. – Ein gläserner Speisesaal empfing die Provinzler im *Sparschwein*, da war schon angezeigt, daß das nicht gut gehen konnte, nicht solche Leute an so einem Ort, das Ende würde schrecklich werden und alles in Trümmer fallen.

So hat Herrmann dann auch Gorkis Sommergäste an einem Ort zusammenkommen lassen – Hütte und Sandstück vor einem Birkenwald, die Schritte der Menschen schwerfällig auf dem schwierigen Boden –, der Stimmungen des Stücks schon vormalte, ehe es anfing. In Bondys Inszenierung der *Wupper* gab er den Reichen einen wehmütig-prächtigen Park mit einem mächtigen, traurig-schönen Baum mitten darin, tief niederhängend die Zweige, und er gab den armen Färbern eine hölzerne Mulde, an deren abfallendem Rand sie einen schweren Stand hatten. Herrmann lieferte für *Shakespeares Memory* eine Fülle von Rekonstruktionen historischer Details, ein Museum von Requisiten des Lebens in der englischen Renaissance, er machte da Lust auf Geschichte; und als dann *Wie es euch gefällt* gespielt wurde, sind wir, mitwandernde Zeugen mehr als Zuschauer, mit den Schauspielern aus einem hohen, kühlen Saal bei Hof in einen unwegsamen Wald gezogen, Gestrüpp war da, dichtstehende Stämme und Lichtungen, Anhöhen waren zu sehen und Senken, und wir verloren uns in alledem fast so wie die Menschen in Shakespeares Komödie.

Das waren Räume, die die Stücke »bedeutet« haben. Sie schufen den Figuren, für die Dauer unserer Bekanntschaft mit ihnen, ein Lebensfeld, das Haltungen und Reaktionen der Personen zu erklären und zu beglaubigen half. Es ist Herrmann in seiner Arbeit nicht so sehr auf den Innovationswert bildnerischer Erfindungen angekommen, nicht auf das in jedem Fall überraschende, irgendwie »neue« Signal, sondern seine Entwürfe entstanden aus seiner Beteiligung an den Überlegungen der Regisseure und Dramaturgen. Die Spielräume, so sehr sie, zunächst für sich genommen, das Publikum auf den ersten Blick erstaunt und auch entzückt haben, erwiesen bald ihre entschiedene Verpflichtung auf die dramaturgischen Grundrisse der Dramen. Das gilt ebenso für die Tätigkeit der Kostümbildner Moidele Bickel und Susanne Raschig, die die optische Qualität vieler Inszenierungen mehr als nur ergänzt haben. Im Arbeitsprozeß haben ihre und Herrmanns Antworten auf Pläne der Regie und der Dramaturgie diese ihrerseits oft auf neue Vorschläge gebracht und vor allem auch die Darstellungslust der Schauspieler angeregt. (Ich bin einmal von Peter Stein durch das Atelier Herrmanns geführt worden und habe erlebt, wie sehr auch die Lust des Regisseurs an einem Vorhaben, es ging damals um den *Homburg*, sich an den praktischen Umsetzungen des Bühnenbildners und Moidele Bickels entzündete).

Untersuchen wir das den so sehr verschiedenen Räumen Herrmanns gemeinsame Bauprinzip, so ergeben sich vor allem zwei, einander scheinbar kontrastierende Methoden. Zunächst beobachtet man ein Verfahren des Konkretisierens: Herrmann benutzt Elemente, die wir als solche unserer unmittelbaren Realitätserfahrung identifizieren können, dazu gehören besonders die Naturzitate, also Sand, Wasser, Wiesenstücke, Bäume, aber auch, zum Beispiel im *Sparschwein* und in *Wiener Wald*, Zivilisations-Requisiten, die Jugendstil-Einrichtung eines Speise-Lokals, wie es sich in Paris noch finden läßt, oder Teile des Picknick-Equipments, mit dem heutige Ausflugsgesellschaften sich den Komfort ihres Heims ins Grüne transportieren. Durch solche Materialien, und durch die Assoziationen, die sie sofort auslösen, bekommen die Figuren auf der Bühne gleichsam festen Boden unter die Füße. (Das Zitieren von Natur in den künstlichen Zusammenhang der Bühne war zuerst bei Wilfried Minks zu sehen, mit dem Herrmann in Bremen lange zusammengearbeitet hat). Diese Konkretisierungen einer Umgebung mit Hilfe »natürlicher« Materialien werden dann aber durch die Verwendung von gemalten Prospekten in einen Kontext gerückt, in dem, was zuvor als Wirklichkeit hergestellt wurde, nun sich immer wieder öffnet für Ausblicke in illusionäre, jedenfalls ideale Fernen. Besonders in *Peer Gynt* und im *Homburg* war das gut zu sehen – wie sich realistische Lokalisierungen durch die gemalten Bildhintergründe auftaten für die Wahrnehmung illusionärer Weiten und ferner Fluchtpunkte, Inbildern der Sehnsucht der Figuren in diesen Stücken. In den *Sommergästen* hatte der nun nicht gemalte, sondern »wirkliche« Bildhintergrund des Birkenwäldchens, durch das sich die Frauen am Ende einen Weg in ihre Zukunft suchen, die gleiche Funktion.

Es werden also genau gekennzeichnete und begrenzte Orte zugleich offen gehalten für die Möglichkeit von etwas ganz anderem. Man erlebt die Enge dessen, was ist; aber man sieht auch, was sein könnte: Befreiung, Freiheit. Indem die Räume Herrmanns derart das Nahe und das Ferne zusammenbrachten, der Wirklichkeit auch ein Gegenbild entwarfen, haben sie jenem Theater der Beschreibung von Aufbrüchen und ihrer Krisen, als welches die Produktionen der Schaubühne sich darstellen, tatsächlich entsprechende Erlebnis- und Bildräume zugedacht. Es ist die Konsequenz der engen Kooperation aller Kräfte des Theaters, daß schon in den Bühnenbildern sichtbar werden konnte, was die Arbeit insgesamt bestimmt hat.

Herrmanns Entwürfen eignet eine sorgfältige Ausführlichkeit. Er liebt das Detail, sucht Authentizität bis in die kleinste Einzelheit. Das hat uns vor vielen seiner Bilder so erstaunen lassen – wie reich sie ausgestattet waren und was es da alles zu sehen gab. Die Gefahr der Perfektion, immer ein Risiko für das Theater, lag manchmal nahe. Aber der Grundgedanke schien stets, daß Kritik an Verhältnissen sinnvoll nur möglich sein könnte, wenn diese Verhältnisse mit aller Genauigkeit geschildert würden. So haben die Räume Herrmanns zumal dort, wo sie, wie etwa im *Peer Gynt*, besonders ausführlich waren und besonders »schön«, doch die kritische Tendenz der Erzählung eines bürgerlichen Lebensmärchens, in dem Veränderung und Wechsel, ohne sich je wirklich zu vollziehen, immer nur vorgespielt werden, nicht verdeckt, sondern gerade unterstrichen. Und das Erlebnis der Beglückung durch eine Ausstattung wie die von *Peer Gynt* hat auch skeptisch machen können dagegen, daß man sich derart gut unterhalten fand. Das war oft ein Effekt, in dem das kritische Moment an Herrmanns luxuriös-ausführlichen Bildern spürbar wurde.

Sie wurden für das Theater der Schaubühne wichtig, weil trotz des Erlebniswerts der Räume zu erkennen war, daß die Inszenierungen, denen sie den Ort gaben, aus der Analyse der Texte und der zugehörigen historisch-politischen Umfelder abgeleitet wurden – und eben nicht nur aus Bildreizen. Als die Bildwelten Herrmanns sich vor ein Stück drängten, wie der Wald vor die Darsteller in *Wie es euch gefällt*, und die dramaturgischen Strukturen in einem bildseligen Überschwang verlorengingen, wurde diese Verselbständigung einer Umgebung zur Behinderung derer, denen sie dienen sollte: Die Schauspieler verliefen sich in soviel Natur und konnten kaum noch vorführen, was Shakespeares Figuren dort suchen. Man sah Herrmann mit diesem Waldstück triumphieren (das sogar die Naturfülle in den spätbarocken Entwürfen eines Giacomo Torelli noch übertroffen haben mag) – aber man sah ihn auch eine Grenze der Expansion von Theaterräumen in großformatige Environments erreichen. Es war allerdings eine Ausdehnung, die die Schaubühne früh, mit *Peer Gynt*, begann, und die zu Ergebnissen geführt hat, welche die geläufigen Vorstellungen von einer Theaterbühne aufs schönste überholt haben.

Kritik von links – Peter Rühmkorfs Polemik

Schon während der ersten Spielzeiten, besonders nach *Peer Gynt* (1971), ist aus Kreisen der Linken gegen die Schaubühne der Verdacht vorgebracht worden, ihre Aufführungen zeigten einen Hang zum kulinarischen Schaustück, und es gelinge auch diesem Theater nicht, sich dem Zerstreuungsbetrieb der bürgerlichen Kultur zu entziehen. Die fast einmütige Unterstützung der Unternehmungen der Schaubühne durch die professionelle Theaterkritik hat diesem linken Unmut ein zusätzliches Argument geliefert: Was derart applaudiert wurde, konnte nichts Gutes sein. In der Unruhezeit von 1967/68 verlangten Kritiker der Gesellschaft, je weniger die Revolte radikale Veränderungen auslösen konnte, umso größere propagandistische Anstrengungen von den Theatern. Auf den Bühnen mindestens, wenn schon nicht in den Zeitungen oder im Fernsehen, sollte dauernd die Notwendigkeit zum Umsturz expliziert werden. Die Stadt- und Staatstheater haben diese Ersatz-Rolle, von punktuellen Ausnahmen abgesehen, nicht übernommen. (Es entstanden auch keine neuen Stücke, die auf den Zeitstoff im Sinne radikaler Propagandisten reagiert hätten.) An die Schaubühne und ihr mitbestimmendes Ensemble, dessen Mitglieder sich fast ausschließlich linken Gruppierungen zuzählten, waren die Erwartungen besonders hoch. Und besonders groß dann auch Enttäuschung und Verbitterung, als das Theater sich nicht zum Produzenten roter Plakate machen ließ.

Die linke Kritik an der Schaubühne hat sich, wo sie überhaupt öffentlich wurde, schlecht artikuliert: Es fehlten ihr Gegen-Argumente, die den Aufführungen auf deren Reflexionsniveau hätten begegnen können. Das gilt auch für den vehementen Angriff, den Peter Rühmkorf, mit seinen eigenen Stücken, *Was heißt hier Volsinii?*, *Die Handwerker kommen*, an den Theatern erfolglos, in der ersten Ausgabe des neuen Rowohlt-*Literaturmagazins* 1973 vortrug. Rühmkorfs Aufsatz *Gedanken aus der Dunkelkammer – Über das Entwickeln von Wirklichkeit auf dem Theater* ist dennoch der Aufmerksamkeit wert als ein Beispiel für das Unvermögen, der ästhetischen Praxis der Zeit prägnante Alternativen zu entwickeln. Rühmkorf ist nicht einmal imstande, diese Praxis, wie sie sich etwa an der Schaubühne dargestellt hat, auch nur genau zu beobachten. Sein Aufsatz beginnt mit Herabsetzungen, von »Peter Steins Feinkostbühne« ist die Rede, von einer »Entrückungsspirale« und von »Kunstfeuerwerkerei«; ohne auch nur das Fragment eines Belegs wird »die ideologische Einformung des Personals« (wer hätte sie betrieben?) unterstellt. Was Rühmkorf dagegen verlangt, wird ebenso wenig begründet oder ausgeführt: Eine »stabile Aufklärungsdramaturgie« und die »gerichtete Belehrung« des Publikums. Er sieht für das Theater nur zwei Möglichkeiten: »Entweder die Bühne bekennt sich offen zur Gegenaufklärung des alten Bluff- und Verblüffungstheaters – oder widme sich gefälligst dem neuen Entzauberungs-, Enttarnungs-, Enttäuschungstheater, einem Theater nebenbei, das ganz und gar nicht Zeigestocktheater sein muß, sondern so kunstvoll und sinnfällig enthüllen sollte, daß sich das Publikum vor lauter Aha-Erlebnissen und Erkenntnisschüben auf die Schenkel klopft. Das Theater als subventionierte Nebelkammer haben wir uns lange genug gefallen lassen. Das Theater als undialektische Spiegelung einer zur ›Szene‹ bereits aufpräparierten Welt hat für uns ausgeflimmert. Wobei Dialektik für uns heißt: Jetzt wird zurückgeschlagen.« (*Literaturmagazin 1*, Rowohlt Verlag, Hamburg 1973, S. 71.)

Das ist, vor lauter Wut, nur noch eine Absonderung purer Ideologie. »Jetzt wird zurückgeschlagen« – Rühmkorf, selbst durchaus kritisch gegenüber der Scheinhaftigkeit von gewaltsamen Aktionen linker Splittergruppen, nennt dann dennoch, allerdings 1973, die Verbrechen der Baader und Meinhof das »modernste und radikalste Aktionstheater der Bundesrepublik«. Erwartet er Impulse von daher? An der Schaubühne jedenfalls will er nur wahrhaben, daß sie »dem versatzstückhaften Innenleben des stockfleckigsten Teils des Bürgertums noch einmal ganz groß die Wäscheleine ausspannte und gleichzeitig seinem permanent schlechten Gewissen mit dekorativen Verrenkungen und delikat gerissenen Grimassen entgegenkam. Im Effekt, so verlogen wie kathartisch wie makartnah: eine Galavorstellung piekfeiner Kaputtitüde, die für ›harmonische Subjektivität‹ genommen werden kann.« (ibid., S. 87)

Daß Steins Inszenierungen, Rühmkorf bezieht sich vor allem auf *Tasso* und *Homburg*, das »Drehmoment der darstellenden Künste … immer wieder neu im Subjekt aufsuchen«, ist schließlich der Hauptpunkt der verdrehten Attacke. Aber was Rühmkorf als Einwand gilt, daß nämlich die Ausdruckswerte des Schauspielertheaters eingebracht wurden in den Zusammenhang von Versuchen, gesellschaftliche Fragen tatsächlich als Fragen nach dem Subjekt zu stellen, ist gerade das Verdienst der Schaubühne. Ihre Bezugspunkte waren von Anfang an Geschichte und Schicksal des Subjekts (und der Subjektivität) in den praktischen Umständen seines Lebens, gegen dessen schlechte Aussichten die Ansprüche seiner Hoffnungen und seiner Träume sich behaupten müssen. Ein Theater, das sich nach sozialen Zuständen und Vorgängen aus der Perspektive von einzelnen Menschen erkundigte, nicht eines der Verkündigung oder der bloßen »Denunziation« (das war damals ein Lieblingswort, auch von Rühmkorf), und also auch kein Theater, das sich »vor lauter Erkenntnisschüben auf die Schenkel klopfte«: Der Menschenfeindlichkeit der radikalen Linken, die sich auch in Rühmkorfs Text leicht nachweisen läßt, mußten die Ansätze der Schaubühne wohl fast zwangsläufig anstößig und ärgerlich erscheinen. (Rühmkorfs Kritik bezieht ihre Emphase auch aus der Ablehnung der Diskussion ästhetischer Probleme. Diese Verweigerung war seinerzeit, als ein bekannter Literatur-Lektor auf Packpapier sich meinte von der Kunst lossagen zu müssen, links sehr in Mode. Sie war nur ein anderer Ausdruck eben jener Menschenverachtung.)

Für die Beurteilung der Schaubühne, so wurde zuvor gesagt (siehe S. 37), werde entscheidend sein, ob es ihr gelingen könnte, die Widersprüche zwischen unterschiedlichen Gesellschaftsentwürfen nicht nur als jeweils unaufhebbare darzustellen, sondern die Reaktionen auf diese Intransigenz zu einem Moment der Theaterspiele werden zu lassen. Die Frage ist jetzt zu beantworten: Kaum je, nach der Inszenierung von Brecht/Gorkis *Die Mutter*, haben die Aufführungen sich darauf beschränkt, nur die Unüberbrückbarkeit von Abständen zu beschreiben. Ob Euripides oder Shakespeare oder Kleist, Horváth, die Fleißer, Handke oder Botho Strauß die Anlässe lieferten – für die Arbeit auf der Bühne war das Interesse an Menschen das wichtigste Motiv, und das heißt: das Interesse an ihren Reaktionen, an den Anläufen, die Widersprüche zu erkennen und ihnen beizukommen. Daß die großen Aufbrüche skeptisch gesehen wurden, voller Zweifel, die Möglichkeit des Scheiterns nicht ausgeschlossen, kann nicht hindern, von einem Theater zu sprechen, dem es nicht um Konservierung, sondern um die Einlösung von Hoffnung zu tun war. Das stand am Anfang aller Arbeiten, Hoffnung ist ihr Programm. Im Fortgang einer Arbeit kam dann aber auch zutage, wie Hoffnung sich in der Wirklichkeit verfangen, verstricken und an ihr zugrunde gehen kann – das hat die Aufführungen oft so spannend (und so lehrreich) gemacht. Ihr Wahrheitsgehalt lag darin begründet. Sie blieben in der Reichweite unserer Erfahrungen. Wir haben uns darin wiederfinden und uns halten können vor diesem Theater.

Was ist wirklich einzuwenden?

Was ist gegen die Praxis der Schaubühne wirklich einzuwenden? Es gibt Vorbehalte gegen einzelne der Unternehmungen, besser: gegen Einzelheiten in manchen Aufführungen; auf sie wird die nähere Beschreibung der Projekte später eingehen. Die Schaubühne ist von ihrer Methode, die Stoffe, um ihre szenische Darstellung gleichsam zweifelsfrei zu begründen, mit seminaristischer Genauigkeit bis in alle Verzweigungen zu durchdringen, gelegentlich mindestens in die Nähe einer Art von ästhetisch-theatralischer Erstarrung geraten. Genauigkeit bis in den Faltenwurf eines jeden Kostüms kann ein Theater auch lähmen. Im *Homburg* war das jedenfalls eine spürbare Gefahr. Wenn Peter Zadeks verwilderte Inszenierungen in Bochum einer heftigen Spiellust vielleicht allzu unbedenklich nachgaben (nicht nur damit ist Zadek der Antipode Steins geworden), so erschien die Schaubühne manchmal gerade vom Gegenteil belastet: von ihrer großen Bedenklichkeit. Die besonderen Arbeitsbedingungen mit nur zwei bis drei Premieren pro Saison und entsprechend langen Vorbereitungszeiten haben es ermöglicht, manche Ergebnisse (*Antikenprojekt* und Shakespeare) so weit zu verfeinern, daß nicht alle Entdeckungen für das Publikum noch nachvollziehbar waren. Man kann von dem Risiko einer gewissen Introversion sprechen.

Die Spielpläne der ersten acht Jahre bezeugen das Prinzip des »Belastungswechsels« (Stein). Schwerpunkte bildeten: Die antike Tragödie, Shakespeare, das 19. Jahrhundert (Kleist, Hölderlin, Labiche, Ibsen), die Anfänge des 20. Jahrhunderts (die Lasker-Schüler, Gorki, die Fleißer, Wischnewski), die Beschäftigung mit Horváth, das zeitgenössische Theater von Handke und Botho Strauß (Kroetz, mit *Oberösterreich*, kam nur am Rande vor). Ausgeklammert blieb, überraschend angesichts der Formfähigkeit dieses Theaters, die Auseinandersetzung mit der französischen Klassik, vor allem mit den Dramen Racines. Vor Shakespeare hat Stein lange gezögert, obwohl mit Vorstudien schon in der ersten Spielzeit begonnen wurde. An der Brecht-Diskussion, die durch Grübers Frankfurter Aufführung von *Dickicht* in eine andere Richtung gelenkt worden war, hat sich die Schaubühne nach *Die Mutter* (und einer Nebenproduktion von *Die Ausnahme und die Regel*, 1973, sowie einem Versuch mit dem *Fatzer*-Fragment, 1976) nicht beteiligt. Stein hat auch seinen Umgang mit den Stücken Edward Bonds nicht weiterverfolgt.

Der auf lange Vorlaufzeiten eingestellte Betrieb tat sich mit der raschen Reaktion auf neue Stücke sehr schwer: das kann in dem Haus am Kurfürstendamm, weil es technisch eine größere Flexibilität erlaubt, vielleicht anders werden. Von den jüngeren Autoren des deutschen Theaters wurden etwa die Stücke Thomas Braschs zuerst in Stuttgart, am Berliner Schillertheater und von Ernst Wendt in München herausgebracht. Eine Entwicklung neuer Stücke in Zusammenarbeit mit Autoren fand an der Schaubühne nicht statt. Auch die Stücke von Strauß wurden von Claus Peymann und Niels-Peter Rudolph zuerst in Hamburg und Stuttgart aufgeführt. (Nur *Groß und klein* hatte an der Schaubühne seine erste Premiere.) Es ist sicher ein Versäumnis, daß Kontakte zu den Autoren eines kritischen Zeittheaters (die Namen von Martin Walser und Armand Gatti stehen hier auch für andere) kaum gesucht wurden. In Hinsicht auf die Förderung des Gegenwarts-Stücks hätte die Schaubühne mehr Einfluß ausüben müssen.

Es ist gegen sie theaterpolitisch auch einzuwenden, daß die Vorzüge der vom Ensemble entwickelten und mit Erfolg praktizierten Form der Mitbestimmung öffentlich zu wenig propagiert worden sind. Stein und andere Mitarbeiter haben die Organisationsstruktur zwar bei vielen Gelegenheiten (Konferenzen, Kongressen) beschrieben, aber die Schaubühne ist doch nicht zu einem Motor der Veränderung überbrachter hierarchischer Ordnungen an den Theatern der Bundesrepublik geworden, so groß ihr Einfluß auf Inhalte und Darstellungsformen auch gewesen ist. Das lag natürlich nicht nur an ihr, sondern in der Hauptsache an den Ressentiments der Theater-Träger. Dennoch sind die Chancen, die sich daraus ergaben, das seinen Ergebnissen nach erste und meistbeachtete Theater des Landes zu sein, politisch nicht hinreichend genutzt worden (wobei allerdings zu bedenken ist, daß der relativ kleine Betrieb schon von seinen unmittelbaren Aufgaben oft fast überfordert war). Das Interesse an der Frage, ob nicht

Interesse

auch an anderen Bühnen möglich gemacht werden könnte, was in Berlin organisatorisch möglich war, schien an der Schaubühne nicht sehr groß. Das wäre auch als Moment eines Isolationsprozesses zu beschreiben.

Die Aufmerksamkeit der Theaterleute überall im Land fixierte sich sehr bald auf diese Bühne. Es gab anfangs, trotz der vergleichsweise niedrigen Gagen, lange Bewerbungslisten (über die vom Kollektiv beraten und entschieden wurde). Die Förderung junger, nachwachsender Kräfte des Theaters blieb jedoch problematisch. Für den dringlich notwendigen Aufbau einer Theaterschule fehlten die Mittel. Die Wirkung, die ein solches Institut, der Schaubühne angeschlossen, hätte haben können, wäre zweifellos außerordentlich gewesen. In seiner Inszenierung von *Fegefeuer in Ingolstadt* hat Stein bewiesen, wie weit er auch junge, fast noch unerfahrene Schauspieler bringen kann. Wenn Stein (in dem Interview mit der *Basler Zeitung*, 8. 7. 1978) davon spricht, die Schaubühne könne in Zukunft »eine Art von kontinuierlicher Forschungsstätte« werden, so sollte auch die Schauspieler-Ausbildung in diesen Plänen einen Platz haben.

Tds!

Der Beobachtungsdruck, der auf der Arbeit lastete, die hohen Anforderungen, die das Ensemble an sich selbst stellte, die enormen technischen Probleme, die aus den Unzulänglichkeiten eines Apparats resultierten, der den ausgreifenden Konzepten eigentlich nie entsprach – indem das alles bewältigt wurde, wuchs auch das Selbstbewußtsein des Ensembles, bis zu einer gewissen Arroganz, die manchmal auch in die Aufführungen geraten ist. Das Bewußtsein der Sonderstellung hat allerdings die Eingliederung neuer Leute in die Gruppe erschwert. Nur Luc Bondy hat, neben Stein, Grüber und Frank-Patrick Steckel (der als Assistent begann, dann aber auch selbständig inszenierte, *Gerettetes Venedig, Lohndrücker, Fatzer*) als Gast nach *Die Wupper* noch ein zweites Mal Regie geführt (*Man spielt nicht mit der Liebe*, 1977). Wilfried Minks wurde nach *Die Hypochonder* noch wieder für ein Stück Genets verpflichtet, aber das Projekt scheiterte schon bei Probenbeginn.

Es ist ein schwerwiegender Einwand gegen die Schaubühne und gegen die Dominanz der Regisseure Stein und Grüber, daß an diesem Theater, mit der Ausnahme von Steckel, kein Inszenator herangebildet worden ist. (Christof Nel, der dem Ensemble eine Zeitlang angehörte, hat seine ersten eigenen Inszenierungen in Köln, Bremen und

Frankfurt gearbeitet.) So hat die Schaubühne der zunehmenden Abhängigkeit des westdeutschen Theaters von einer kleinen Regisseurs-Gruppe nicht entgegenwirken können. In diesem Punkt hat sie das System nicht zu korrigieren vermocht.

Das sind Einschränkungen. Gegen sie steht aber, in welchem Maß durch die Schaubühne die Ansprüche an Theaterarbeit vergrößert worden sind. Während an vielen deutschen Bühnen, Mitte der siebziger Jahre, eine Vergnügungswelle die kritischen Positionen fast wegzuspülen schien, zeigte die Schaubühne Hölderlins *Empedokles*. Und als sogenannte »Aktualisierung« der alten Stücke immer mehr zu deren Banalisierung herunterkamen, wagte die Schaubühne, mit *Shakespeares Memory*, den schwierigen Weg in die Untersuchung der historischen Voraussetzungen des elisabethanischen Theaters. Auch das *Antikenprojekt* war ein Gegenentwurf zur Praxis vorschneller Klassiker-Verarbeitung: Eher die Distanz thematisierend als irgendeine »Aneignung« nur selbstsicher ausstellend.

Im Gegenteil, »Aneignung« bedeutete an diesem Theater: Sich auf jeden Stoff »weiter als möglich« einzulassen, immer »über die eigenen Kräfte hinaus« (Peter Stein und Dieter Sturm in einem Gespräch mit dem Amerikaner Jack Zipes, »Theater«, Vol. 9/1, New Haven 1977). Das Paradox, das solche Formulierungen darstellen – mehr als die »eigenen Kräfte« lassen sich einer Sache ja nicht zuwenden – ist eine Denkfigur, die in den theoretischen Äußerungen vor allem von Stein und Sturm, aber auch in der Anlage der Aufführungen selbst oft wiederkehrt. Steins praktisches Interesse an der »ganz starken Eingewurzeltheit des Widerspruchs in jeder einzelnen menschlichen Aktion« (Basler Zeitung, 8. 7. 78) entspricht etwa Sturms Bemerkung gegenüber Zipes, »Aufklärung« könne nur noch verstanden werden als Auskunft über Zusammenhänge, die sich der Erhellung gerade verweigern: »Der Begriff, Aufklärung, bezieht sich nicht darauf, daß bestimmte Sachverhalte noch rational erfaßt oder verändert werden können, sondern weit eher auf die Erkenntnis dessen, was sich rational nicht mehr erfassen oder verändern läßt ... Unsere Anstrengungen gehören diesem Prozeß einer Aufklärung, die sich gegen sich selbst kehren kann« (a. a. O.).

Es wurde gesagt: Aus den einzelnen Produktionen der Schaubühne während ihres ersten Jahrzehnts sei insgesamt kein »Stil« abzuleiten. Aufklärung, die sich dem Selbstzweifel aussetzt, den Widerspruch nicht auflöst, sondern ihn gerade behauptet – am ehesten wäre nun die Verpflichtung auf solche Arbeitsansätze ein »Programm« zu nennen. Dessen kritischen Gehalt zu leugnen, hieße, Kritik nur in der plattesten Form des bei sich bleibenden Protests erfüllt zu sehen.

Aussichten, Pläne

Wie könnte die Arbeit fortgesetzt werden?

Die Schaubühne nach zehn Jahren – viel hat sich verändert, in diesem Ensemble wie in der Gesellschaft. Stein sagt, es sei »alles viel schlackriger und breiter« geworden. Aber er ist im gleichen Zusammenhang (Interview mit der *Basler Zeitung* vom 8. 7. 78) auch willens, neue Zielsetzungen, Möglichkeiten für die kommenden Jahre zu beschreiben: »Dieses Theater könnte beispielsweise eine Art kontinuierlicher Forschungsstätte sein und zeigen, was an theatralischen Aktivitäten und Aktionen möglich ist. Wir könnten eine ganz bestimmte Rolle spielen in der Vermittlung extremer und vielleicht elitärer Formen theatralischen Denkens und Empfindens in einem gewissen common sense, also in einer weniger elitären Angelegenheit ... Wir könnten diesen einmalig beweglichen Theaterapparat, den wir haben ... zur Verfügung stellen für andere Menschen, die Theater machen wollen. Es würde allerdings eine gewisse Reduzierung meiner Prädominanz bedeuten, weil viele Leute sich halt einfach scheuen, in die Nähe von mir zu kommen.«

Der Spielplan im Herbst 1978 und im Frühjahr 1979 zeigt schon die Folgen solcher Überlegungen: Eine Auffächerung der Aktivitäten, nach der Uraufführung von Botho Strauß' *Groß und klein* (Dezember 78) wird an mehreren, sehr begrenzten, jedenfalls übersichtlichen Projekten gearbeitet, eine Gruppe beschäftigt sich mit Schillers *Räubern*, eine andere mit Robert Walser, eine dritte bereitet einen Abend für türkische Gastarbeiter vor, und Klaus Michael Grüber will auch wieder etwas unternehmen (*Rudi* von Bernard von Brentano). Das Diffuse dieser Absichten, zugleich der Rückzug auf allerschmalste Positionen sind kennzeichnend für die Verhältnisse an den westdeutschen Theatern zu dieser Zeit. Es fehlt der Mut für die großen Stoffe und Formen; die Beziehung zum Publikum scheint vielen Theaterleuten nicht mehr definierbar; inszeniert wird oft nur noch der Abstand, die Kluft zwischen einer Bühne und ihren Zuschauern.

Ein besonders krasses Beispiel dafür lieferte die Schaubühne im Februar 1979, als das Haus am Halleschen Ufer dem Amerikaner Robert Wilson überlassen wurde, ohne daß dessen *Death Destruction & Detroit* diese Unterstützung dann irgendwie hätte rechtfertigen können; es war allerdings eine Unterstützung, die sich tatsächlich nur auf die Bereitstellung des Hauses und seiner Technik beschränkte, auf die Arbeit von Wilson selbst wurde (leider) kein Einfluß genommen. Steins Vorstellung, sein Theater könne (etwa im Falle Wilsons) bei der Vermittlung »extremer und vielleicht elitärer Formen theatralischen Denkens und Empfindens« helfen, mußte nach diesem Abend widersprochen werden: Wilsons Aneinanderreihung blöde-kunstgewerblicher Bildchen war weniger »extrem« als eklektisch, weniger »elitär« als voller Anbiederungsversuche; ein Theater der Sprach- und der Sinnlosigkeit, ohne eigene Struktur, aber gnadenlos die Erfindungen anderer aus dem Zusammenhang der bildenden und der darstellenden Künste während der sechziger und frühen siebziger Jahre plündernd. Mit schrillen, spitzen Schreien hat Wilsons nach Berlin eingeflogener Anhang, Hingerissenheit im Blick, der Premiere dumme Bewunderung abgestattet – eine Disco-Publikum in der Schaubühne, zu Füßen eines unverschämten Verführers.

Es war eine Darbietung, die, wenn auch von der Schaubühne nicht selbst hergestellt, einer neuen Konzentration der Kräfte an diesem Theater eher entgegenstand. Die Sammlung, Neuformierung der Personen und Ideen ist die dringlichste Aufgabe vor allem für die Spielzeit 1979/80, an deren Ende das umgebaute Haus am Kurfürstendamm bezogen werden soll. Wie damals die Arbeit an *Peer Gynt* einer Grundlegung gleichkam, so soll nun wieder die Auseinandersetzung mit einer der großen Dichtungen unserer Kultur, der *Orestie* des Aischylos, den neuen Anfang begründen.

Aber das gehört schon zur Geschichte eines anderen Theaters.

Die Schauspieler

Ensemble-Politik

Sechs Schauspieler – Heinrich Giskes, Michael König, Bruno Ganz, Wolf Redl, Dieter Laser und Werner Rehm – spielten 1971 in den acht Bildern der beiden Ibsen-Abende der Schaubühne den Peer. Die wechselnde Besetzung der Rolle entsprach der Gliederung des Stücks in verschiedene Lebensphasen der Hauptfigur, an der jeweils andere Charakterzüge besonders hervortraten. Der Gedanke, die eine Rolle mehrfach zu besetzen, erwies sich aber nicht nur aus dramaturgischen Gründen als sinnvoll, sondern auch im Hinblick auf die Zielsetzungen und die Entwicklung des Ensembles: Es wurde so verhindert, daß die Arbeit der Gruppe an dem lange vorbereiteten und mit den größten Anstrengungen aller verwirklichten Projekt nach außen nur einen einzigen Schauspieler in das Zentrum der Unternehmung rückte. Diese Besetzung des Peer war eine Maßnahme, die den Zusammenhalt des Ensembles vor die Entfaltungsmöglichkeit eines einzelnen Protagonisten stellte. Das Ergebnis zeigte zugleich auch, welche Fähigkeiten diese Gruppe besaß und auf welches Potential die folgenden Inszenierungen sich würden stützen können: Kein anderes deutsches Theater jener Jahre hätte über die Kräfte verfügt, den Peer gleich sechsfach zu besetzen.

Aus den Spannungen der Rollenverteilung, die auch in einem mitbestimmenden Ensemble einzelne Schauspieler durch Begabung und Disposition in Sonderstellungen bringt, konnte die Schaubühne sich nicht heraushalten. Es ist aber versucht worden, über Besetzungen ebenso einen Konsensus der Gruppe herzustellen wie über Spielpläne, Engagements und Gagen. Hier Übereinstimmung zu erreichen, ist unter allen Aufgaben, deren Lösung die Mitbestimmung am Theater jedem einzelnen abverlangt, womöglich die schwierigste. Gefordert werden Einsichten und Entscheidungen – auch gegen den eigenen Ehrgeiz. Sie wurden im Fall der Schaubühne noch erschwert durch die geringe Zahl der Produktionen. Es war für viele im Ensemble abzusehen, daß sie auf »große« Rollen lange würden warten müssen. Nicht alle, die während der ersten Spielzeiten zu der Gruppe gehörten, haben diesen Mangel an Spielgelegenheit akzeptieren mögen. Ulrich Wildgruber, Heinrich Giskes, Dieter Laser, Hans Diehl, auch Tilo Prückner wechselten zu Theatern über (oder, wie Laser und Prückner, zum Film), an denen sie häufiger und in größeren Rollen spielen konnten. (Zumal für Wildgruber, der dann der Protagonist von Peter Zadeks Theater in Bochum wurde, war das ein richtiger Schritt, obwohl sein Matrose Alexej in Steins Inszenierung der *Optimistischen Tragödie* Wildgrubers bis heute empfindlichste Darstellung eines Menschen geblieben ist.)

Es war ein Ziel der Spielpläne, die Herkunft, die Wandlungen und die Gegenwart des bürgerlichen Subjekts auf dem Theater zu beschreiben. Das schloß ein, daß auch gezeigt werden mußte, wie Einzelne sich von anderen absetzen, sie überwachsen, und wie ihnen Führungsrollen zufallen oder sie sich diese anmaßen. Und daraus wiederum folgte, daß auch auf der Bühne, sollte nicht auf wichtige Positionen der dramatischen Literatur verzichtet werden, der »großen« Rolle und ihrer Besetzung mit einem einzelnen Schauspieler nicht ausgewichen werden konnte. (Anders als die Peer Gynts läßt sich ja die Rolle des Prinzen von Homburg kaum mehrfach besetzen.) Dennoch hat sich niemals in den Aufführungen der Schaubühne – auch nicht im *Homburg*, in den *Bakchen*, im *Fatzer*, nicht einmal im *Empedokles* – ein einzelner Schauspieler so weit vor die Gruppe geschoben, daß er den Blick auf die anderen versperrt oder die Aufmerksamkeit von ihnen abgezogen hätte: keiner ist als »Star« aufgetreten, dem die anderen nur zuspielten. Die Sonderstellung einzelner wurde verhindert, weil die Inszenierungen die Stücke nicht zuerst von ihren Hauptfiguren her angingen, sondern sie bis an ihre Ränder als Gesellschaftsbilder zu erfassen versuchten. (Das gilt auch für *Homburg* und für Grübers Aufführungen, trotz ihrer subjektiven Perspektivik.) So hatte jeder, der überhaupt beteiligt war, einen wichtigen Part. In der Erinnerung an viele Aufführungs-Augenblicke erschienen eigentlich periphere Auftritte nachher oft gleichwertig neben den Hauptstellen eines Dramas.

Die Schaubühne hatte ein junges Ensemble. Es war das Theater der um 1970 Dreißigjährigen. (Manchmal konnten, wegen des Alters der Figuren, nicht alle Rollen mit eigenen Kräften besetzt werden. Es war dann ein zusätzlicher Reiz, wie die Jungen sich auf die älteren Gäste bezogen: Die revolutionären Arbeiter auf die Mutter Therese Giehses, die jungen Offiziere im *Homburg* auf den Kurfürsten Peter Lührs.) Es hat die Einzelnen verbunden, daß sie die hohen Anforderungen an ihre Arbeitsdisziplin anerkannten, das ausführliche Erkunden der Voraussetzungen eines Stoffs auf sich nahmen, sich Steins Detailgenauigkeit ebenso stellten wie Grübers ungefähren Visionen – und daß sie sich bereit fanden, im Interesse der Gruppe zu denken. Nur so konnte die Organisationsform dieses Theaters auch in den Aufführungen wahrnehmbar werden: als produktive Spannung zwischen der Idee der Individualität, auf die nicht verzichtet wurde, und der anderen des Kollektivs, also der Gesellschaft, die das Ensemble bildete, indem es von ihr auf der Bühne handelte.

Die Neugründung des Theaters am Halleschen Ufer wurde vollzogen und getragen von Schauspielern. Sie kamen nach Berlin an »ihr« Theater – und um Theater anders zu machen als dies an den Bühnen, denen sie bis dahin angehört hatten, möglich gewesen war. Das war auch eine politisch motivierte Entscheidung. Erst die Verbindung von künstlerischen mit politischen Interessen erklärt die große Arbeitsleistung des Ensembles und die Leidenschaftlichkeit seiner Einlassung. – Aber die Schaubühne ist auch eine Gründung des Regisseurs Peter Stein, der die Notwendigkeit eines anderen Theaters für sich früh erkannt hatte, und sich von einigen der Schauspieler bestätigt fand, mit denen er in München, Bremen und Zürich zusammengekommen war. Auf Stein fixierten sich ihre Hoffnungen: Der Regisseur konnte bei seinen Verhandlungen mit dem Berliner Senat nicht nur für sich, sondern schon für eine Gruppe sprechen. So haben dann auch nachher die Beziehungen verschiedener Schauspieler zu Peter Stein und hat seine Möglichkeit, sich auf sie zu beziehen, die Ensemblebildung sehr entscheidend beeinflußt.

Das läßt sich an der Gruppe, die 1970 die *Mutter*-Inszenierung bestritt, gut nachweisen. Mit Edith Clever, Jutta Lampe, Bruno Ganz und Michael König hatte Stein schon in Bremen, mit der Clever und König vorher auch schon in München gearbeitet, mit Tilo Prückner, Günter Lampe, Otto Mächtlinger, Rita Leska, Dieter Laser, Rüdiger Kirschstein und Otto Sander in Zürich. Ähnlich waren bei fast allen Schauspielern des neuen Ensembles Arbeitskontakte mit Stein dem Wechsel nach Berlin vorausgegangen. An der Schaubühne trafen sich die jüngeren Kräfte des deutschen Theaters, die mit dessen erstarrten Strukturen und beliebigen Ergebnissen unzufrieden waren. Viele dieser Schauspieler galten, schon als sie nach Berlin kamen, als die intelligentesten und begabtesten ihrer Generation.

Gesichter im Ensemble

Die Beschreibung von Schauspielern stößt – wenn sie nicht nur einer einzelnen, aus dem Kontext eines Dramas begründeten Darstellung einer Figur nachfragt, sondern gleichsam der Substanz, aus der ein Schauspieler mit der Zeit viele Gestalten entworfen hat – auf die größten Schwierigkeiten. Man hat durch dieses Ensemble viele Menschen kennengelernt. Figuren aus Theaterstücken, die sich dem, der sie in Berlin sah, so einprägten, daß es später schwer war, sich in anderen Aufführungen anderer Theater von diesen Eindrücken wieder zu lösen. Den einzelnen Schauspielern der Gruppe verbindet das Gedächtnis oft mehrere der Menschen, die sie über die Jahre dargestellt haben. Sie sind schon heute nicht leicht wieder voneinander zu trennen. Hinter den wandelbaren Ausdrücken sucht die Erinnerung nach einer Qualität, in der dieser Wandel gründet. Und wie wäre die denn zu nennen – Umsetzungskraft, Temperament, Charakter eines Schauspielers?

Alles unzulängliche Wörter; und Qualitäten auch, die ja keineswegs sich gleichbleiben, sondern selber wieder Entwicklungen unterworfen sind. Sagen wir dennoch: Temperamente und Charaktere von erstaunlicher Verschiedenheit haben an der Schaubühne aufeinander geantwortet. Ohne diese Verschiedenheit zu leugnen – das hat vor allem immer dann, wenn die Aufführungen eine Gruppe schilderten, diese Schilderungen sogleich und anhaltend spannend gemacht. Menschen mit eigenen Geschichten bei der Darstellung der Geschichte von Menschen.

Man hat teilnehmen können an Entwicklungen. OTTO SANDER spielte 1972 den Rittmeister in *Wiener Wald*, einen Menschen, dem alle Zeit vergangen war, und nun sah er die anderen in ihren Vorstellungen und in den Maskeraden ihrer Gefühle. Später, im *Sparschwein*, in Courtelines *Die ganz begreifliche Angst vor Schlägen* und schließlich in der *Trilogie* von Strauß, hat er sein großes komisches Talent vorgezeigt, nicht eine polternde Komik, eine traurige vielmehr, die sein Drucker in der *Trilogie* zum Beispiel in dem Augenblick hat, in dem er auf der akribischen Rekonstruktion einer Geschichte besteht, obwohl deren Ausgang seinen Zuhörer gar nicht mehr interessiert, und er selbst hatte das Ende auch schon vergessen. Daß man da gelacht hat, hatte seinen Grund in der absehbaren Vergeblichkeit, der da einer mit äußerster Anstrengung und Hingabe sich widersetzte – und das Scheitern war doch in jedem weiteren Wort.

MICHAEL KÖNIG ist als einer der Peers ein zugreifender, siegesgewisser Junge gewesen, blonder Held und Herr der Berge. Sein Alfred in *Wiener Wald* hat sich den Rennbahn-Helden, den Verführer und Charmeur schon selbst nicht mehr immer geglaubt, die eigene Härte auch schon empfunden als Folge von Verletzungen, Verstümmelungen, und hat sich dann umso rücksichtsloser gebärdet und aufgelehnt gegen jedes Empfinden von Schwäche. Als nackter Dionysos, der neue Gott in der *Bakchen*, hat König das Wilde, Trunkene, den Taumel ahnen lassen, in den der fremde Kult die Menschen stürzen würde, aber auch schon die Gefahr und das Mörderische daran. Er spielte den Alfred gegen seine eigene Statur – und hatte in den *Bakchen* gelernt, sie einzusetzen, ohne daß nur naturbegabte Schönheit sich da ausstellte. WERNER REHM ist an der Schaubühne vom versierten Boulevardier, dessen Erfahrungen noch dem Fürsten im *Tasso* zugute kamen, mit dem Arzt Dudakow in den *Sommergästen* und dem umgetriebenen Fabrikantensohn Heinrich in *Die Wupper* zu immer genaueren Begründungen von Figuren fortgeschritten. Rehm ist während der letzten Jahre von Rolle zu Rolle glaubhafter geworden. Sein Gespür für einen Grad der Verzweifeltheit im Hintergrund bürgerlicher Selbstzufriedenheit hat sich verfeinert.

Der Senator Priuli aus Hofmannsthals *Das gerettete Venedig* war die erste größere Rolle von PETER FITZ an der Schaubühne. In Frankfurt, wo er im Buckwitz-Ensemble begann, war Fitz durch die Fähigkeit aufgefallen, einerseits Menschen in ihrem Normalverhalten sorgsam nachzuzeichnen – und dann andererseits an dieser Normalität plötzlich auch etwas Gefährliches, an scheinbar ganz ruhigen, gefestigten Charakteren eine Neigung zum Ausbruch, zur ekstatischen Gebärde entdecken zu können. Die Figur des venezianischen Senators konnte er allerdings nicht aus dem Melodram herauslösen, als welches die Inszenierung von Steckel und Kouenhowen das Stück vorführte. Die Zusammenarbeit von Fitz mit Peter Stein war produktiver. Sein Führer der Anarchisten in der *Optimistischen Tragödie* – ein

Otto Sander

Libgart Schwarz (Susanne) und Peter Fitz (Moritz) in *Trilogie*

Mann von mürrischer Verdrossenheit, aber immer noch gefährlich und seiner Macht über die anderen lange Zeit sehr sicher – war diejenige Figur der Inszenierung von Stein, an der die Widersprüche des Stücks am Bedrohlichsten zutage kamen. Fitz hat die Schaubühne später vorübergehend verlassen und am Berliner Schillertheater gespielt. Seine Darstellung des Kunstvereindirektors in der *Trilogie*, sechs Jahre nach der *Optimistischen Tragödie* und wieder in einer Inszenierung Steins, hielt das ausgeglichene Erscheinungsbild dieses Mannes durchlässig für die Qualen seiner Seele – es war zu sehen, wieviel Erfahrung Fitz inzwischen hinzugewonnen und verfügbar hat.

GÜNTER LAMPE hat manchen der bewegten Gruppenbilder, die die Aufführungen der Schaubühne immer wieder ausmalten, zum Beispiel als er den Doppelpunkt in den *Sommergästen* gab, feste Markierungen geliefert, man konnte den Effekt der wechselnden Beziehungen und Stimmungen der anderen in einer Gruppe oft an Lampe kontrollieren. In der Aufführung von Handkes *Ritt* kam durch ihn in das Raffinement des Zusammenspiels von Bruno Ganz, Edith Clever, Jutta Lampe und Otto Sander etwas bravourös Schneidendes, ein kaltes Strahlen. – Solche Fixpunkte konnten auch WOLF REDL und WILLEM MENNE manchmal schaffen. Redl war einer der Peers und nachher, im *Sparschwein*, einer der nach Paris aufbrechenden Provinzler, die *Fatzer*-Aufführung trug er fast allein. Menne hatte seine besten Szenen an der Schaubühne als Balke, die Titelfigur von Müllers *Lohndrücker* – endlich einmal, selten genug auf dem westdeutschen Theater, ein Proletarier, dem Herkunft und Stand tatsächlich zu glauben waren. – GERD WAMELING ist eher ein Schauspieler für die Rollen schwankender, mitlaufender Personen gewesen; kein Darsteller, der Szenen »macht«, aber wichtig für deren Ergänzung und die Randschärfe der Gruppenbilder. Das machte auch OTTO MÄCHTLINGERS Bedeutung aus, dem oft die Darstellung alter Männer zufiel: Er hat Randfiguren, etwa den Wächter in den *Sommergästen*, dem die Kompliziertheit der Fremden bis zum Ende verwunderlich bleibt, mit einer Sorgfalt verwirklicht, die man an diesem Schauspieler immer gerne beobachten mochte. – GERD DAVID ist zuerst als alter Händler im *Sparschwein* aufgetreten, ein sehr junger Mensch spielte einen schon sehr alten, es war eine Talentprobe, die viel versprochen hat.

RÜDIGER HACKER gehörte von Anfang an zum Ensemble. Nach dem Weggang von Bruno Ganz hat mancher in ihm wohl schon des-

Willem Menne und Otto Mächtlinger in *Lohndrücker*

sen Nachfolger gesehen. Als einer der bürgerlichen Offiziere in dem Stück von Wischnewski, später in der Gruppe der verstörten Kinder in Steins Aufführung von *Fegefeuer,* hat er Eindruck gemacht. Aber man hat ihn oft auch übersehen. Hackers Entwicklung ist noch immer nicht abzuschätzen: In *Shakespeares Memory* ist er, trotz eines zentralen Auftritts, sonderbar nichtssagend geblieben, nur allerlei Mittel ausstellend.

Die Frauen bilden nicht nur in diesem Ensemble die kleinere Gruppe. (Darin spiegelt sich die generelle Dominanz von Männerrollen in der Dramenliteratur.) LIBGART SCHWARZ kam erst spät, aus Stuttgart, an die Schaubühne. Im *Empedokles* hatte sie eine schöne, freilich periphere Szene mit Jutta Lampe; in Bondys *Wupper* hat sie einen der Dienstboten im Hause Sonntag, die Berta, ausführlich charakterisiert. Mit der Susanne in der *Trilogie* gelang ihr dann eine der kühnsten Frauendarstellungen des deutschen Theaters der letzten Jahre, vielteilig zusammengesetzt, aus Widersprüchen sich formulierend, immer am Rande des Zusammenbruchs. (Darauf wird im Zusammenhang mit der Aufführung noch eingegangen). – ILSE RITTER, auch erst später, aus Düsseldorf, nach Berlin gekommen, entwickelte die Kalerija in den *Sommergästen* aus lauter Zerbrechlichkeiten, leisen Tönen – bestürzend, wie dann aber auch Entschlossenheit, plötzlich ein starker Wille die kleine Person erfassen konnte. In *Die Wupper* spielte sie – ohne daß daraus eine die Figur abwertende Komik resultierte – die alte Pius, eine Großmutter.

Neben diesen Schauspielerinnen mit der Begabung zum Ausdruck von Empfindungen, die bis zur Verstiegenheit sich komplizieren (und an die Grenzen des Darstellbaren reichen), gibt es in dem Ensemble auch resolutere Naturen. Die junge, eben erst engagierte TINA ENGEL zum Beispiel. Auch SABINE ANDREAS und ELKE PETRI, deren weiblicher Kommissar in der *Optimistischen Tragödie* sich allmählich, gleichsam Schritt um Schritt, die Mittel entdeckte, gegen den Anarchistentrupp zu bestehen. An der Elfriede der Petri in der *Trilogie* war zu sehen, wie sie eine Neigung zu Schematisierungen auch überwinden kann.

ANGELA WINKLER, die der Schaubühne lange angehört, sollte, ehe sie damals erkrankte, schon 1972 die Marianne in Grübers *Wiener Wald* übernehmen (es wurde dann die Rolle von Jutta Lampe). Sie ist nachher in *Fegefeuer* als großes Talent aufgefallen – ein junges Mädchen mit den Spuren der Leiderfahrung eines langen Lebens im Gesicht, in den Gebärden, in den Worten, so wie sie sie sprach. Im *Fatzer* hat sie die Therese (zu der Fatzer flüchtet, die ihn versteckt) aus solchen Erfahrungen begründet. Es war die Bestimmung einer Figur aus der Lage, in der sie sich in der Gesellschaft befindet. Sie hat dann auch die psychischen Verwirrungen der Lieschens der *Wupper* gesellschaftlich (und physisch) abzuleiten versucht. (Inzwischen ist sie auch in Kinofilmen aufgetreten, *Katharina Blum* und *Die Blechtrommel*, und außerhalb des Theaters, rascher als das dort möglich ist, ein bekanntes Gesicht geworden.)

Edith Clever

Keiner im Ensemble der Schaubühne ist jemals ein größeres Wagnis eingegangen als Edith Clever in dem Augenblick der *Bakchen*, indem sie als Agaue, Mutter des Königs Pentheus, erfährt, daß sie, von Dionysos in Rausch versetzt, ihrem eigenen Sohn wie einem Tier den Kopf abgerissen hat. Man kann fragen, ob dieses Bewußtwerden der grauenvollen Tat, die Verzweiflung des Schmerzes und das Entsetzen vor dem Abgrund in sich selber überhaupt spielbar sind. Übersteigt nicht, was Euripides da erzählt, alles menschliche Maß – zu weit, als daß es szenisch noch mitzuvollziehen wäre? Es gibt (bei Schauspielern und Zuschauern) vor solchen Szenen des antiken Theaters eine Furcht, die nahelegt, soviel Entsetzen und Schmerz gleichsam kalt zu spielen, die Reaktion auf die Maßlosigkeit des Vorgangs in einem Verstummen zu bedeuten. Die Clever aber ist in Grübers Inszenierung in gewaltige (auch gegen sie selbst gewalttätige) Gebärden und in Schreie der fürchterlichsten Not ausgebrochen. Das Schreckliche hat einen Menschen ganz erfaßt und verändert, fast: ihn zerstört. Es war, was man nun wirklich, und besonders im Zusammenhang der rational-kühlen Bildzeichen der Aufführung, einen ungeheuren Auftritt nennen kann. Welch ein Mut darin: eine Erregung bis an die Grenze zu steigern, an der die intellektuellen Kontrollen kaum noch greifen und ein Schauspieler schutzlos wird.

Aber das ist nun auch ein Problem dieser Szene gewesen: daß sie, um das Äußerste bemüht, beinahe wieder umschlug in die Mitteilung nur einer großen, groß-gemachten Theaterpose. An jener Grenze, die

die Clever erreicht hatte, war plötzlich auch die schmierige, vergriffene, sich theatralisch aufwerfende, dennoch leere Jammergeste wieder sehr nahe.

Wie hinsichtlich dieses Auftritts gehen auch die Meinungen über die Wirkung der Clever an der Schaubühne und über ihre Bedeutung für das Ensemble weit auseinander. Edith Clever hat in Berlin, bis sie sich, etwa 1974, vom Theater zurückzog (erst in der *Trilogie* von Strauß übernahm sie, 1978, wieder eine Rolle), sicher nicht die Wirkung gehabt und die Entwicklung genommen, die ihr während der Bremer Jahre, vor allem nach Zadeks *Maß für Maß*, vorgeschrieben schienen. Das hat einerseits mit dem Rollenangebot zu tun – andererseits mit einer persönlichen Disposition, die dann eine gewisse Distanzierung der Schauspielerin vom Theater veranlaßt hat. Doch auch in den Filmen, in denen sie aufgetreten ist, in Rohmers *Marquise von O.* und in Handkes *Linkshändiger Frau*, konnte sie nicht immer von einer Larmoyanz freikommen, die ihre expressive Kraft, ihre Spiellust und ihr Überschreitungsvermögen mitunter verdeckt hat.

Als sie dann allerdings, Ende 1978, in *Groß und klein* von Botho Strauß die Hauptfigur, das Mädchen Lotte spielte, eine junge Frau, die sich aus der Erfahrung gegenwärtiger Lebensumstände und Lebensweisen hinaus- und hinauffragt, unterwegs ist zu etwas Absolutem, Letztem – da hat Edith Clever viele Zweifler doch widerlegt: Es war der Versuch, eine Theaterfigur so nahe an die eigene Person heranzuziehen, daß beide, die Schauspielerin und die dargestellte Rolle, existentiell ineinander aufgingen, die äußerste Beglaubigung eines fingierten durch einen wirklichen Menschen. (Dieses Existentielle an ihrer Darstellung der Lotte rückt die Leistung Edith Clevers deutlich von der aller anderen Annäherungen an die Rolle ab, auch von der ernsthaften, dennoch weit weniger sich einlassenden Arbeit der Cornelia Froboess in Dieter Dorns Münchener Inszenierung von *Groß und Klein*, im Februar 1979).

Transgression, Überschreitung war an ihrer Einlösung der Lotte in dem Stück von Strauß wieder erkennbar geworden als ein Hauptthema Edith Clevers. Das höchste Ausdrucksrisiko verbindet ihre Darstellung der griechischen Agaue mit derjenigen einer heutigen Person, die Strauß zwischen Agadir und Sylt in der zeitgenössischen Wirklichkeit nach Menschlichkeit, Vernunft und Sinn suchen läßt.

Neben der Agaue und Lotte waren die wichtigen Rollen von Edith

Edith Clever in *Die Bakchen*

Clever an der Schaubühne die Mutter Aase in *Peer Gynt* (und das ist schön gewesen, wie sie sich verhielt, zweifelnd, zögernd, und ein bißchen mitgerissen doch auch, als der junge Peer ihr alles Glück der Welt vorfabulierte); in Handkes *Ritt* kam durch sie eine raffiniert-elegante Ornamentik in die Szenen; in *Wiener Wald* bedeutete sie, was an der Valerie einander entgegensteht: Verklemmtheit und Sehnsüchte; in *Sommergäste* war sie (als Warwara) die resignierende Frau eines rohen Rechtsanwalts, voller Liebe für den nie zuvor gesehenen Dichter (Bruno Ganz), der jedoch für sie, als er dann erscheint, auch keine Antwort weiß; in *Trilogie* hat sie das Klischeebild einer Frau, die nach dem Scheitern einer Ehe dem Alkohol verfällt, vorsichtig-eindringlich differenziert.

Bruno Ganz und Jutta Lampe

Auch in einem Kollektiv, als welches das Ensemble der Schaubühne sich von Anbeginn verstanden hat, treten einzelne Schauspieler stärker in den Vordergrund und werden für die Rezeption des Theaters (für den Erfolg, die öffentliche Anerkennung) wichtiger als andere. Das hat viele Gründe. Nicht alle sind rational genau zu bestimmen. Natürlich hat die Rollenverteilung damit zu tun, und diese wieder mit den literarischen Vorlagen und den Vorstellungen der Regisseure und Dramaturgen. Es gibt aber auch unterschiedliche Begabungen und – was am Theater manchmal noch schwerer zu erklären ist als im praktischen Leben – die »besondere Wirkung« einzelner Menschen. In dem Begriff kommt viel zusammen. Die gebräuchlichste, wenngleich eine unzulängliche Formel sagt: Es sei da jemand, von dem »mehr ausgehe« als von anderen. (Sicher ist das allerdings auch eine Frage der Disposition des Zuschauers, seiner Neigungen, Empfindlichkeiten, Sympathien.) Edith Clever gehört zu diesen besonderen Schauspielern, und es ist für das deutsche Theater schwer, darauf zu verzichten, daß sie zur Bühne zurückkehrt.

Aber mehr noch als sie haben zwei Darsteller die Geschichte der Schaubühne beeinflußt, aus deren Arbeit dieses Theater viel von seiner Faszination (kein anderes Wort) bezogen hat: Bruno Ganz und Jutta Lampe. Beide waren an fast allen Projekten beteiligt, und haben in vielen Fällen die Inszenierungskonzepte mehr als andere sichtbar machen können. In ihren Darstellungen verkörperten sich die Ansätze zu einer neuen Ästhetik des Theaterspielens: Intellektualität und Sinnlichkeit in einer für die Bühne ungewöhnlichen Verbindung. Wenn von ihnen im folgenden ausführlicher gehandelt wird, so jedenfalls nicht, um nachträglich Protagonisten zu schaffen, die sie, im schlechten alten Sinn, weder sein wollten, noch waren.

Porträt: Bruno Ganz

Als Bruno Ganz mit dreiundzwanzig Jahren 1964 nach Bremen kam, wie er erzählt: angelockt durch die Fotos von Aufführungen dort, geriet er bald immer mehr in das Zentrum eines Arbeitszusammenhangs, der von den Regisseuren Peter Zadek und Kurt Hübner geprägt war. Das heißt: Der junge Schauspieler trat ein in das Spannungsfeld von zwei sehr verschiedenen Methoden der Stückerschließung. Hübner (etwa in seinen Inszenierungen von *Hamlet* und *Macbeth*) suchte den zeitgemäßen Ausdruck für die Konflikte zwischen den »Helden« der Stücke und ihrer Umwelt noch aus der Analyse von Charakteren zu gewinnen; Zadek übersetzte diese Konflikte (in Wedekinds *Frühlings Erwachen*, Schillers *Die Räuber*, Shakespeares *Maß für Maß*) in Aufbrüchen der geschlossenen szenischen Form, in kühn angespannten Bewegungsabläufen, in aufplatzenden Bildern, deren Expressivität von einer vehementen Körpersprache herrührte. Im Spiel von Ganz – seinem Hamlet, seinem Macbeth mit Hübner, dem Moritz Stiefel und dem Franz Moor mit Zadek – ist diese Differenz der Methoden selbst immer wieder anschaulich geworden. Der Wirklichkeitssinn dieses Schauspielers *und* seine Fähigkeit zur künstlichen Form haben sich in den Arbeiten mit Hübner und Zadek geschult und ausgebildet.

1968 inszenierte dann Peter Stein in Bremen Schillers *Kabale und Liebe* mit Ganz als Sekretär Wurm. Die Arbeit mit Stein erweiterte die Erfahrungen des Schauspielers in vieler Hinsicht. Das Neue war vor allem Steins Insistenz auf die Begründung von szenischen Vorgängen aus der Sprache der Figuren. – Im nächsten Jahr kam *Tasso*. Ganz erinnert sich an »eine quälende Arbeit«. Quälend, weil die Aufführung nach vielen Antworten suchte. Befragt wurde vor allem, was man inzwischen den »Bremer Stil« nannte; aber die Hauptfrage zielte auf die gesellschaftliche Rolle des Theaters. Der Dichter Tasso, wie

Bruno Ganz im vierten Bild, Glücksmonolog, von *Prinz von Homburg*

Ganz ihn spielte: ein in seiner Abhängigkeit von dem Herzog sich windender, hündisch sich unterwerfender Künstler-Mensch, unwürdig in unwürdiger Lage. Eine Darstellung, die kritisch war gegen die klassische Figur, indem sie deren Abhängigkeit als die aktuelle Abhängigkeit einer Kunst nachwies, der in der Gesellschaft eine scharf umrissene Rolle (aber kaum der Ausbruch aus dieser Rolle) zugeteilt und erlaubt ist.

Drei Jahre später hat Claus Peymanns Salzburger Inszenierung von Thomas Bernhards *Der Ignorant und der Wahnsinnige* den Bremer *Tasso* noch weitergedacht. Das Stück Bernhards ist durchzogen von einem akribischen Obduktionsbericht, den ein Arzt gibt, während eine Opersängerin zusammenbricht unter dem dauernden Zwang, sich immer wieder als menschliche Koloraturmaschine zu produzieren zu müssen. Das meinte: Nicht nur die gesellschaftlichen Rahmenbedingungen erniedrigen (wie im *Tasso*) den Künstler, sondern Kunst selber kann den denaturieren, der sich auf sie einläßt. Steins *Tasso* wirkte bis in dieses Stück Bernhards und bis in seine Aufführung nach. Daß Ganz den Dichter (bei Goethe) und dann den Doktor (bei Bernhard) spielte, hat die gedankliche Verbindung, die sich zwischen den Aufführungen herstellen ließ, noch verstärkt.

Der Regisseur Stein wurde für Ganz zur entscheidenden Bezugsperson. Ganz benennt Steins vielleicht stärkste Begabung: aus Widersprüchen Produktionen erzwingen. – Mit Stein ging er nach Zürich. An vier Aufführungen dort war Bruno Ganz beteiligt. In Bonds *Trauer zu früh* hat er den Arthur gespielt, die Figur, der Bond die Vermittlung seines in der Konsequenz problematischen Zivilisationspessimismus vor allem angetragen hat. »Fortschritt bedeutet größere Leichenhaufen«, Ganz stellte das ohne explizit denunziatorische Deutungen zur Diskussion.

An der Schaubühne ist Ganz als Proletarier in der *Mutter*-Bearbeitung Brechts aufgetreten; mit einer hellen Komik in Handkes *Ritt*; als Peer Gynt am Ende in der Ibsen-Arbeit, die Summe ziehend aus den sieben Peers, die vorher zu sehen gewesen waren. Sein Metzger Oskar in Horváths *Wiener Wald*: roh in dem Anspruch, den er auf die Verfügung über das Mädchen Marianne geltend macht – und doch anrührend in dem klagenden Schmerz, wenn Marianne den Filou Alfred vorzieht. Noch im selben Jahr sein Prinz von Homburg: ein Träumer, der in einem Wunschbild aus der Realität sich erlöst.

Das war bis dahin eine erstaunliche Folge von Rollen. Selten war einer im deutschen Nachkriegs-Theater so rasch so steil gestiegen. Welches war die Konstante, die die Figuren als Verwirklichungen dieses einen Darstellers verknüpfte? Zuerst: Ganz hat immer spüren lassen, daß die Menschen, die er auf die Bühne gebracht hat, nicht verfertigte, »fertige« sind, sondern hat gezeigt, wie sie entstehen, welche Schwierigkeiten ihre Darstellung aufgibt, und daß ihre Darstellung diesen Schwierigkeiten entgegen dennoch gewagt wurde. (Aber eben: gewagt.) Theaterspielen demnach nicht als Produkt, sondern als Vorgang, als Prozeß mit immer unsicherem Ausgang.

Ein anderer Grund, aus dem die Figuren von Ganz sich verknüpft haben, ist am ehesten mit einem Gegenbild zu beschreiben: Als Giorgio Strehler im Sommer 1973 in Salzburg viele der alten Namen des deutschen Schauspieler-Theaters für sein *Spiel der Mächtigen* aufbot, hat man merken können, was jene Will Quadflieg und Wolfgang

Reichmann und Richard Münch nun unterschied von einer neuen Generation von Schauspielern, für die Bruno Ganz steht. Die da in dem großen Salzburger Auftrieb Könige und Rebellen, Siegende und Verlierer spielten, mit dem Material von Shakespeares *Heinrich IV.* die Geschichte als einen Kreislauf illustrierten, den Machtgier und Machtmißbrauch in Gang halten – sie konnten alle nicht mehr übersetzen, was dieses »Spiel« innerst antreibt: die Angst, die sie zu Taten drängt und an Taten verzweifeln und zugrunde gehen läßt. Angst, die in keinem Siegeslachen des Triumphs überwunden ist, weil der nur vorübergehend sie beruhigt, Triumph auf kurz, und immer vor dem Sturz. Das hat dieses Strehler-Theater damals so hohl gemacht und so falsch (wie es auch in neueren Aufführungen bis heute geblieben ist): daß seine Darsteller so selbstverständlich mit dem Schrecken der Geschichte umgingen, glatt, selbstsicher, furchtlos noch mitten im Fürchterlichen, das sie glätteten, und zwar gerade dann glätteten, wenn sie besonders heftig, bewegungsreich, laut sich darauf einzulassen nur schienen. – Anders als die Schauspieler dieses überheblichen Theaters ist Bruno Ganz ein Darsteller von Menschen, die gegen die Angst leben, von Ängsten immer gefährdet, lebend aus Angst. Man hat an vielen seiner Figuren die Schatten gesehen, die in den Jubel reichen, das Schwache an dem, was wir manchmal hochfahrend »unsere Kräfte« heißen.

Wieviel Theaterspielen mit Angst zu tun hat, habe ich während einer Probe zum *Prinzen von Homburg* auf der Behelfsbühne einer Kirche in Kreuzberg einmal erlebt. Peter Stein und Ganz probierten da den Monolog des Prinzen am Ende des ersten Akts. Nach der Verabredung des Schlachtplans verläßt der Kurfürst mit seinen Offizieren und Obersten die Bühne. Der Prinz bleibt zurück und beschwört das Schicksal: »Du hast mir Glück die Locken schon gestreift ... Heut, Kind der Götter, such ich flüchtiges, ich hasche dich im Feld, der Schlacht und stürze ganz deinen Segen mir zu Füßen um: Wärst du auch siebenfach, mit Eisenketten, am schwedischen Siegeswagen festgebunden.« Der das sagt, ruft sich auf zur Tat, zum Sieg. Aber das ist auch ein Anreden gegen die Angst, die seine Vision zu Beginn des Stücks in dem Prinzen hinterlassen hat, jenes Traumbild, das ihn sich selbst sehen ließ als den Sieger in der kommenden Schlacht, und die Prinzessin Natalie dann als seine Braut. Bruno Ganz versuchte diesen Auftritt in einem Raum ohne Dekoration, ohne Hilfen. Er hatte nur ein Schwert in der Hand, prüfte nun, wie er sich stellen, den Kopf, die Hände halten, den Körper bewegen könnte, um den aufbrausenden Text der Szene körperlich zu beglaubigen. Das ging einen Vormittag lang so, mit immer neuen Anläufen. Und mehr und mehr kam heraus, daß das Körperspiel nicht von Anfang an dem Mut des Textes anzupassen, sondern erst allmählich auf diesen hin zu entwickeln sei, ohne daß die Entfernung vollständig aufgehoben werden dürfe. Etwas Unsicheres, eine schmale Angst mußten in dem Mutmachen, in der Zuversicht der Worte bleiben. – Das wurde in der Aufführung dann geleistet. Ganz spielte den Prinzen und seine Gefährdung. Und er zeigte das Wagnis des Schauspielers, den Mut des Prinzen zu spielen. Man hat da sehen können, was Theater auch ist: Ein Wagestück gegen die Angst davor.

Nach dem Prinzen von Homburg – und ehe er sich ab 1975 auf die Filmarbeit konzentrierte und zunächst Abschied nahm vom Theater – kamen für Ganz noch die Rolle des Pentheus in den *Bakchen*, der Unternehmer Quitt in Handkes *Die Unvernünftigen sterben aus*, der Schriftsteller in den *Sommergästen* und zuletzt der Empedokles in Grübers Hölderlin-Inszenierung. Steins Aufführung des Stücks von Handke versuchte, die poetischen Satzgebilde der Personen in nahezu realistischen Situationen verstehbar zu machen. »Ich bin heute so traurig«, das sind die ersten Worte, die der Unternehmer Quitt in dem Stück spricht. Bruno Ganz kam auf dieses Ergebnis einer Selbstbeobachtung, nachdem er in einem langen Stummspiel hart an einer Boxbirne gearbeitet hatte. Nicht Trainings-Übungen bloß markierend, sondern einen scharfen Runden-Durchgang voll absolvierend. Aus der realen körperlichen Erschöpfung des Schauspielers bekam die Traurigkeit Quitts eine besondere Färbung – so drängten Stein und Ganz auch nachher noch immer wieder Wirklichkeit in die Szenen. – In Grübers *Empedokles* hat Ganz sich den Versen Hölderlins ohne die Stütze solcher Wirklichkeitsbezüge ausgesetzt. Er sprach sie fragend nach – aber die Intensität dieses Fragens hat da den Sinngehalt des Textes manchmal eher noch stärker verschlüsselt.

Angesichts einiger Projekte, an denen die Schaubühne nach dem Weggang von Ganz gearbeitet hat, konnte es gelegentlich so scheinen, als seien sie noch auf ihn hin geplant gewesen. Die Hoffnung ist, daß dieser Schauspieler zum Theater zurückkehrt.

»Veränderung« ist ein Hauptwort des Theaters. Auf den Begriff läßt sich bringen, was die ausgeschnittenen Ist-Zustände, die auf der Bühne anschaulich werden, als Tendenz immer enthalten: daß an der Welt und an der Geschichte von Menschen, wie wir sie da sehen, mitgedacht werden muß, wie sie auch anders sein und sich entfalten könnten. Zwischen der Wirklichkeit, von der das Theater in seinen Stoffen handelt, und der anderen, auf die es damit weist, ist Veränderung die notwendige Leistung. Aber indem das Theater derart Veränderung propagiert, kann es selber auch die verändern, die es uns vorspielen. Es gibt Rollen, die auf dem Weg von Schauspielern wie Wendepunkte erscheinen, neue Anfänge. Jutta Lampe nennt die Lady Milford in Peter Steins Bremer Inszenierung von *Kabale und Liebe* so einen Anfang. Es war ihre erste Zusammenarbeit mit Stein. Sie hat der Schauspielerin eine Entwicklung eröffnet, der das deutsche Theater der letzten Jahre einige seiner schönsten Frauendarstellungen verdankt.

Jutta Lampe: Geboren 1937 in Flensburg, Ausbildung in der Schauspielklasse der Hamburger Staatlichen Hochschule für Musik bei Eduard Marks 1956–58, erste kleine Rollen bei Schalla in Bochum, 1960–64 in Wiesbaden u. a. die Laura in der *Glasmenagerie* von Williams, die Ophelia in *Hamlet.* Sie wird dann, im zweiten Jahr seiner Intendanz, von Hübner nach Bremen engagiert. Viel Boulevard in den Kammerspielen in der Böttcherstraße; aber auch: die Julia mit Peter Hallwachs als Romeo. Es folgt ein kurzer, unergiebiger Ausflug nach Mannheim, Hübner holt sie bald nach Bremen zurück. In Peter Zadeks, die Diskussionen beschäftigender Aufführung von *Maß für Maß* spielt sie die Mariana. Nach der Milford und der Leonore im *Tasso* geht sie mit Stein nach Zürich, sie tritt auf in *Trauer zu früh* von Bond (als Florence Nightingale), in *Changeling* von Middleton Rowley, in *Kikeriki* von O'Casey, in der ersten *Frankenstein*-Fassung von Wolfgang Deichsel. Dann an der Schaubühne spielt sie in *Mutter, Ritt,* in *Peer Gynt* die Solveig, in *Das gerettete Venedig.*

Von den vorausgegangenen Figuren setzte sich dann die Marianne, 1972 in Grübers Inszenierung der *Geschichten aus dem Wiener Wald,* nachdrücklich ab. Das war wieder ein Beginn. Die Marianne ist die Rolle der Lampe an der Schaubühne gewesen, in der sie sich (und den

Plan einer Aufführung), ich will hier sagen: unvergeßbar erfüllt hat. Grübers Inszenierung entdeckte an Horváths Volksstück, daß es mehr enthält als die Entlarvung wienerisch-kleinbürgerlicher Miseren, ausstellbar als Kuriosa menschlichen Jammers: Sie fand in den *Geschichten* die Auskunft über einen historischen Augenblick und steigerte die Schilderung der Unfähigkeit von Menschen, sich ihr Leben als Zusammenhang einzurichten, zu einem klagenden Abgesang auf den Kultur- und Zivilisationsbegriff einer Epoche. Horváth schrieb das Stück 1931. Grüber sah: ein End-Stück. Und die Aufführung folgerte weiter: Noch immer (oder wieder) leben wir, so wie Horváths Figuren, in Verhältnissen, deren auseinanderdrängende Kräfte die Definition eines kulturellen Zusammenhangs nur als Beschreibung von Vorgängen der Auflösung zulassen. Was sich in dem offenen Erlebnisraum von Karl-Ernst Herrmann ereignete, waren Szenen, in welchen (nach der Art von Traumerfahrungen) Realität nur als gleich schon wieder entgleitende zu haben war.

Das hätte zu einer, in ihren Bildern nun auch selber verschwimmenden, diffusen Inszenierung führen können. Daß diese Realität verzehrenden Bilder nicht selber auch die eigene Substanz, Kraft und Wahrheit verloren, lag daran, daß der Abend, so sehr er auf ein Geschichtsbild abhob, doch auch die Kontinuität einer Handlung enthielt. Diese Handlung ist eine Liebesgeschichte. Die Aufführung vergaß sie nicht. – Es ist die Geschichte der jungen Marianne, die dem Metzger Oskar vermählt werden soll. Verlobung an der »schönen, blauen Donau«, Oskar hat die Ringe mitgebracht, übermütige und dennoch schale Fröhlichkeit der Anverwandten macht sich breit. Ein Minimal-Zusammenhang scheint gestiftet, daraus folgt Frohsinn. Aber man sah dann noch in derselben Szene, daß diese Verbindung keine ist, weil ein System sie veranlaßt hat, das selber keinen Zusammenhalt hat, darum auch keinen mehr begründen kann. Marianne spürt das. Und sie bricht aus.

Das war in Grübers Aufführung ein hochgerissenes, rauschendes, jubelndes Bild: Wie das Mädchen am Boden, im aufgemalten Wasser der Donau kriecht, dann den Alfred sieht, Michael König, Parade-Filou im weißen Flaneur-Suit, wie sie sich an ihm hochwindet, sich in einem alles Vergangene annullierenden Gefühl an den Körper dieses Mannes klammert, alle Aussicht und alle Hoffnung ihres Lebens in einem »Du, du, du« sich zusammendrängen. Grüber führte die Bewegung dieses Bildes diagonal durch den Raum, ein Aufsteigen, das in dem Tanz auf dem Rand eines Billardtisches endete (an dem zwei Leute den Abend lang über die Zeitläufe räsoniert hatten). Gezeigt wurde: für einen Augenblick könnte Geschichte korrigierbar sein, die Welt heilbar aus der Intensität eines Gefühls.

Aber es wurde hier auch schon mitgespielt, daß dieses Glück, so glühend es ist, die Zerstörung des Mädchens, das sich im Überschwang ganz vergibt, bereits einleitet. Die folgenden Szenen enthielten diesen Abstieg. Die Ehe mit Alfred nach einem Jahr – Kleinmut und Elend. Zum Schluß tanzt Marianne noch einmal, jetzt mit Oskar, der sie zwingt. »Du wirst«, hatte er gesagt, »meiner Liebe nicht entgehen« – ein Satz, der pervertiert, wovon er spricht. Eine Liebesgeschichte, die in eine Perversion mündet. – Erst indem Jutta Lampe die scheiternde Liebe der Marianne im Zentrum von Grübers Konzept behauptet hat, wurde diese, alle bisherige Horváth-Rezeption übergreifende Inszenierung möglich. Nur durch die dauernde Absicherung der Bildproduktion Grübers in der Darstellung eines einzelnen Schicksals, wie die Lampe sie betrieb, wurden die zur Eigenständigkeit tendierenden Elemente der Aufführung in einen schlüssigen Kontext gebracht. Die eigenartige Festigkeit der Marianne, der Wirklichkeitssinn, den sie im Sturz entwickelte, trugen den Versuch, das Volksstück als ein Requiem auf gesellschaftliche Zustände vorzuführen. Hätte dem Versuch der harte Kern dieser Figur gefehlt, an der ein Zerfallen sichtbar werden konnte, weil die Substanz, die da angegriffen wurde, erkennbar blieb – die Aufführung wäre nur als eine entgleitende Bilderfolge wahrzunehmen gewesen.

So aber, aus ihrer Stabilität heraus, konnte Jutta Lampe auch noch ein anderes Motiv in Grübers Arbeit einführen: Gegen die Auskunft, daß Glück nicht sein kann, wagte sie einen utopischen Gedanken – in allen Katastrophen und gegen sie schien dieses Mädchen noch auf der Hoffnung zu bestehen, daß dennoch und trotzdem »Glück« möglich sein müßte. Ihr Spiel stützte Grüber (und Horváth) – und widersprach dabei doch deren resignierender Sicht auf die Verhältnisse. Im Abgang: eine Hoffnungssekunde.

Für den Arbeitszusammenhang an der Schaubühne hatte die Leistung der Lampe in *Wiener Wald* große Bedeutung. Daß Klaus Michael Grüber zum ersten Mal mit dem solange vor allem von Peter Stein motivierten Ensemble ein anderes System ästhetischer Zeichen

Jutta Lampe und Michael König, Rosalind und Orlando in *Wie es euch gefällt*

erarbeiten und eine andere Bild-Phantasie als die von Stein umsetzen konnte, ging nur an, weil die Schauspieler, und besonders Jutta Lampe, mit ihren Erfahrungen für Grübers Plan einstanden. Der sinnliche und gedankliche Reiz der Aufführung rührten auch daher, daß man sah, wie die Schauspieler sich auf etwas ihnen zunächst eher Fremdes eingelassen und ihre Energien auf dessen Grundierung und Korrektur gerichtet hatten.

Als Luc Bondy 1976 *Die Wupper* vorbereitete, hat Jutta Lampe (die Fabrikbesitzerin Charlotte Sonntag) abermals einen für die Schaubühne neuen Regisseur so gestützt.

Ihr koordinierender Einfluß innerhalb des Ensembles ist groß. Sie hatte inzwischen im *Homburg* die als Engelsgestalt gedeutete Natalie verkörpert, in *Sparschwein* mit ansteckender Spiellust eine ulkige, umfängliche, alternde Jungfer, in den *Sommergästen* die Ärztin Marja Lwowna, durch die, mit sachter Entschiedenheit vorgetragen, die Idee der Veränderung in die Köpfe der anderen gelangt. – 1977 hatte ihre Rosalind (*Wie es euch gefällt*), obwohl sie auch heiter sein konnte und sogar ein bißchen frivol, doch den schönen Ernst einer dieses Mädchen besetzenden und verwundenden Leidenschaft. Da war die Schauspielerin nun wieder in einer ganz anderen Lebenszeit. Aber etwas von den Erfahrungen der alten Dame, die sie bei Bondy gewesen war (*Die Wupper*), ein Mehr-Wissen des Alters, in das sie sich vorgefühlt hatte, wieder unterwegs zu einer anderen, verhalf dem jungen Mädchen Shakespeares zu einer sonderbaren Klugheit mitten in der Verwirrung seiner Verwandlungen.

Die wichtigsten Inszenierungen

Vorbemerkung

Auch ein Buch, das nur die Schaubühne zum Thema hat, kann, aus Gründen des Umfangs, nicht alle Aufführungen dieses Theaters im einzelnen behandeln. Unter den annähernd vierzig Projekten zwischen 1970 und 1979 mußte eine Auswahl getroffen werden: Einzeln vorgestellt werden die Inszenierungen, deren Stellenwert sowohl innerhalb der Arbeitszusammenhänge der Schaubühne, wie innerhalb der Entwicklungen des Theaters überhaupt, besonders hoch war.

Die Beschreibung und die Beurteilung der Ergebnisse stützt sich auf das eigene Erlebnis der Aufführungen und auf vorausgegangene Auseinandersetzungen des Kritikers mit ihnen. Fast immer bedienen sich die erinnernden Rekonstruktionen der Zeitform des Präsens, verlangen dem Gedächtnis, gegen die besondere Flüchtigkeit der Kunst des Theaters, das Vergangene noch als wieder Gegenwärtiges ab. So sollte von den ursprünglichen, unmittelbaren Wirkungen der Inszenierungen, von Zustimmung oder Enttäuschung, die sie ausgelöst haben, jedenfalls ein Rest erhalten bleiben.

Gelegentlich werden Materialien aus den Arbeits-Protokollen oder aus den (immer sehr ergiebigen, außerordentlich sorgsam zusammengestellten und ihren Stoff vorbildlich präsentierenden) Programmheften beigefügt. Es sind das jeweils nur kurze Ausschnitte, Proben aus einem Material, das viel reichhaltiger, auch widersprüchlicher ist, als hier deutlich werden kann. Die Hoffnung ist, daß die Schaubühne selbst es vielleicht eines Tages vollständiger und verbindlicher veröffentlicht.

Brecht/Gorki: »Die Mutter«.
Regie: Schwiedrzik, Steckel, Stein, 1970

Brecht steht am Anfang der Arbeit. Diese Disposition hält noch Verbindung mit dem politischen Theater der Studentenbühne, als die das Haus am Halleschen Ufer in Berlin gegründet worden war. Bei Brecht wird noch einmal nach Antworten auf die aktuellen Fragen der Jahre nach 1968 gesucht: in dem historischen Kontext des Stücks auch das Material zur Darstellung der Situation des Ensembles. Darin zeigt sich eine Not des zeitgenössischen Dramas: Es fehlen die unmittelbar reagierenden Stücke, darum bleibt Brecht zunächst noch wichtig. – Die Entscheidung für *Die Mutter* war richtig, weil die Arbeit an dem Stück, der Enthusiasmus, den es verlangt, die Gruppe zusammenschloß. Aber das Theater Brechts wurde nicht zum Programm der neuen Schaubühne. Schon mit Handkes *Ritt*, einige Wochen später, vollzog sich die Abkehr. (Als dann 1976 das *Fatzer*-Fragment gespielt wird, ist das Ensemble von Brecht schon zu weit entfernt, als daß der Versuch gelingen könnte.)

Die Mutter (Brecht: »Ein Lehrstück, aber für Schauspieler«) entstand 1931, nach dem Roman Maxim Gorkis. Das Stück gehört nicht nur zeitlich in einen Zusammenhang mit der *Heiligen Johanna der Schlachthöfe*: Mit beiden Dramen tritt das Lehrstück in eine neue Phase ein (die vorausgegangene Position hieß: *Die Maßnahme*). Die mit Abstraktionen arbeitende Demonstration marxistischen Verhaltens wird nun humanisiert, das Drama erzählt wieder ein Schicksal. In *Die Mutter* ist es die Entwicklung einer im politischen Sinn bewußtlosen Frau aus dem Proletariat der russischen Vorrevolutionszeit zur bewußten Kämpferin für die Sache der Revolution.

Pelagea Wlassowa reagiert auf die Arbeit der bolschewistischen Betriebszelle, der ihr Sohn Pawel angehört, anfangs nur mit furchtsamem Widerstand. Die Aufführung übersetzt das in ein deutliches Bild. Drei Arbeiter und eine junge Arbeiterin sind in der Wohnung der Wlassowa mit der Herstellung von Flugblättern beschäftigt. Therese Giehse zeigt die Frau abseits, argwöhnisch fürchtet sie Gefahr für den Sohn (Heinrich Giskes) aus seinem Umgang mit den anderen. Sie soll ihnen Tee kochen – und gibt vor, keinen Tee mehr zu haben. Die Giehse tastet sich an die Gruppe heran, sehr vorsichtig, Sorge bewegt sie, sie versteht noch nicht. Dann bricht Polizei, den Revolutionären auf der Spur, in die Szene ein, hart und grell. Ein Kommissar (Rüdiger Kirschstein, Brutalität hinter glattem Zynismus) befiehlt die Durchsuchung der Wohnung, Polster werden aufgeschnitten, ein Krug zerschlagen, die Gewalt der Unterdrückung artikuliert sich in wenigen, knappen Gesten der Eindringlinge. Da beginnt für die Wlassowa der Prozeß, den Brecht beschreiben will, ein Vorgang des allmählichen Begreifens, man sieht: Erkenntnis.

In den folgenden Bildern wird die Frau immer mehr zur Mutter der Unterdrückten, mit denen sie lebt. Aus ihrer Einsamkeit, ihrer Furcht und aus der sie zunächst ausschließlich motivierenden Mutterliebe wächst sie zur Stütze der Betriebszelle. Sie wird die Mutter einer Klasse. Der Kritiker Henning Rischbieter hat die Arbeit der Giehse an dieser Rolle beschrieben: »Sie wendet ihre immer dem unheroischen Alltag, der kleinbürgerlichen und proletarischen Misere abgesehenen, aber durch Präzision groß ausgeformten schiefen Kopfhaltungen, listig verkniffenen Blicke, ihre durch bockiges Schweigen skandierten, knappen und klar daherrollenden Repliken und Attacken hier mit einer stillen, angespannten Konzentration an, die keine Manierismen durchläßt. Sie faßt das in Jahrzehnten Gelernte noch einmal zu einer Figur zusammen, deren Größe resultiert aus der artifiziellen Genauigkeit, mit der die kleine, ja kleinliche Einzelheiten sorgsam gegeneinandergesetzt werden.« (*Theater heute*, November 1970)

Klarheit – sie ist die Schönheit dieser Inszenierung. Und Klarheit heißt hier auch: richtiger und reflektierter Einsatz der benutzten Theatermittel. Das Stück verlangt von den Schauspielern den raschen Wechsel von Spielhaltungen. Es gibt (etwa in der Wohnung des Lehrers, Günter Lampe, den die Wlassowa in den Vorgang ihrer eigenen Veränderung hineinzieht) direkte, die Identifikation mit der Figur fordernde Szenen, und dann andere, in denen Spiel ausgestellt, Verhaltensweisen demonstriert werden. Diese, für Brechts Theater entscheidende Differenz ist an der Aufführung beispielhaft zur Anschauung gebracht. Ihre Prägnanz ist in jeder Einzelheit sichtbar. Chöre, wie die von den Arbeitern hier gesprochenen und gesungenen, waren in keiner Brecht-Aufführung eines westdeutschen Theaters jemals so genau einstudiert. Die Sicherheit, mit der über die Mittel des Brecht-Theaters verfügt wird, kommt aus der Überzeugung von ihrer Angemessenheit. Man sieht nachträglich noch einmal, was unsere Theater versäumt haben, als Brecht für ihre Arbeit ohne Konsequenz blieb.

Die Mutter, Therese Giehse und das junge Ensemble

Klaus Weiffenbach hat die Guckkasten-Bühne abgebaut und eine offene, von Segeltuch bedeckte Spielfläche geschaffen, die vom Publikum von drei Seiten umgeben wird. Die Fabel von der heilbringenden Revolution ist also optisch von mehreren Seiten her einsehbar – das bedeutet auch eine Milderung der propagandistischen Emphase der Belehrung darüber, wie eine Klasse ihren Unterdrückern begegnen kann, indem sie sich organisiert. Die Schauspieler bringen in raschen, rationellen Bewegungen die wenigen Requisiten für ihre Auftritte jeweils selbst mit nach vorn. Die gerade nicht an einer Szene Beteiligten bleiben im Hintergrund anwesend. Man versteht, was das bedeutet: Theater aus einer Gruppe heraus zu produzieren.

Wem die Lektion des Lehrstücks gelten soll, ist allerdings eine Frage, die der Abend nicht beantwortet. Theaterpolitisch ist er von großer Bedeutung, die sich in Genauigkeit und Elan des Spiels auch mitteilt. Aber was aus der historischen Veränderung der Wlassowa für die Gegenwart zu lernen wäre, ist nicht leicht zu sehen. Was die Linke 1970 beschäftigt, ihre Zersplitterung und ihre Unsicherheit mit sich selbst, ihren Zielen und dem Weg dahin, kommt in dem Stück und in der Aufführung nicht vor. Das scheinbar aktuell Programmatische dieses Anfangs – ist in Wahrheit nur ein präsis exekutierter Rekurs in einen heroischen Abschnitt der Geschichte des Jahrhunderts.

Peter Handke: »Ritt über den Bodensee«. Regie: Claus Peymann und Wolfgang Wiens, 1971

Nach Brecht gleich Handke. Eilige Betonung eines pluralistischen Konzepts? Die Inszenierung machte Schwierigkeiten. Claus Peymann verklemmte sich im Verlauf der Proben, verlor den Zugang, die Übersicht – und schließlich auch das Vertrauen der Darsteller. Der Dramaturg Wolfgang Wiens kam ihm aus Frankfurt zu Hilfe, damit eine Premiere stattfinden konnte, die ohne den großen Beobachtungsdruck, unter dem die Schaubühne da schon stand, wohl abgesagt worden wäre. Das Stück wurde dann heftiger diskutiert als die Aufführung. Es ist Theater vor dem Theater: Einübung auf die Formen, in welchen die Bühne mit sprachlichen und nicht-sprachlichen Ausdrucksmitteln Inhalte und Bedeutungen übersetzt. Das System der Wahrnehmungen und der aus ihnen folgenden Reaktionen, mit dem man das Stück rezipiert, ist selber auch das System, dessen Darstellung die Bühne hier unternimmt: Was wir wahrnehmen, ist *wie* wir wahrnehmen; worauf wir reagieren; *wie* wir reagieren.

Diese Einübung in eine Grammatik der Vermittlung bestätigt nun aber nicht das Vermögen von Zeichen und Wörtern, über die Welt zu verfügen, sondern zieht es gerade in Zweifel. Wie an den Verkehrsformen selbst, die den Zusammenhang jeder Gesellschaft erst konstituieren, meint Handke auch an der Reproduktion solcher Übereinkünfte auf der Bühne deren Scheincharakter zu erkennen. Eine zweite, quasi mittelbare Realität, die der Gesten und Wörter, löst sich von der primären Realität, deren Beschreibung und Deutung sie will. Was über eine Sache oder einen Vorgang gesagt wird, ist nicht die Sache oder der Vorgang selbst. Zum Beispiel wird auf der Bühne gezeigt, wie zwei Schauspieler eine Treppe herabsteigen, während ihnen ein dritter die Stufen vorzählt. Die beiden Herunterkommenden verlassen sich auf die Angaben des Dritten, der hört aber mit seinem Zählen schon vor der letzten Stufe auf, die beiden halten die ihnen signalisierte

Realität für die richtige (sie ist aber eine fiktive) und stürzen über den letzten Absatz. – Was Handke mit dieser kurzen Szene bedeuten will, ist die dem naiven Bewußtsein geläufige Erfahrung der Verführungskraft von Sprache; man könnte auch von deren Leitfähigkeit sprechen. Der Schauspieler, der in dem Stück den Namen Jannings trägt, sagt das so: »Man hat angefangen, miteinander zu verkehren und es hat sich eingespielt.« Das heißt: Wir haben uns auf ein System von Verkehrsformen geeinigt; dieses System hat den Charakter einer gesellschaftlichen Wirklichkeit angenommen, deren freilich fiktiver Zug sich immer dann offenbart, wenn die Regeln des Systems punktuell unterbrochen und gestört werden.

Handkes Figuren führen vor, was Wörter alles können: kommandieren, beschönigen, begründen, verletzen, behaupten, widerrufen. Und sie zeigen, was geschieht, wenn die Spielregeln des Gebrauchs von Wörtern aufgehoben und ihre Bedeutungen verschoben werden: dann bricht zusammen, worin wir uns eingerichtet haben. Der Reiter, der in der Ballade Schwabs (der das Stück den Titel entleiht) über den verschneiten Bodensee stürmt, ohne es zu wissen, fällt tot vom Roß, als ihm gesagt wird, es sei der See selber gewesen, den er überquert habe. So geht es Handke mit der Sprache: Er erschrickt fast zu Tode im selbstverständlichen Gebrauch der Wörter.

Mit seinen Figuren, die den Namen berühmter Schauspieler tragen (Heinrich George, Emil Jannings, Erich von Stroheim, Elisabeth Bergner, Henny Porten) zeigt das Stück, daß wir nicht mehr »funktionieren«, wenn wir den eingeübten Beziehungen auf die Sachen der Welt nicht mehr trauen. In einer enigmatischen Partie am Ende greift eine Puppe, die ein Kind darstellt, den Schauspielern an ihre Geschlechtsteile – dieser Griff an die »Symbolstellen von Lebendigkeit« (G. Rühle) ist ein Rekurs auf jene ursprüngliche Unmittelbarkeit, der dem durch Sozialisationsvorgänge veränderten »erwachsenen« Bewußtsein immer wieder das große Erschrecken einjagt, von welchem das Stück handelt. Die Szene am Ende hat ein Pendant in dem Auftritt, der an der Schaubühne den Mittelpunkt der Aufführung markiert. Es wird versucht, die Lade einer Kommode zu öffnen. Das mißlingt, weil die Lade offenbar klemmt. Der Versuch wird nun nicht mit der Anstrengung fortgeführt, die Lade dennoch aufzutun, etwa indem die Ursache des Klemmens aufgespürt würde. Vielmehr befreien sich die Schauspieler von der Last, die Bedeutung einer Erfahrung (der Erfahrung, daß die Lade klemmt) zu ergründen; sie vermeiden also den Zusammenhang von Erfahrungswerten, in den dieser letzte, eben gerade gewonnene, gehört, und weichen der Auflösung des Widerspruchs aus, daß eine Lade ihrem Wesen nach sich zwar müsse öffnen lassen, hier aber dennoch nicht zu öffnen ist: Mit einem Siegerlächeln wird die Aufforderung vorgebracht: »Dann laß die Lade doch klemmen.« Ein euphorischer Tanz, freudvolles Fest einer Befreiung schließt sich an.

Aber was für eine »Befreiung« ist das? Die erlösende Emphase des Satzes (»Dann laß die Lade doch klemmen«) lügt sich aus der realen Schwierigkeit, die ungelöst bleibt, amüsant heraus. Die regressive (auch: eine ahistorische) Tendenz von Handkes Szenen tritt hier scharf zutage. Zugespitzt: Man muß nur akzeptieren, daß etwas ist, wie es ist – dann kann man singen.

Was darum aus dem Stück zu machen ist, heißt: Boulevard, Vergnügen an den Sachen, wie die Sachen eben sind, Unterhaltung aus der Verschiebung von Bekanntem gegen auch Bekanntes, woraus dann mal eine gute Pointe resultiert, mal eine weniger gute. Die Aufführung arbeitet sich mit solchen Späßen von Partikel zu Partikel vorwärts, besser: sie dreht sich mit ihrem Material im Kreis. Auf der Bühne von Karl-Ernst Herrmann (eine breite Treppe im Hintergrund führt in ein Herrenzimmer mit Lederfauteuils, an den Wänden wuchert gemalte tropische Natur) sieht man delikat kostümierte Schauspieler – sie reden sich in kurze Geschichten hinein und wieder heraus, machen sich klar, was Sprache mit vergehender Zeit zu tun hat, welche Irritationskraft sie besitzt, was passiert, wenn man die ihr immanente Tendenz zur Etablierung von Zusammenhängen negiert; sie freuen sich über ihre kleinen Einsichten, verfallen in Trauer über ein von Wörtern befohlenes Fehlverhalten, fallen in Träume und kehren lachend daraus zurück, spielen, daß sie nicht spielen, und spielen, daß sie spielen. Und sie verlieren am Ende, als ein Zwillingspaar zu ihnen stößt, ihre Identität.

Ansätze zu vielen Geschichten also, aber keine Geschichte, sondern immer nur: Leerformen. Wenn man verstanden hat – und so kompliziert ist das auch wieder nicht – wie ein Autor da seine privaten Skrupel an den Möglichkeiten der Sprache mitteilt, werden die Lektionen auch zäh und penetrant. – Es mag Claus Peymanns Fehler gewesen sein und ein Grund für sein Scheitern, daß er Handkes Leerlaufen zu ernst genommen hat. Als die Schauspieler, nach dem Eingreifen von Wiens, das Stück auf einfachste Vorgänge reduzieren, womit sie Handkes Ansprüche auf »Bedeutung« zugleich kritisieren, gewinnen sie plötzlich eine Leichtigkeit des Spielens, eine Heiterkeit auch, die dann das Beste des Abends wird. Die Aufführung gleicht nun einem Lustspiel, das Schauspieler, die großzügig ihre Künste und ihre Tricks vorzeigen, mit höchst beliebigen Texten improvisieren. Bruno Ganz macht einen Komiker, der selbst gelegentlich platte Späße auf die Ebene eines höheren Vergnügens hebt. Jutta Lampes sanftes Abgleiten in kleine Traurigkeiten, die lässigen Ornamente, die Edith Clever herstellt, Günter Lampes hartes Strahlen, die schnittigen Paraden Otto Sanders – diese Schauspieler schaffen es, daß man das Stück fast vergißt. Solcher Theaterpraxis wollte die Schaubühne freilich gerade nicht zuarbeiten. Die Entscheidung, Handke zu spielen, war ein Fehler. Die Gruppe lernt das. Die Lektion, die sie sich selbst erteilt, ist fast der einzige Wert, den die Unternehmung hat.

Das im folgenden auszugsweise zitierte Protokoll dreier Arbeitssitzungen des *Ritt*-Ensembles (am 28., 29., 30. 10. 1970) kann einen Eindruck von Intensität und Niveau der die Probenarbeit vorbereitenden Stück-Analysen geben. Es belegt – besonders mit der Auseinandersetzung zwischen dem Regisseur Peymann und dem Dramaturgen Sturm über die Form des Bühnenbildes – die Bemühung, Handkes esoterisch vertänzelte Vorlage gesellschaftlich zu lokalisieren. (In den Meinungsverschiedenheiten zwischen Peymann und Sturm kündigt sich die Abwendung des Regisseurs von der Schaubühne schon an.) – Die Überlegungen Sturms am Ende gehen über die Probleme der Gruppe mit *Ritt* hinaus: Gefragt wird nach möglichen Positionen des zukünftigen Spielplans, nach den Absichten, die das Theater verfolgt, und danach, an welches Publikum sich die Arbeit vor allem richten könnte. Wie diese Fragen sich hier aus der Diskussion eines bestimmten Stoffs herleiten, so haben sie jedes einzelne Projekt fortan begleitet und sind in dessen Verwirklichung eingegangen.

Auszüge aus einem Protokoll von 3 Arbeitssitzungen
zu »Ritt über den Bodensee«

PEYMANN: Mögliche äußere Gesamtklammer, unter der das Stück zu betrachten ist, *ein Schwanengesang (Abgesang)* des bürgerlichen Theaters.

BICKEL: Nicht Verfall des bürgerlichen Theaters, sondern eher Verfall der bürgerlichen Gesellschaft mit den Mitteln des Theaters.

STURM: Die Frage nach den Mitteln des bürgerlichen Theaters ist aber auch zugleich das Medium, das das andere Thema (nämlich Verfall der bürgerlichen Gesellschaft) zuläßt. Das gestische Arsenal und die Art, wie es szenisch verhandelt wird, ist aus dieser Theatersituation bezogen. Auf welcher Spielebene müssen wir unsere Darbietung ansetzen? Bei Festlegung dieser Ebene, die sich nicht per Fabel oder sozialem Umstand ergibt, haben wir uns zu verhalten zu der Tatsache, daß das wesentliche Material des Stückes unter theatralischen Gesichtspunkten organisiert ist. Im Stück wird eine Theatersituation vorgeführt; und die Reflexion auf die spätkapitalistischen Verhältnisse findet im Medium dieser Theatervorführung statt. Wir sollen versuchen, erst die Konkretheit des Stückes aufzufinden und dann daran gesellschaftsanalytische Kategorien aufzustellen, und nicht umgekehrt, um nicht in scheußliche Allgemeinheiten zu verfallen, die nicht handhabbar sind. – Das Wort *Verabredung* nicht zu eilfertig einsetzen in dem Sinne, als ginge es bei diesen Personen eindeutig darum, daß sie eine Art von Spielsituation bewußt als Spielsituation durchprobieren. Der Zwangscharakter all dessen, was sich hier abwickelt, die gewisse spiralene Logik, die aber unten auf einem Punkt aufstößt, der Sog des Stückes stellt sich natürlich nur dadurch her, daß die Figuren nicht frei sind, solche Verabredungen einzugehen oder zu lösen, sondern das, was von vornherein über ihnen als gesellschaftliches Geschick waltet, ist der Umstand, daß sie sich aus dem Rollenzwang nicht freimachen können, bzw. zwar gegen ihn rebellieren und ihn auch an bestimmten Punkten auf eine noch näher zu untersuchende Weise, wenn nicht durchstoßen, dann doch punktuell überschreiten (transzendieren), daß aber dieses Rollenverhalten alles andere ist als eine freizügige und freiwillige Spielverabredung. In welchem Verhältnis das zueinander tritt, müssen wir noch von Fall zu Fall herausfinden. [...]

Ritt über den Bodensee

Das Stück nimmt nun einen bestimmten Topos bürgerlichen Verständnisses beim Wort und untersucht ihn. Man kann also nicht von außen gesellschaftliche Kategorien anzitieren und auch analytisch auseinandernehmen, sondern man hat sich auf die Situation einzulassen und im Vollzug der Situation zu versuchen darzutun, welche Paradoxien, welche Widersprüche, welche Explosivstoffe darin versteckt sind. Theater ist benutzt als eine Kategorie, auch als eine Situation, die ein Teil unserer gesellschaftlichen Situation ist. Der diffuse Raum, der darin besteht, daß eine Theatersituation als eine gesamtgesellschaftliche Situation interpretiert wird, und umgekehrt, muß hergestellt werden von uns auf der Bühne. [...]

Peymann: Bei der Addition der Elemente, die von Handke in der Beschreibung des Bühnenbildes geliefert werden, assoziieren sich für mich bestimmte Theaterlandschaften verschiedener Art (Operette, Salonstücke, Starauftritte -Treppe-, Boulevard). Also durchaus uneinheitlich.

STURM: Wenn der Vorhang aufgeht, muß von vornherein klar sein, daß das passiert, was Botho Strauß mentales Theater nennt. Die Beobachtungsgabe des Publikums muß darauf gerichtet sein, daß hier in einem ganz grundsätzlichen Sinne Welt auftritt nur durch das Medium mentaler Prozesse in einer mentalen Landschaft, d. h. z. B., die gesellschaftlichen Zwangszusammenhänge werden vorgezeigt durch das Medium der psychologischen und der mentalen Ereignisse und nicht in ihrer unmittelbaren gesellschaftlichen Realität (etwa wie bei *Mutter*). Die mentalen Umstände werden sinnlich deutlich gemacht durch die Benutzung der Metapher Theater, nicht weil man ein Gerüst braucht, sondern weil das ein zentraler Turnort von Selbstinterpretation der bürgerlichen Gesellschaft ist. Das Bühnenbild muß mit Theaterelementen arbeiten und dartun, daß es um eine Theatersituation geht. Versatzstücke müssen so zusammengefügt werden, daß optisch klar wird: wir benutzen hier Theater als ein nützliches Instrument, gesellschaftliche Abhängigkeiten darzustellen, und zweitens ist das Instrument nützlich, weil es in den Gehirnen der Leute selber zur Beschreibung dieser Zusammenhänge ständig eine Rolle gespielt hat. Das Zitat Theater muß also eine gewisse Lässigkeit, Durchlässigkeit, Nonchalance haben, um zu zeigen, daß mit diesen Dingen hier operiert wird.

GANZ: Es sind Schauspieler in einem Theater, die spielen. Man muß keine andere Betätigung vortäuschen. Es sind Leute, die ihren eigenen Beruf und die eigene Tätigkeit reflektieren, und zwar nicht als Zeichen, sondern objektiv. Der objektiv reale Ort, an dem sich das abspielt, ist das Theater (die Schaubühne an dem Abend). Auf der anderen Seite gibt es aber auch den *Ort* von Stroheim, die Geschichte von Stroheim, Gesten usw., *die* Personen dieses Stückes, weil diese die Verabredungen der intakten Gesellschaft (Blüte des Bürgertums) besonders gut und deutlich darstellen können (bzw. konnten). Auch dieser Ort muß heranzitiert werden (historisch). Was nicht heißt, daß eine abgeschlossene Welt um 1930 gezeigt wird; außerdem verläßt das Spiel ja auch ständig diesen historischen Ort, damit bleibt dieser Ort nur zitathaft. George, Jannings, Stroheim usw. sind als Stars ihrer Zeit gesellschaftliche Exponenten, die am besten den Zustand transportieren, in dem sich die Gesellschaft da befindet.

STURM: Interessant an solchen *Figuren* ist das Zusammenfallen von starmäßiger Überhöhung der Figuren (wie sie die Kulturindustrie in bestimmten Etappen hervorgebracht und stimuliert hat) und auf der anderen Seite der reichen pseudoindividuellen Ausprägung der Figuren, die in dieser Art von anachronistischer Individualität im Theater ursprünglich entstehen und dann vom aufkommenden Film ins Gigantische transportiert werden, während das Kino heute und das Fernsehen in seiner absoluten Dominanz ja nichts mehr hervorbringen kann außer synthetischen Figuren. D. h. die Gesten und Haltungen haben sich so verselbständigt, daß sie sich zu keinem scheinhaften Individuum mehr zusammenschließen, wie etwa zu einem Star.

Die Frage, was kommt während des Spiels an Individualität der Figuren, an humanem, persönlichem Einsatz heraus, all das wäre im Medium eines modernen Stars im Bereich der modernen Kulturindustrie gar nicht in dieser Weise verhandelbar. Interessant ist, daß das Stück gerade an dieser Naht angesetzt ist. [...]

Fragt sich, wie möglicherweise die Zuschauer auf den Anfang reagieren. Auf dieses ausgebreitete Stimmungsbild mit allen seinen Merkwürdigkeiten (Licht, Musik), die Merkwürdigkeit der Figuren. Sie erwarten etwa einen späten Lorca (Gemütshöhe). Zuschauer stellt sich emotional ein, statt intellektuell. Das Stück fordert aber einen Zuschauer, der aufmerksam, kühl, rational, genau kontrollierend, klar interessiert, im Detail beobachtet, das scheinbar so dissoziiert Daherkommende zusammenzieht, auch assoziiert und Querverbindungen herstellt.

CLEVER sagt, daß sich die von Sturm eben beschriebene Betrachtungsweise beim Zuschauer schon einstellt, alles ist sehr ordentlich und man kann auch ordentliche Gedankenketten verfolgen, aber sie sieht die Gefahr, daß der Zuschauer alles weit wegrücken kann und in eine Kunstbetrachtung versinkt. Zuviel Distanz.

SANDER: Ins Bild muß man reingehen und sich was rausholen.

CLEVER meint, der Anfang des Stückes sei schon mit einer gewissen Distanz zu betrachten, aber im Verlauf des Stückes hat es immer mehr mit einem zu tun und rückt am Schluß wieder etwas weg.

STURM fragt: Wo ist die Schwelle, über die wir in das Stück einsteigen?

1. Historisch entrückte Theaterwelt (Ufawelt) oder

2. das von Peymann so benannte Traumspiel: poetisch-assoziativ verknüpfter psychischer Rapport oder

3. das Gegenwärtige des Stückes: minimale Situationen, unmittelbar auf unsere Gegenwart als Theatermachende und darüber hinaus als gesellschaftliche Wesen.

Soll man von einem kompletten Zitat der Theaterhistorie ausgehen oder soll man die merkwürdige und irritierende Poesie von Handke ernstnehmen und von da ausgehen

(CLEVER und GANZ äußern Mißtrauen)

oder kann der »Hokuspokus« ins 2. Glied gedrängt werden und können einfach 5 Schauspieler auftreten und miteinander und aneinander herumprobieren, also nicht eine Gipfelwelt zeigen, sondern einen mühsamen Aufstieg vom Nullpunkt, ein paar Meter hoch, um dann nicht nur die paar Meter, sondern weitere 6 km weiter runterzufallen?

LAMPE neigt immer mehr dazu, innerhalb der Guckkastenbühne einen historisch und gesellschaftlich fixierbaren Ort herzustellen. Keinen Bezug dazu zu haben findet sie gefährlich, weil Distanz und dadurch eine kritische Betrachtung nicht möglich ist. [...]

SANDER verweist auf den Lehrstückcharakter des Stückes (mediales Untersuchen der Gesten): Im offenen Raum könnten Gesten und Details wie in Großaufnahmen erscheinen. [...]

LAMPE hat Angst, daß, wenn das Publikum keinen konkreten Ausgangspunkt bekommt, auch keinen gesellschaftlich bedingten Ausgangspunkt, das Ganze noch abstrakter würde.

STURM stellt fest, es sei eine Frage des Plateaus, von dem man ausgeht. Auch wenn wir nur von uns ausgehen, meint er, sei die Welt von Jannings, Bergner usw. durch Spiel herzustellen.

Frage: ist das von Handke geforderte Bühnenbild eine Hilfe oder wird es übermächtig. Natürlich verlangt Handke eine Guckkastenbühne, in der er eine nostalgisch entrückte Poesie entfaltet. Soll man das so akzeptieren? Oder gibt es feingliedrigere Sachen, die uns unmittelbar betreffen, die in einer solchen Bühnenwelt erdrückt würden, schwer herauszupräparieren seien und im Verständnis des Publikums auf Barrieren stoßen würden. Also soll man den anderen Weg einschlagen und radikal von uns ausgehen, die Elemente, die im Dekor und in der »Großraumpoesie« der Sache versteckt sind, und die ganzen historischen Zitate herstellen im Spiel. Das ist ein grundsätzlicher

Widerspruch, eine politische Entscheidung, und hängt von der Haltung ab, die wir dem Stück entgegenbringen. [...]

Im folgenden Verlauf der Diskussion wird festgestellt, daß das Stück keine Perspektive nach vorne hat und die grundsätzliche Frage erwogen, ob nur Stücke mit einem deutlich erkennbaren Horizont nach vorne auf einer offenen Bühne (Beispiel *Mutter*) gespielt werden sollten. Die offene Bühne würde eine unbedingtere Identifizierung der Schauspieler fordern und weniger kritische Distanzierung dem Stoff gegenüber ermöglichen. [...]

PEYMANN: Für mich ist die Schwierigkeit, daß das Stück, indem es das Theater reflektiert, geradezu zwangsläufig einen hermetischen Raum braucht, als eine entscheidende Ausgangssituation des Theaters. Der Hinweis auf ganz bestimmte Phänomene bei einem selber kann nur dann funktionieren, wenn diese Ausgangsbasis total erhalten bleibt. Sowie die – durch irgendwelche Versuche herauszukommen – gestört wird, funktionieren die Kanäle des Stückes nicht mehr. Das Stück beschäftigt sich mit einem ganz bestimmten, genau definierten Grundbegriff von Theater; speziell mit diesem Fiktionsraum und mit dem Verhalten innerhalb dieses Fiktionsraumes. Alle übergreifenden Mechanismen sind nur aufgrund dieses Fiktionsraumes überhaupt erst möglich. [...]

STURM: Ich habe im Zuge der Lektüre geglaubt festzustellen, daß es möglich ist, all das, was Du (Peymann) eben beschrieben hast, beispielsweise diesen Reizraum, der Theater als Figur darstellt, zu erzeugen, nicht durch die Totale eines bühnenbildnerisch hergestellten Raumes, durch die Fiktion der vierten Wand, die im Stück eine große Rolle spielt, sondern daß dieser Raum in einer rein räumlich weniger hermetischen Weise hergestellt werden kann, mehr durch die Haltungen und die Beziehungen der Schauspieler untereinander, als durch Dekor. Ich habe nicht gemeint, die ganze Sache nach innen zu nehmen oder gar zu psychologisieren, was vollkommen falsch wäre, sondern es ist die Frage, ob man die Welt von Jannings und George architektonisch herstellen muß, oder ist diese nicht herstellbar als Zitat eines Schauspielers, der gehalten ist, über seine gesellschaftliche und private Situation nachzudenken?

G. LAMPE: Schlägt vor, den Vorschlag von Sturm an einigen Szenen auszuprobieren. Es wird nochmals festgestellt, daß das nur geht, wenn von allen ein Interesse an einem solchen Versuch besteht.

PEYMANN: Der von Handke vorgeschriebene Weg erscheint mir zeitgenössischer als der von Sturm umrissene. Ich finde das viel reicher und befruchtender, als so eine Art von Körpertheater zu entwickeln unter dem Ansatz von Wegschmeißen von Dekor und Requisiten. Die von Handke angegebenen Mittel sind bereits Bestandteil dieser ganzen Geschichte. Das Stück handelt vom Guckkasten, es fordert ihn, es handelt von Seitenbühnen und Tapetentüren. [...]

STURM: Ich kann überhaupt nicht verstehen, wieso man zur Darstellung des Guckkastens den Guckkasten braucht. Es ist klar, daß man den Guckkasten benutzen kann. Ich habe aber den Eindruck, daß Handke gerade den modischen Aspekt genau bedient. Es geht ihm nicht nur kritisch um die Darstellung des Guckkastens, sondern um die Bedienung desselben, aus dem er einen großen Teil seiner Wirkungen schöpft. Ich habe nicht den Eindruck, daß hier Guckkasten als Theaterhistorie zitiert wird, als hermetisch abgeschlossener Raum, der als hermetisch kritisiert wird, sondern daß zunächst einmal der Guckkasten und seine optimale ästhetische Ausstaffierung zu einer etwas diffusen Poesie ganz genau benutzt wird. Anders kann ich mir diese Totale in der Beschreibung am Anfang überhaupt nicht erklären, weil ich zur Herstellung des von Peymann beschriebenen Zitats diese Totale nicht brauche. Die Assoziationen an bestimmte Modereize in der bildenden Kunst oder der Kulturindustrie sind ungeheuer stark.

Die weitere Diskussion versucht anhand einzelner zentraler Szenen die Frage nach der Bewertung des Stückes (ist es nihilistisch oder kann man es positiv weisend wenden?) zu klären. Damit Hand in Hand wird nach der Einstellung zum Stück gefragt, bzw. der Stellung dem Stück gegenüber. Als positiv wird die kämpferische Haltung der Stückpersonen gewertet, ihre Unfähigkeit, immanent etwas zu ändern (nach dem Modell des Stückes), ergibt offenbar den Hinweis, die Grundlagen zu ändern. Es wird aber auch nicht die Andeutung einer Lösung gezeigt, die Lösung muß praktisch der Betrachter selbst aufsuchen, sie wird sich ihm nicht zwangsläufig aufdrängen.

STURM: Das Stück stellt keinen allgemeinen Untergang aus. Die gesamte Methode des Stückes beruht auf gesellschaftlichen Zerfallserscheinungen, die ganz eng ans Bürgertum gekoppelt sind. Ich meine, daß das, was da verhandelt wird, in einem ganz direkten Zusammenhang steht mit der Problematik der bürgerlichen Produktionsweise und ihren spätzeitigen Formen. Es wird z. B. das Abheben von Begriffen von dem, was sie einmal bedeuteten, gezeigt. Auch die Tatsache, daß menschliche Kommunikationsformen, die den Zweck haben, Kommunikation herzustellen, diese geradezu zerstören. [...]

Eine weitere Frage ist, wird der Ursachenzusammenhang dargestellt bzw. ist es überhaupt berechtigt, *jeder ästhetischen Expedition* die Totale des gesellschaftlichen Zusammenhangs abzuverlangen? [...] Wir können feststellen, daß hier bestimmte Ursachen weggelassen werden. Wir haben sogar den gesellschaftlichen Auftrag, das in unserem Spiel mitzuteilen, z. B. mit dem Horizont, in dem unsere Figuren angelegt werden. Wir müssen zeigen, daß wir z. B. nicht der Meinung sind, daß humaner Stoff in diesem Stück in seiner Vollständigkeit gezeigt wird. [...]

Es bleibt auch noch die Frage der Beziehung zum Publikum. Die Schwierigkeit auf dem Theater, auch nur annähernd gesellschaftliche Totalität darzustellen, macht auch die Schwierigkeit des Verkehrs mit dem Publikum aus. Wenn man davon ausgeht, daß es uns jeweils nur gelingen wird, Ausschnitte der gesellschaftlichen Totalität auf der Bühne darzustellen und daß diese Totalität für uns nur in etwas bestehen kann, was wir von immer neuen Seiten angehen, mit einem immer neuen, aber auf die gleiche Grundtendenz bezogenen Arsenal von Methoden, können *wir uns einen Überblick über diese Totalität nur im Zuge der Gesamtunternehmung an der Schaubühne verschaffen.*

Wenn wir uns nur die Stücke heraussuchen würden (historisch oder gegenwärtig), die möglichst große Spannweiten haben (im Ergreifen einer gesellschaftlichen Realität), würden wir selber ganz wichtige Momente dieser gesellschaftlichen Realität außer Acht lassen. Wenn wir uns z. B. auf Shakespeare einlassen, so bedeutet das, daß wir eine politische Sensibilität entwickelt haben müssen, auch im kleinen Detail, um so etwas wie den Bogen eines Shakespearestückes überhaupt fühlen zu können. Die Schwierigkeit ist, daß mit diesen verschiedenen Ansichten ein und derselben Gesellschaft natürlich auch das Publikum wechselt. D. h. die einzelnen Fraktionen unseres Publikums werden mit unterschiedlicher Intensität nur den einzelnen Blickwinkeln folgen können.

Damit sind wir in einem schwierigen Dilemma. Ist es also legitim, auf entscheidende Sektoren des gesellschaftlichen Zusammenhangs zu verzichten und gewissermaßen programmatisch nur bestimmte Dinge zu verhandeln, oder muß man nicht umgekehrt, selbst wenn man nur ganz dezidiert bestimmte Fraktionen des Publikums bedienen will, selber eine ganz bestimmte Vorstellung des gesellschaftlichen Zusammenhangs haben? Ist es nicht so, daß Unternehmungen wie der *Ritt* auch für die entschiedenen politischen Abteilungen dieses Theaters von Wichtigkeit sein werden? Dann aber nur über den Weg über uns selber und nicht über das Publikum.

PEYMANN sagt, wir selber seien in gewisser Weise auch repräsentativ für das Publikum. Wenn wir uns für einen Stoff interessierten, müsse das noch lange nicht Esoterik sein. Wahrscheinlich sei doch niemand imstande zu sagen, was das für ein Publikum sei, das mit unseren Interessen zur Deckung komme. Wir könnten uns ja nicht nur in Abhängigkeit zu einem bestimmten Teil des Publikums begeben. Das Interesse, welches wir selber empfänden, sei doch kommunizierbar. Natürlich könne man nicht einzig und allein die eigenen Interessenpunkte vertreten. (Protokoll: Lehmann)

Peter Handke: »Die Unvernünftigen sterben aus«. Regie: Peter Stein, 1974

Drei Jahre nach *Ritt* wird noch einmal ein Stück von Peter Handke an der Schaubühne gespielt: *Die Unvernünftigen sterben aus.* Handke bewegt sich damit auf die Wirklichkeit zu – und hält sich zugleich von ihr fern. In einer Gruppe von Unternehmern, Besitzern von Supermarkt-Ketten, ist Quitt der mächtigste. Aber sein erster Satz heißt: »Ich bin heute so traurig«, der Mann entdeckt sich als Subjekt und gibt seinen Stimmungen nach, träumend treibt er ab, überläßt sich dem Erlebnis kleinerer und größerer Verstörungen, Zusammenhänge zerfallen ihm in die Einzelheiten sachter Reizungen seines Gemüts und manchmal auch in die Sensationen monumentaler Gefühle. Der planende Boß wird ein Dichter, willkürlich setzt er sich über alle getroffenen Abmachungen hinweg, ruiniert die Geschäfte der Partner, der Zorn der anderen geht ihn schon nichts mehr an. Ein Unvernünftiger – doch die Bezeichnung Handkes für diesen Quitt meint das positiv: denn der Weg, den Quitt zu sich selber geht, führt aus der größeren Unvernünftigkeit des Systems, in dem er eine Schlüsselrolle gespielt hatte, ja heraus. Quitt sieht am Ende allerdings, daß das auch kein Weg ist, an einem Felsen rennt er sich den Schädel ein. Die Trauer, die

Die Unvernünftigen sterben aus, Bühne: Klaus Weiffenbach

in vielen Szenen spürbar ist, Handkes Trauer, gilt einem unvernünftig
Vernünftigen, einer Art von Vernunft jedenfalls, für die kein Platz ist.

   Peter Steins Aufführung konnte nicht ganz so ablaufen wie sie geplant war. Stein hatte für einzelne Passagen des Stücks die Bühne
gegen den Zuschauerraum mit einer teils durchsichtigen, teils verspie-
gelten Glaswand verschließen wollen; die Stimmen der Schauspieler
sollten dann durch Mikrophone verstärkt werden. Mit der dafür notwendigen technischen Apparatur gab es jedoch so viele Schwierigkeiten, daß Stein sich entschied, auf die Verglasung zu verzichten. – Die
Inszenierung, die dann herauskommt, versucht, den poetischen Ausdruck der Figuren in realistischen Situationen abzusichern. Indem sie

die Realität erst einmal darstellt, die Quitt dann mehr und mehr verläßt, wirkt die Aufführung Steins besser gegründet als die vorausgegangenen. Anläßlich der Uraufführung am Zürcher Neumarkt-Theater hatte Horst Zankl den Personen jede soziale Kennzeichnung verweigert. Auch Rainer Werner Fassbinder hatte das Stück, in seiner Frankfurter Inszenierung, eher noch weiter entrückt: Zwischen sandigen Hügeln, die auf der Bühne aufgeschüttet waren, bewegten sich schön-gemachte, junge Schauspieler wie in melancholischen Erinnerungen an eine Welt, die es schon nicht mehr gibt; schöne, junge Löwen, denen sonderbare Sätze aus den Mündern fließen. Peter Handke nannte diese Deutung Fassbinders »eine Entfernung von meinem Stück«. In Berlin erlebt er von Stein das Gegenteil, Handke: »Das war die bisher entschiedenste Annäherung.« Stein entdeckt in dem Stück auch noch eine Geschichte, die in den anderen Aufführungen gar nicht zu sehen war: Aus den Beziehungen Quitts zu seiner Frau (Angela Winkler) und zu einer konkurrierenden Unternehmerin (Sabine Andreas) entwickelt er das Dramolett zweier Liebesgeschichten, die sich flüchtig kreuzen.

Henrik Ibsen: »Peer Gynt I + II«.
Regie: Peter Stein, 1971

Eine Aufführung zum Schauen. Und eine Aufführung zum Denken. Sie zeigt und ist: Ein Stück Leben. – Zwei Abende, sieben Stunden, dauert das Leben Peer Gynts an der Schaubühne. Am Ende dieser enormen Unternehmung, die einen neuen Begriff davon gibt, was das sein kann: Theater, hat man so sehr sich weggelebt in die Bilder der Aufführung, daß deren Zeitmaß fast als das eigene erlebbar wird. Wann war das, daß Peer noch ein Junge war, der seiner Mutter vorfabulierte von dem wilden Ritt auf dem Rentier im Gebirge? Und raubte er dann nicht irgendwann auch eine Braut, war bei den Trolls, in Afrika und in Ägypten, turtelte er nicht mit einer arabischen Schönen, verlor ein Schiff, und wäre er nicht einmal fast ertrunken? Wenn er zurückkommt, zu Solveig, die auf ihn gewartet hat – und dabei ist ihr Leben vergangen, aber nun wird sie ihn erlösen –, sagt die blinde, alte Frau: Peer, du warst lange weg. Lange? Die eigene Erfahrung, das ausgedehnte Erlebnis der Aufführung, bestätigt diese Zeitbestimmung und erweist sie als wahr.

Der erste Abend zeigt den jungen Peer, wie er das Mädchen Solveig trifft, eine Braut entführt, in die Berge flüchtet, fast ein Troll wird, und dann vom Totenbett der Mutter aufbricht in die Welt, um nach sich selber zu suchen; in den vier Bildern des zweiten Teils sieht man Peer in der Fremde und seine Rückkehr ins Gudbrandstal. Die letzte Szene des Stücks, Peer Gynt in den Armen von Solveig, ans Ziel gekommen, geborgen, errettet, ist an der Schaubühne ein Bild von großer Zärtlichkeit und Beruhigung. Aber Peter Stein zeigt: Es ist auch ein Kitsch-Bild, eine Lüge. Zwei monomanische Naturen, die eine (Peer) besessen von Bewegung, die andere (Solveig) erstarrt in ihrem

Warten, tun so, als sei nichts gewesen. Es ist einer der stärksten Augenblicke der Inszenierung, wenn Stein die Illusion des Versöhnungsbildes wegwischt: Plötzlich tauchen viele Männer auf in der Landschaft, in die Karl-Ernst Herrmann den Raum verwandelt hat, sie ersteigen den Hügel von Peer und Solveig, reißen den Peer weg, schleppen ihn zu Tal, dann auch Solveig; unten schmeißen sie den Körper Peers der wie leblos auf einen Stuhl postierten Solveig über die Knie, von oben kommt der Lärm, mit dem die Hütte zertrümmert wird, die Peer dem Mädchen gebaut hatte, ehe er fortging, die Landschaft überzieht sich mit Unruhe, ein Fotograf richtet seinen Apparat auf die verknäuelten Leiber der beiden Alten, die wie Requisiten aus ihrer Idylle weggezerrt wurden, ein greller Fotoblitz und das lange Lebensspiel ist zu Ende.

Man kann die Aufführung von diesem Schlußbild her interpretieren, in dem die vielen Bewegungen des Stücks zu einem leblosen Foto zusammenschießen: So ist auch Peers Geschichte, durchsetzt von den Traum- und Wunschbildern des 19. Jahrhunderts, eine Geschichte phantastischer Bewegungen, die den, der sie vollführt, nicht verändern, sondern immer nur wieder zurückbringen auf sein (statisches) Selbst. Das ist der bourgeoisie-kritische Impuls der Inszenierung: In ausholenden Gebärden erschließt sich einer die Welt – und bleibt sich immer gleich. Die Männer, von denen Stein die Idylle der Rückkehr zu Solveig zerstören läßt, kommen aus einer neuen Zeit. Aber die Eingriffe, mit denen sie brutal eine andere Ordnung schaffen, sind von den Gebärden des jungen Peer gar nicht so weit: Noch darin, wie er hier verdrängt und zum Requisit wird, setzt er (und setzt bürgerlicher Geist) sich nur unter anderen Vorzeichen fort. Die Ideologie-Kritik, die die Aufführung derart verfolgt, ist freilich immer die Konsequenz der Erzählweise, deren sie sich bedient. Erzählt wird eine alte, lange Geschichte, zusammengesetzt aus Roman und Romanze, Gedicht, Drama, Posse und Parodie. Die Geschichte von Peer, den seine Phantasie antreibt und ablenkt, der loszieht in die Welt, sich verrennt, sich festbeißt, seine Kraft verbraucht. Dann tritt ein neuer Schauspieler in die Rolle ein, achtmal wechseln die Darsteller des Peer, Bruno Ganz, in einem großen Solo, faßt diese verschiedenen Ausbildungen der einen Figur schließlich zusammen. Er vollzieht die Retrospektive Peers auf das Leben, spielt den Jammer und die Lust des Vergangenen, Schale um Schale reißt er von einer Zwiebel weg, krallt die Finger in die Frucht, um den Kern zu finden. Aber da sind nur Hüllen. So war Peers Leben – nur ein Wechseln der Kostüme und Umgebungen. All die verschleuderte Kraft, diese Aufbrüche und Anstrengungen, der ganze Aufwand dieser Existenz – das verlief sich alles ins Leere.

Das wird gezeigt. Und indem die Aufführung selber die Kräfte, die sie mobilisiert, nur einsetzt, um dieses Umsonst der Mühen Peers, das Unproduktive seiner Produktivität vorzuführen, teilt sie selbst und verdeutlicht sie als Aufführung das Schicksal ihres Helden. So, wie gefragt werden könnte, warum und zu welchem Ziel diese Theaterunternehmung ins Werk gesetzt wurde, fragt auch Peer danach, wozu er sein Leben verbraucht hat. Das heißt: Die kritische Leistung der Aufführung ist die ihrer Authentizität. Die theatralische Entfaltung der Geschichte Peers erhellt ihren eigenen und den Sinn des Stücks nur in den Formen, die sie ausbildet. Die Formen kritisieren sich im Vorgang ihrer scheinbar unkritischen Entwicklung. Die Auskunft, die die Aufführung gibt, ist sie selber.

Es ist eine Aufführung, die eine große Erinnerungsmasse lebendig macht: Karl May und Kinderträume von Seefahrten und Entdeckungen in fernen Ländern, Reisen über Land und Meer, in die Fremde gehen, um sein Glück zu machen, ein Mann werden und berühmt, Liebe finden und reich sein und dann zurückkommen, den Wind der Ferne noch im Haar – man erfährt hier wieder, was früh auf unser Leben eingewirkt und es lange motiviert hat. In märchenhaften Szenen tritt das vor Augen, mit einer der schönsten beginnt der zweite Teil. Da hat sich die graue norwegische Landschaft des ersten Abends (dessen Szenen anfangs noch einmal in konzentrierten Abbreviaturen, »Trailern«, nachgespielt werden) in eine gelbe Wüste verändert. Wir sind in Nordafrika und am Meer, vor der Küste liegt ein Schiff wie aus einem Bilderbuch, unter einem weißen Baldachin tafelt der elegante Peer, dessen Selbstsucht ihre Naivität verloren hat, wodurch er nun reich geworden ist und nobel tun kann, mit Bekanntschaften, die ihn gleich betrügen und wieder arm machen werden. Sie stehlen ihm das schöne Schiff, man sieht es sich entfernen, aber Peers Flüche lassen die Jacht explodieren, eine Stichflamme, das Schiff versinkt.

Das ist, wie später die Szenen mit den Arabermädchen und vor den ägyptischen Pyramiden, wenn Mondlicht die Landschaft nostalgisch beglänzt, mit soviel technischer Phantasie und Virtuosität verwirklicht, mit soviel Lust an den Illusionskräften der Bühne, daß man

Peer Gynt, Heinrich Giskes, der junge Peer mit den Bauern im Gudbrandstal

denken kann, es werde einem hier wieder das Staunen des Kindes beigebracht. Ein Berg tut sich auf, und da ist die Höhle der Trolls, eine Sphinx klappt riesengroß aus dem Boden hoch, Affen tummeln sich in den Bäumen, ein Löwe ist da, und auf einem herrlichen Schimmel reitet Peer Gynt über Land. Stein und seine Kostümbildner Moidele Bickel, Susanne Raschig und Joachim Herzog schwelgen in Einzelheiten, produzieren eine Pracht – »die Augen gehen dir über«.

Peter Stein hat mit Botho Strauß eine Textfassung hergestellt, die für die stilistisch disparaten Teile des Stücks zwischen knappen Dialogformen, gereimten Einschüben und rhythmisch strukturierten Monologen wechselt. (Die Textpassagen in Reim und Vers stammen von Christian Morgenstern, eine Rohübersetzung diente der Überprüfung der Prosafassung Georg Schulte-Frohlindes, von der nur wenige Stellen ohne Veränderung benutzt werden.) Die Aufführung ist bis in

119

äußerste Randfiguren mit ersten Schauspielern besetzt, Stein hat sie auf eine Genauigkeit gebracht, wie sie seit Kortners Tod am deutschen Theater nicht zu sehen war. Die Dimension des in Landschaften sich verwandelnden Spielraums fordert den Bewegungen der Inszenierung ein Zeitmaß ab, das sie im ersten Teil gelegentlich verfehlt. Der Raum ist Bühne und hat doch, bei aller Künstlichkeit, einen Realitätsgrad, der nicht mehr der einer Bühne ist. Das bleibt für die Struktur des Zeitablaufs nicht ohne Folgen: Bühnenzeit muß in Realzeit umschlagen. Im zweiten Teil ist eine Differenz tatsächlich kaum noch zu spüren. Wie Stein die Tempi wechselt, Spannungen erzeugt und auffängt, der Übermut und das Formbewußtsein, mit denen er Gruppen zusammenfügt, die Bühne gliedert und die (oft simultanen) Vorgänge organisiert – man versteht da auch, womit dieser Regisseur das Ensemble trotz aller Beengung und der technischen und ökonomischen Widrigkeiten des Hauses am Halleschen Ufer zusammenhält.

Die Vorarbeiten hatten viele Monate in Anspruch genommen. Eine erste Diskussion (in Großgoltern) fand mehr als ein Jahr vor der Premiere statt. Die folgenden Ausschnitte aus den Arbeitsprotokollen, von der Schaubühne selbst in einer Dokumentation der Aufführung 1971 veröffentlicht, gliedern die Erörterung des Stoffs in Untersuchungen einzelner Topoi.

Aus den Protokollen zu »Peer Gynt«

Wer ist Peer?

Zunächst erschien die Titelfigur untersuchenswert als eine Art »kleinbürgerlicher Faust«, auf dem Wege einer Identitätssuche, welche als Nostalgie, als bürgerliche Sehnsucht, vorvergangene geschichtliche Glanzzeiten (Peer Gynt will Kaiser werden) wiederherzustellen, auftritt. Die Dynamik der Peer-Gynt-Figur kennzeichnet ein fortwährender Wechsel von enthusiastischem Aufschwung und prompt darauf erfolgendem Niederfall. Oft kann man zunächst nicht genau ausmachen, ob Peer Gynt träumt oder von tatsächlichen Erlebnissen berichtet. Die Figur entwirft sich in einem zutiefst anachronistischen Handeln und Denken: der Kleinbürger, welcher das Verhalten des erfolgreichen Kapitalbürgers nachäfft und dabei unweigerlich falliert.

Trivialkultur

Das Stück bringt, von Ibsen bewußt eingesetzt, eine Fülle von parodistischen Klischee- und Kolportage-Elementen hervor (in diesem Zusammenhang wurde eine intensive Beschäftigung mit den Werken Karl Mays angeregt). Es wurde versucht, in »Peer Gynt« eine frühe historische Form von Trivialkultur zu beschreiben, die zum Ausgangspunkt eines ideologischen Umgangs mit dem Stoff dienen könnte.

Sprache und Bilder

Es wurde dann auf den besonderen ästhetischen Reiz und gleichzeitig auch die Schwierigkeit der großen Monologe mit ihrer z. T. überbordenden Bildersprache hingewiesen. Kurz wurde auf die verhältnismäßig großen bühnentechnischen Probleme eingegangen, die das Stück aufgibt. Zum Schluß der Debatte über das Stück konnte eine einstimmige Meinung darüber festgestellt werden, daß dieses Projekt in der Schaubühne realisiert werden sollte. [...] Michael König beginnt die Debatte, indem er erklärt, er verstünde nicht, weshalb man das Stück spielen wolle. Stein sieht in »Peer Gynt« ein Dokument über das kritische Selbstverständnis des Kleinbürgertums im 19. Jahrhundert. Darüber hinaus sei das Stück bunt und reich, balladenhaft.

Selbstverständnis

Eine genaue Untersuchung des Stückes würde einen Themenkatalog politischer Zusammenhänge zutage fördern (z. B. gedanklich-ideologischer Art, expansiver Imperialismus). Anhand von »Peer Gynt« könnten wir versuchen, ein historisches Selbstverständnis unserer eigenen bürgerlichen Herkunft zu entwickeln. Im Zwiebelbild z. B. zeige sich eine bürgerliche Grundhaltung: Suche nach der Identität, permanente Selbstkastration, Rückkehr in den Mutterleib als Wunschvorstellung. Bei den Vorbereitungen der Produktion müsse arbeitsteilig vorgegangen werden, da man um die Erarbeitung der Geschichte des Bürgertums nicht herumkäme, diese Arbeitsleistung aber so groß sei, daß nicht alle am selben Punkt beginnen könnten. Man müsse den Wissensvorsprung einiger »benutzen«.

Kaiser und Statist

Edith Clever fragt nach dem Unterschied zwischen Bürger- und Kleinbürgertum. Darauf Dieter Sturm: »Der entscheidende Punkt ist, daß

Peer Gynt, sehr verallgemeinert ausgesprochen, einer Schicht angehört, die sozusagen alle realen und ideologischen Unternehmungen und Expeditionen des Bürgertums mitmacht. Er hat an den philosophischen Aufschwüngen teil und an den ökonomischen Unternehmungen, wie dem Kolonialismus-Projekt und anderen. Aber es ist im Grunde gar nicht seine Sache, die da verhandelt wird. Er steigt in alle diese Geschichten immer mit ein, mit einer ungeheuren Emphase und mit der Vorstellung, daß er entweder das ganz große Geld macht oder Kaiser von Abessinien wird usw., und in diesen Unternehmungen säuft er irgendwo ab, als Statist der ganzen Angelegenheit. Als soziale Wesenheit steckt im ›Peer Gynt‹, daß eine Schicht repräsentiert wird, die bei den großbürgerlichen Unternehmungen verheizt wird, die eingeladen wird, die als Material benutzt wird, als Schubkraft, um die Sache voranzutreiben, aber letztlich immer verheizt wird. Seelischer Aufschwung, materielle Anstrengung, die Sache mitzumachen, um dann bestenfalls mit nullkommanull Pfennig abzuschließen. Das nicht so weit von der jüngsten Vergangenheit entfernt, in der jeder Metzgermeister Faust war und jeder Gemüsekrämer als Zarathustra in den Krieg zog, das ist nicht bloß eine Spintisiererei von Peer Gynt. Gleichzeitig, und das wird in der Beziehung zur Trollwelt ausgedrückt, ist es gar nichts Originäres, und je origineller er sich gibt, desto abgezogener ist es, einschließlich des Zurückkriechens in den Mutterschoß, nachdem er rundum bankrott gemacht hat.«

Ibsen, Kleinbürger-Kritik

Stein erklärt, Peer Gynt entstamme eben nicht den Metropolen, seine Vitalität – die des Kleinbürgers, der nach oben drängt – sei die Schubkraft des Kapitalismus. Zur Zeit der Entstehung des Stückes sei die heroische Epoche des Bürgertums bereits abgetan gewesen. Sturm meint, daß bei wiederholter Beschäftigung mit dem Stück dessen Substanz ganz an der Oberfläche läge und szenisch außerordentlich konkret verhandelt würde: »Es ist keineswegs so, daß wir hinterher mit einer Prophetie ex post eine Interpretation erarbeiten, die dem Ibsen halb unbewußt unterlaufen ist, dem Ibsen, der gewissermaßen selber Teilhaber der bürgerlichen Ideologie war. Es ist so, daß das Niveau, auf dem wir diskutieren, das Niveau von Ibsen selber ist. Ibsen hat in den Trollszenen weitgehend in einer quasi-allegorischen Gestalt die Welt dieses etwas zurückgebliebenen ländlichen und geographisch und sozial peripheren Kleinbürgertums in Norwegen porträtiert, und er hat das so zitiert, daß er den Bergtrollen ständig Zitate aus der kleinbürgerlich-chauvinistischen Presse Norwegens in den Mund gelegt hat. Die Trolle sprechen weitgehend eine Sprache, die sich aus dem Jargon der chauvinistischen Provinzpresse, also etwa des ›Bayernkuriers‹ zusammensetzt. Das ist keineswegs eine versteckte, feinsinnige Andeutung, sondern ganz massiv die Sprache des Stückes. Da das Stück szenisch ganz offen ist, sind wir aufgefordert, alle diese Dinge szenisch konkret umzusetzen. Das ist eine der großen Qualitäten des Stückes.«

Gartenzwerge
Werner Rehm fragt, was es zu bedeuten habe, wenn im Großgoltern-Protokoll davon gesprochen werde, daß in der Darstellung der Trollwelt an »großangelegte, phantastische und farbige Kostümbilder zu denken sei«? Moidele Bickel antwortet, daß auch die Abseiten des Kleinbürgertums prächtig, sinnlich anregend gezeigt werden sollten. Dazu Sturm: »Das Problem dabei ist, daß ein großer Teil des szenischen Stoffes im Stück dadurch gewonnen wird, daß nicht nur die reale historische und soziale Bewegung des Bürgertums durch Peer Gynt mitvollzogen wird, sondern gleichzeitig in einer kleinbürgerlichen Verformung die Ideologie des Bürgertums. Das heißt, die Trolle sind dadurch farbenprächtig und kitschig, daß sie nicht die Porträts norwegischer Kleinbürger sind, sondern die Kitschfigurationen davon, die Gartenzwerge. Es ist der ganze Bildersaal bürgerlichen Kitsches, genau wie Peer Gynt einen Bildersaal von Gemütskitsch mit sich herumschleppt. Das materialisiert sich in den Trollen. Man muß die Mächtigkeit, die die Trollwelt für Peer Gynt hat, erst einmal szenisch zeigen, um sie dann kritisieren zu können. Wenn man das auf platt kabarettistische Weise von vornherein lächerlich macht, verfehlt man den Aggressionspunkt des Stückes. Die Kurve, die das Stück beschreibt, muß szenisch mitvollzogen werden. Wenn man das Punkt für Punkt im Moment des Entstehens denunziert, kommt nichts zustande. Dann hat man nichts dargestellt, dann kommt dieser berühmte Effekt des bürgerlichen Kabaretts zustande, daß die Leute unten sitzen, brüllend vor Lachen, ohne zu merken, daß sie es selber sind, die da oben dargestellt werden.«

Das neunzehnte Jahrhundert

Wie soll man sich überhaupt dem »Peer Gynt« nähern? Es ist bei diesem Stück so, daß einem um so mehr einfällt, desto besser man das 19. Jahrhundert kennt, und zwar wie einen Großvater, in dem man sich bis zu einem gewissen Grade wiedererkennt, dem man aber doch insgesamt fremd gegenübersteht. Es wird nicht genügen, das 19. Jahrhundert nach den Fakten zu kennen, die man für eine marxistische Analyse braucht, sondern es wird einem mehr einfallen, wenn man die ganze Oberfläche, den ganzen Reichtum an Widersprüchlichkeit, den das 19. Jahrhundert hervorgebracht hat, untersucht; Sachen, die wir heute als Kitsch bezeichnen würden; Verschränkungen von Traditionen, die praktisch noch unmittelbar aus dem Barock kommen, mit den ungeheuer aufstrebenden Wissenschaften und der Technologie; die Verschränkung von dem, was sich als Stadtkultur und Landkultur bezeichnet; das Konglomerat von kolonialen Vorstellungen und Phantasien in Mitteleuropa. Es ist notwendig, daß wir, außer politisch-ökonomischen Werken über diese Zeit, z. B. die im 19. Jahrhundert groß aufkommende Reiseliteratur oder Literatur, die sich mit den Problemen der Bergwelt und ihrer Menschen beschäftigt, dann auch teilweise die utopische Literatur, benutzen. Je höher der Umsetzungsgrad im Zusammenhang mit Literatur ist, desto besser sind eine Reihe von Sachen zu kapieren (z. B. der IV. Akt, der in Afrika spielt). Man muß Orientalenromantik kennenlernen, um die Dimension und die Art der Verarbeitung von so was im Stück zu begreifen. Die Bilderwelt des 19. Jahrhunderts muß ebenfalls aufgenommen werden, bewußter, als wir es bisher getan haben. Ein wichtiger Teilbereich ist dabei die Phantastik des 19. Jahrhunderts, die sehr merkwürdig ist. Es fängt schon im 18. Jahrhundert mit Füssli an und setzt sich bis zu Wilhelm Busch fort, bzw. den frühen Comics um 1880. Diese Erscheinungen haben meiner Meinung nach viel mit der Phantastik Ibsens zu tun, der nie vergißt, in dieser Phantastik einen realistischen Zug zu lassen. Wir sollten alle Sachen weglassen, die aus den großbürgerlichen Salons kommen. Wir sollten den Versuch der Umformung und Häuslichmachung von technischen Gegenständen beobachten, die technologische Entwicklung überhaupt. Also: wie wird eine Brücke gebaut oder andere Eisenkonstruktionen (z. B. der Eiffelturm); wieweit werden die technischen Notwendigkeiten berücksichtigt und wieweit werden sie überbedient in bestimmten ornamentalen Zusammenhängen. Bei Peer ist das genauso, der durchaus zu ungeheurer Rationalität fähig ist, was dann aber immer einen Schritt weiter geht. Er kann selbstverständlich, so steht das im Stück, große Geschäfte machen, geht aber einen Schritt weiter und will Kaiser werden, was völlig irrational ist. Prompt geht die Sache dann schief. Dann natürlich Illustrationen zur Reiseliteratur, vor allen Dingen Jugendbücher, Stahlstiche und Farbdrucke, an denen man sieht, wie man den Kindern oder den sogenannten niederen Bevölkerungsschichten diese Gegenstände nahegebracht hat. Andere Teilbereiche sind Orientalik, Yankeetum, Technik und Bildwelt der Laterna Magica.

Das Bühnenbild

Wir werden ein sehr kompliziertes Bühnenbild bekommen müssen, von der Anordnung her, und das Bühnenbild muß fertig sein, bevor wir anfangen. Dabei werden schon wichtige Vorentscheidungen fallen. In der Anordnung sollten wir es möglich machen, die große Reise von Peer Gynt einmal durch das ganze Theater zu vollziehen, dabei die Möglichkeit erhalten, bestimmte Plätze, z. B. die Hütte, immer präsent zu halten. Beim Untergang der Jacht muß es z. B. knallen und plätschern usw., weil man sonst nichts lustig und deutlich klarmachen kann. Mir scheint eine gewisse Naivität beim Umsetzen der Bilder sehr wichtig zu sein. In eine solche Inszenierung sollte die Phantastik der Bühnenmechanik eingebracht werden und auch die damit verbundene Widersprüchlichkeit einer Bühnenmechanik, die nie alle Ansprüche befriedigt.

Halluzination

Inwieweit im Stück Kleinbürgerideologie und ihre sinnliche Erscheinungsweise abgehandelt wird, soll nach der Kenntnisnahme der Definition des Kleinbürgers von Marx/Engels geklärt werden. Die Kennzeichnung der Peer-Gynt-Figur: sie befinde sich in einem »fortwährenden Wechsel von enthusiastischem Aufschwung und prompt darauf erfolgenden Niederfall«, hat sich bestätigt. Die enthusiastischen Aufschwünge, die in Form von Träumen, Tagträumen oder Halluzinationen erfolgen, gehen immer von Rückerinnerungen an die Kindheit aus (mit Ausnahme des 4. Aktes, der ohnehin eine Sonderstellung

Folgende Seiten: *Peer Gynt*, ein Yankee in der Wüste, ein Schiff geht unter

einnimmt, wo sich ein Tagtraum von Gyntiana nicht an der Vergangenheit festmacht, sondern an einem naturwissenschaftlich erforschten Spiegelphänomen – einer Fata Morgana – sich entwickelt. Dieser Unterschied ist wichtig. Im 4. Akt ist Peer Gynt der absolute Yankee, was nur mit einer bestimmten Rationalität durchzuführen ist, und prompt ist der Anlaß für seinen Tagtraum nicht die Rückbesinnung, sondern eine Luftspiegelung); diese Aufschwünge haben immer zur Folge, daß Peer in eine unangenehme Situation gerät (stößt sich den Kopf, wird verhauen, fällt in den Dreck, wird ohnmächtig usw.).

Gynt und Ubu

Das ganze Stück ist im Grunde ein einziger großer Monolog von Peer; es ist eigentlich kein Drama, was sich aber für uns nicht als schwieriges Problem stellen sollte, weil wir verschiedene Methoden der szenischen Darstellung zur Verfügung haben, die in diesem Stück antizipiert worden sind. Darauf muß man nochmals im Zusammenhang mit Äußerungen von Alfred Jarry zu Peer Gynt eingehen. Jarry hat gesagt, daß »Peer Gynt« für sein Empfinden das interessanteste Stück des 19. Jahrhunderts überhaupt sei. Er hat selbst in einer Aufführung einen Troll gespielt. Diese Trollgeschichten haben den »König Ubu« beeinflußt. Das Stück hat eine ähnliche Bauweise, auch große monologische Passagen. Es ist interessanter, die Verbindung von »Peer Gynt« zu »König Ubu« zu sehen, als z. B. den Zusammenhang mit »Faust«.

Troll-Ideologie

Die in der Trollwelt vertretene Ideologie ist, daß alles Beschissene, was einen umgibt, als eine großartige Angelegenheit anzusehen ist. Danach ist jede Art von Betrachtung eine Frage der Sehweise, der Anschauung. Peer entwickelt im Widerstand gegen die Verlockungen, die diesen Trollgedanken innewohnen (wenn man das, was schlecht ist, schön findet, kann man am Ort bleiben, heiraten usw.) große Energien. Er bringt es, vor allem wegen seiner Jugend, nicht fertig, diese Selbstbescheidung vorzunehmen und damit seinen großen Traum aufzugeben. Man wird das genauer betrachten können, wenn man zur Interpretation der Devisen (»sich selbst sein« und »sich selbst genug sein«) kommt. Peer meint, eine Devise zu verwirklichen, nämlich, »sich selbst zu sein«; er meint nicht, er sei »sich selbst genug«.

Am Ende wird ihm aber vom Knopfgießer bedeutet, »sich selbst sein« heißt in Wahrheit, sein eigenes Selbst zu töten, sich also altruistisch zu verhalten. Das hat Peer aber das ganze Stück über nirgendwo gemacht. Er hat immer nur sich selbst gelebt, was letztlich auch nur heißt: sich selbst genug sein. Eine genaue Interpretation soll vorerst nicht gemacht werden, damit der Spaß des Schritt-für-Schritt-Erkennens erhalten bleibt.

John Wayne

»In die Wäsche streichen« bedeutet, eine Unterhose (schmutzig) mit einem ganzen Haufen anderer schmutziger Wäsche in einen Waschtrog hineinzuwischen (streichen). Die Formulierung stammt von Schulte-Frohlinde und ist genommen worden, weil sie etwas von einem John-Wayne-Dialog hat. Der ganze 5. Akt ist von der Vorstellung eines alternden, zurückkehrenden Westernhelden her entwickelt worden; Peer Gynt: kein Colt mehr, keine Frauen mehr, kein Land mehr, aber lauter Greise und Besoffenheit usw. Die Heimatbeschreibung müßte so sein wie ein großer Panorama-Schwenk.

Morgenstern

Tilo Prückner befürchtet, daß durch die Morgenstern-Texte eine Ironisierung von vornherein gegeben ist. Stein bestätigt, daß auf weite Strecken diese Ironisierung schon gesehen worden sei. Im allgemeinen seien Stellen von Morgenstern genommen worden, die diese ironische Distanzierung haben sollten (z. B. in den Gesprächen mit Eberkopf, Ballon und Cotton). Ansonsten ist versucht worden, die Morgenstern-Texte dort einzusetzen, wo sie dem Ganzen eine formale Festigung geben konnten, durchaus eine Steigerung, z. B. in der ersten Erzählung von Peer (Akt 1, Szene 1). Stein findet Morgenstern an vielen Stellen durchaus nicht ironisch, die fremde Fügung von Sprache ergebe für uns die Möglichkeit, einzelne Begriffe und Bezeichnungswörter genauer zu setzen, Tricks, mit denen man einer Geschichte Faszination verleihen könne. Dennoch müssen die Ironie und Witzeffekte bei der Arbeit genau beobachtet werden. Im 4. Akt ist Ironisierung (durch Verwendung von Morgenstern-Texten) ganz stark beabsichtigt.

Bei der Verwendung von Morgenstern-Texten ist davon ausgegangen worden, daß man diese ohne weiteres verstehen muß, sollten

Schwierigkeiten beim Verständnis entstehen, so muß die entsprechende Stelle sofort umgedichtet werden.

Aase und die Widersprüche

Stein/Strauß waren der Meinung, daß Aase die gesamten Eigenschaften von Peer in sich selber hat. Es gibt nichts, was Peer betreibt, das nicht von der Mutter initiiert wäre. Die Aase hat offenbar keine Probleme mit der von Peer schmerzhaft empfundenen Widersprüchlichkeit. Bei ihr liegen die einzelnen Teile dieses Widerspruchs nebeneinander, völlig problemlos. Das drückt sich in einander völlig widersprechenden Handlungen und Äußerungen aus. Andererseits ist es aber so, daß Aase arbeiten kann und kräftiger konstituiert ist als Peer. Sie ist eine Art Antrieb für Peer. An Hand dieser Figur kann man herausbekommen, woher Peer Gynt physisch seine Kraft bezieht, um auch die heikelsten Überbaublockierungen zu überwinden.

Solveig und der Pietismus

Im »Peer Gynt« ist die Darstellung des Pietismus ein bißchen denunziatorisch. Doch das pietistisch erzogene Mädchen Solveig auf eine Kitschpostkartenfigur zu reduzieren, wäre sicher ganz falsch. Nach der Reformation stellten die Pietisten eine bestimmte reaktionäre Tendenz des Protestantismus dar. Andererseits war der Pietismus im aufkommenden Frühkapitalismus eine kleinbürgerliche Widerstandsbewegung. Es fallen dabei Innerlichkeitskategorien und frühsozialistische Bestrebungen zusammen. Den Pietismus schlicht als reaktionär zu bezeichnen, stößt auf die Schwierigkeit, daß der Vorschlag von Alternativen gesellschaftlicher Organisationsformen in der Geschichte der Menschheit jahrtausendelang immer im Gewand des Alten gemacht worden ist. Wenn man z. B. die Vorstellungen von der christlichen Urgemeinschaft nur als Regression beschreibt, kann man den ganzen Frühsozialismus verabschieden, denn dieser hat die christliche Urgemeinschaft als gedankliches Modell, bzw. als Leerformel, in die er seine konkreten Vorstellungen des menschlichen Zusammenlebens einfließen ließ, benutzt. Das Entscheidende ist, daß Solveig Peer eine Möglichkeit anbietet, sich selber aus allen bestehenden Konflikten zu eskamotieren. Sie sollte eine gewisse Aura von innerer Abgeschlossenheit haben. Solveig heißt Sonnenweg. Solveig sollte nicht doof sein in der Hägstad-Szene, sondern man sollte sehen, daß sie sehr wohl begreift, was Peer von ihr will, ihn aber aus fester innerer Überzeugung zurecht- und abweist.

Ingrid und der Reichtum

Im 3. Akt wird von Aase gesagt: Ingrid ist wohlbehalten zurückgekommen. Innerhalb der Konzeption, die Ibsen für den Peer gefunden hat, haben Stein/Strauß es immer für unmöglich gehalten, daß Peer Gynt irgendwann einmal schnell zum Zuge kommt. Es gibt auch sonst (außer der Szene mit der Ingrid) keine Stelle, wo etwas passieren könnte, allenfalls bei den Sennerinnen, aber auch dort klappt es schließlich nicht. Der Text jedenfalls hält die Begriffe so klar, daß das Verbrechen an Ingrid die *Ent*führung und nicht die *Ver*führung ist. Ingrid sagt im Original: Du hast mich hierhergelockt. Was immer auch passiert sein mag, der Hägstadbauer muß eine Stinkwut auf Peer haben, weil Ingrid nach dem Brautraub keine gute Partie mehr ist. Der Vorschlag von Stein/Strauß wird sein, Ingrid sehr prächtig und reich auszustatten in der Kleidung, so daß man den Raub dieses Reichtums erklärlich machen kann. Ingrid verliert sehr viel von diesem Reichtum, den sie trägt –, damit sie dann wirklich beschädigt zurückkehrt. Es scheint nicht so zu sein, daß Peer sich eine Nacht mit Ingrid beschäftigt und ihrer dann überdrüssig wird, sondern eher, daß er sie dauernd herumschleppt im Gebirge, und schließlich weiß er gar nicht mehr, was er mit ihr anfangen wollte. Klar ist, daß Peer permanente Impotenzanwandlungen hat, daß die Aufschwünge nur immer ganz kurz dauern und dann wieder alles zusammenschlafft. Das kommt ja im Stück dauernd vor. Die erste und einzige Szene zwischen Peer und Ingrid muß sehr vorsichtig angepackt werden. Sie muß über das ganze Stück hinweg in Erinnerung bleiben. Der Brautraub ist etwa der Punkt, der ein Zeichen setzt für die Auflösung der Sitten und des Zusammenhalts im Dorf. Später, im 5. Akt, wird von der toten Ingrid gesagt, daß sie nach dem Brautraub zur Nutte geworden ist.

Wer spielt den Peer Gynt?

Die Überlegung ist, Peer Gynt von mehreren Schauspielern in verschiedenen Etappen spielen zu lassen. Gründe für diese Überlegung sind: das ungute Gefühl bei der Notwendigkeit, Verwandlungskunststücke zu betreiben (vom Jüngling bis zum Greis); die Ungerechtigkeit, daß, wenn nur ein einzelner aus dem Ensemble diese Aufgabe wahrnimmt, die anderen Kollegen damit in der Beschäftigung mit dem Stück benachteiligt sind. Die Frage ist, ob es nicht richtiger wäre, die Gyntsche Lebensweise von sehr vielen Leuten darstellen zu lassen, an Hand von vielerlei Ausdrucksmöglichkeiten. Die Überlegungen von Stein/Strauß gingen soweit, fliegende Wechsel zu machen. Das heißt, Peer bekäme ein Zeichen (das muß nicht unbedingt im Kostüm sein, es könnte ein Leitmotiv sein, etwas, was er bei sich tragen könnte, das er übergeben könnte). Die Minimallösung der Aufteilung war: ein Peer für Akt 1–3, ein Peer für Akt 4 und einer für Akt 5; eine Aufteilung nach Lebensaltern.

Die Phasen
Strauß hat die Rolle in acht Phasen aufgeteilt.
    1. Phase: I. Akt (der junge Peer bis zu seiner ersten »Tat«)
    2. Phase: II. Akt, 1–4 (nach dem Brautraub)
    3. Phase: II. Akt, 5–7 (Begegnung mit den Trollen und dem Krummen)
    4. Phase: II. Akt, 8 bis III. Akt, 4 (Peer arbeitet, muß für sich selber sorgen)
    5. Phase: IV. Akt, 1–4 (Peer, der erfolgreiche Yankee-Kapitalist)
    6. Phase: IV. Akt, 5–8 (Peer als Prophet in der Wüste)
    7. Phase: IV. Akt, 9–13 (Peer zieht sich in die Vergangenheit zurück)
    8. Phase: V. Akt (Peer, der Heimkehrer).
Die erste Phase zeigt einen Peer, der noch keine wirkliche Handlung begangen hat, zumindest noch keine Transgression wie den Brautraub. Wenn das passiert ist, hat sich Peer verändert, er hat etwas gemacht, was Folgen haben kann und wird. In der dritten Phase erlebt er die Spiegelung des Erlebnisses mit Ingrid (der Angsttraum mit den Trollen). Der Phantasiemonolog ist ein starker Einschnitt, wo Peer alles, was hinter ihm liegt, als Lügen bezeichnet und sich für etwas Neues disponiert fühlt; wobei man nicht weiß, wohin der nächste Schritt führt. Die Trollwelt und die Begegnung mit dem Krummen kann als geschlossenes Ganzes angesehen werden. Mit dem Aufwachen beginnt die 4. Phase. Solveig erscheint. Darauf kommt der tüchtige Peer, der etwas unternimmt (Baumfällen), zwar durch Traum- und andere Einwirkungen gestört wird, aber bis zum Schluß tätig ist, und zwar nicht nur für sich selbst (Aases Sterbeszene). In der 5. Phase

tritt Peer als Weltbürger auf und als Kapitalist. Diese Phase geht bis zur Affenszene, d. h. bis zur neuerlichen Vertreibung von einem Standort. Darauf phantasiert Peer in der 6. Phase die Wüste in eine Idylle um und versteigt sich zu seinem großen Kolonialtraum. Hier gerät Peer immer mehr in eine idealistische und pseudodichterische Haltung; bis in die Anitra-Szene hinein steigert sich das.

Spieldauer
Es gibt Vermutungen, daß das Stück zu lang sei, um an einem Abend gespielt zu werden. Dem steht entgegen, daß die Beziehungen, die sich am Anfang darstellen und sich am Schluß teilweise wiederholen, also die Verbindung des Anfangs zum Ende, derart stark sind, daß man Angst haben muß: diese Verbindungen lassen sich an zwei Abenden gar nicht verknüpfen, sie brauchen die Kontinuität in einem Zug. In der Bauweise des Stückes ist am Anfang so eine Art Heimatabend angelegt (Akt I bis III), ein in sich abgeschlossener Teil, in dem die Einheit des Ortes gewahrt bleibt. Danach kommt der Afrika-Komplex, der eigentlich eine Art Zwischenspiel ist. In diesem IV. Akt wird alles getan, um die Raschheit, mit der dort alles abläuft, deutlich zu machen. Durch den Schiffsuntergang (am Anfang vom V. Akt) kommt dann wieder alles in Unruhe und Nervosität, ebenso wie das Herumlaufen von Peer im Bühnenbild der ersten drei Akte. Am Ende gibt es mit der Rückkehr zur Hütte einen gewiß unbefriedigenden Abschluß. Man kann diese Schlußpassage nicht ohne die ersten drei Akte zeigen, da sich das Stück am Ende hin immer mehr auffasert, es werden nur noch Episoden hintereinandergeschaltet. Das hängt aber noch davon ab, in welcher Weise der fünfte Akt bearbeitet wird.

Der fünfte Akt, das Ende
(Die folgende Beschreibung von der beabsichtigten Bearbeitung des Stückschlusses wurde auf einer der letzten Informations-Sitzungen vor Probenbeginn vorgetragen. Während der ganzen Inszenierungsarbeit blieb diese Konzeption vom fünften Akt erstrebenswert. Leider konnte aus technischen Gründen und aus Zeitnot nicht alles probiert, ausgeführt werden, was geplant war. Der in der Aufführung tatsächlich gezeigte Schluß erreichte schließlich nicht dieselbe Plausibilität und Bildlichkeit, die diese Konzeption sich ausmalte.)
Das Hauptproblem bei den konzeptionellen Überlegungen zum

Peer Gynt, Schlußbild: Jutta Lampe (Solveig) und Bruno Ganz (Peer)

Schlußteil des Stückes: die unmißverständliche, aber aus dem Handlungsverlauf heraus entwickelte Begründung, zu welchem Zweck man dies umfangreiche Schauspiel eigentlich in Szene gesetzt hat. Der von Ibsen beschriebene Schluß, das Moralitätendrama, das da noch dranhängt, und vor allem das rührselige Finalbild von Solveig und Peer können wir wohl nicht textgetreu realisieren. Doch die Aufführung sollte diesen Schluß nicht ironisieren oder zerstören, sondern sinnvoll verwenden und verarbeiten. Dahin geht der folgende Vorschlag: Peer begegnet also dem Knopfgießer, der in Gestalt eines Ingenieurs von größeren Planierungsarbeiten oder als Agent der allmächtigen Verwertungsindustrie auftritt, die, im Zuge des ökonomischen Fortschritts, hier im Tal alles Gerümpel und alle abgelebten Existenzen einsammelt, um sie in den großen Schmelztiegel zur Gewinnung von neuem Rohmaterial zu verarbeiten. (Deshalb beginnen nun Bühnenarbeiter und Schauspieler den Bühnenbau abzumontieren und fortzuschaffen). Der Knopfgießer fordert Peer auf, sich auch für den Tiegel bereit zu halten. Es sei denn, er könne nachweisen, daß er in seinem Leben stets er selbst gewesen sei. Wirklich selbständig entfaltete Individuen und Unternehmer-Persönlichkeiten blieben natürlich von der Prozedur verschont. Peer versucht, diesen Nachweis zu beschaffen. Er trifft zunächst auf den Trollkönig und bittet ihn, offiziell zu erklären, daß er, Peer Gynt, seinerzeit er selbst geblieben sei, trotz mancherlei Anfechtungen. Doch er muß leider erfahren, daß er, ungeachtet seiner rastlosen Lebensweise, nur sich selbst genug war, also als Troll gelebt hat immer und überall. Wieder kommt der Knopfgießer und bittet um den Nachweis. Peer will weiter suchen, aber der Knopfgießer weist ihn auf die Solveig-Hütte hin: dort solle er erst alles in Ordnung bringen, bevor er dann endgültig in den Schmelztiegel käme. Peer also tritt vor Solveig hin, die, inzwischen blind und vergreist, immer noch auf ihn wartet, und er bittet sie, ihm zu bestätigen, daß er er selbst war. Das tut sie auch, indem sie erklärt, in ihrer Liebe, in ihrer Hoffnung und in ihrem Glauben sei er immer er selbst gewesen. Peer glaubt sich erlöst, erleichtert fällt er in Solveigs Schoß und verkriecht sich darin. Inzwischen haben sich die arbeitenden Schauspieler ruhig am Fuß des Berges, auf dem die Solveig-Hütte steht, versammelt und schauen gerührt der Schluß-Szene zu. Dann ist ein Moment Stille, dann setzt ein heftiger Maschinenlärm ein. Die Arbeiter-Schauspieler machen sich daran, den Berg mit der Hütte und der Solveig-Peer-Pietà davor abzubauen. Währenddessen erscheinen Maschinen, wirkliche Maschinen, die etwas herstellen können, z. B. bestimmte Peer-Gynt-Souvenirs, Druckerzeugnisse usw. und die von anderen Arbeiter-Schauspielern mit ernstem Fleiß bedient werden. Auf langen Förderbändern wird die fertige Ware – serielle Produktionen von Peer-Gynt-Kitsch – ausgefahren und, in Klarsichtpackungen abgeheftet, an die Zuschauer verteilt. Das Stück »Peer Gynt«, reduziert zu einem Souvenir. Das Ganze wäre dann eine lebendige Allegorie auf das anachronistische Verhältnis von Peers Individualismus-Mythos zu dem tatsächlichen Entwicklungsstand der Produktionssphäre schon zu seiner Zeit; und zugleich eine Metapher für jene nach wie vor hoch in Blüte stehende Kitsch-Industrie, die solche Mythen-Bilder vom genialen Einzelnen in Form von Romanen, Gemälden usw. in millionenfacher Vervielfältigung verbreitet.

Wsewolod Wischnewski: »Optimistische Tragödie«. Regie: Peter Stein, 1972

Hier nun ein Drama, in dem schon geschehen ist, was noch bei Ibsen nur als Fluchtpunkt zu denken war: der radikale Umsturz der Herrschaftsverhältnisse in einer Gesellschaft, der die Voraussetzungen für eine neue Ordnung geschaffen hat. Das Stück Wischnewskis gibt die russische Oktoberrevolution von 1917 als vollzogen vor, und behandelt die Phase unmittelbar danach, die Jahre des Kriegskommunismus, in denen sich die neue Macht zu organisieren und zu behaupten hatte. Die Aufführung aber, weil sie auf andere Umstände trifft als die erste von Tairow in Kiew, vierzig Jahre zuvor, muß 1972 (und will das ja wohl auch) mitreflektieren, daß Revolution sein soll. Aus der Beschreibung von Schwierigkeiten *nachher* soll auch hervorgehen, was *vorher* erst noch zu tun wäre.

Das erweist sich als ein bißchen zu viel. Denn je länger Peter Stein und seine Schauspieler die Geschichte Wischnewskis von einem revolutionären Marinebataillon erzählen, das im Bürgerkrieg gegen die Konterrevolutionäre schließlich vernichtet wird, umso weiter entfernt sich der Abend von der gesellschaftlichen Realität, der er sich verpflichten will. Wenn die Matrosen vollmundig ihr »Links, links, links« vortragen und Stein sie in einem letzten Gefecht theatralischfabelhaft über aufgetürmten Sandsäcken zu Tode kommen läßt, worauf dann, mit soviel Feierlichkeit wie möglich ist, ohne zynisch zu werden, ein rotes Tuch niedersinkt und die Leichen zudeckt – dann darf man sicher nicht an die kleinen Leute denken, die sich zur gleichen Zeit zum Beispiel in Frankfurt am Main mit der Polizei anlegen, weil man ihnen keine Wohnungen gibt, die sie bezahlen könnten.

Was man auf der Bühne zu sehen bekommt und was man sich an politischen Auskünften zusammensetzen kann, nimmt sich aber auch noch aus anderen Gründen ziemlich entrückt aus. Das Stück ist nämlich seinerzeit nicht ganz von ungefähr in der Sowjetunion mitten im kräftigsten Stalinismus uraufgeführt worden. Zu den Matrosen, die eine starke anarchistische Fraktion gebildet haben, entsendet die Partei einen weiblichen Kommissar, der für die Durchführung der Parteibeschlüsse verantwortlich ist und im Verlauf der Handlung sogar erreicht, daß der wüste Matrosenhaufen einen feingliedrigen Kommandeur als Truppenführer akzeptiert, obwohl der schon ein militärischer Spezialist der alten Armee war. Darf man aber 1972 wirklich von den Folgen ganz absehen, die derartige Siege der Parteidoktrin, auch über Anarchisten, in der Sowjetunion und später nicht nur dort hatten?

Wie begründet sich also diese Unternehmung und wie bezieht sie ihr Material auf ihre heutigen Zuschauer? Anders gestellt lautet die Frage: Wo erreicht der scharfe, genaue Realismus, der die Umsetzung des Stücks in jedem Augenblick auszeichnet, eine Ebene, auf der so etwas wie eine Begriffs- und Urteilsbildung im Kontext aktueller gesellschaftlicher Positionen möglich ist?

Man findet den Ansatz zu einer Antwort am besten dann, wenn man sich klarmacht, daß diese Aufführung sehr ausgeprägt ein Akt der Selbstdarstellung eines Ensembles ist. Was die Matrosen bewegt: die Probleme der Führung von Leuten, die sich von Führung gerade freigemacht haben, die Schwierigkeit, Autorität zu etablieren und mit dem Korrelat der Macht, der Gewalt, Forderungen der Disziplin durchzusetzen – die Schauspieler der Schaubühne führen damit ja immer auch eigene Erfahrungen vor, mit der Organisation ihrer Gruppe. Die gelassene Selbstverständlichkeit der Assimilation, mit der die Schauspieler die Rollen des proletarischen Theaters von Wischnewski verarbeitet haben, ist entscheidend darauf gestellt.

Der Abend motiviert sich also am ehesten theatralisch (und nicht:

aus den durchaus märchenhaften politischen Auskünften, die er weitergibt). Auf der an zwei Seiten über Eck, etwa in der Form eines »L«, von Tribünen umstellten Spielfläche (Klaus Weiffenbach), die anfangs ein Schiffsheck, nachher ein ansteigendes Kampfgelände ausbildet, zeigt Stein die Entwicklung der Matrosengruppe von einem anarchistischen Haufen zur entschlossenen Kriegstruppe. Den Prozeß dieser Wandlung erlebt man auch als einen immer wieder durch den Wechsel von Diskussion, Marsch und Kampf bestimmten Zeitablauf. Fast noch intensiver als in *Peer Gynt* hat die Aufführung ihre Dynamik aus Steins Fähigkeit, das Zeitmaß aufeinanderfolgender Szenen so zu verändern, daß zum Beispiel ein Streit der Mannschaft, obwohl er auf der Bühne soviel Zeit einnimmt wie ein sich anschließender Marsch, doch wie nur ein kurzer Moment im Ereignis eines langen Krieges wirkt.

Stein und dem Ensemble gelingen Szenen von einer leisen Melancholie, in die plötzlich etwas Wildes, Auffahrendes, ungeheuer Sehnsüchtiges geraten kann. Dagegen stehen dann Bilder, die ihre Kraft aus der Brutalität des Bürgerkriegs haben. Nun rattern Maschinengewehre und in kühnen Choreographien kämpfen die Matrosen und stürzen und stehen und kämpfen weiter. Es gibt Bilder, deren Schönheit erschrecken macht. Als drohende Horde konfrontieren die Soldaten das schmale Mädchen, das ihr Kommissar sein soll; sie umringen sie, einer macht sich über sie her, man breitet ein Laken aus, alle wollen mal. Da erschießt sie einen, verschafft sich Respekt. Wie später wieder: Die Matrosen wollen einen Ball, ehe sie an die Front ziehen: ihr anarchistischer Führer befiehlt ihnen Ruhe; da schlägt sich der Kommissar auf die Seite der Mannschaft, es gibt einen Ball. Frauen kommen, man tanzt, wehmütig; zu spüren ist: die Männer nehmen da schon Abschied von ihrem Leben. In die Sehnsucht und die Trauer dieses Bildes läßt Stein dann Aufruhr, Getümmel einbrechen. Der Kampf beginnt.

Der Aufbau und die Zeichnung der einzelnen Figuren sind mit großer Genauigkeit durchgeführt. Ulrich Wildgruber macht (als Matrose Alexej) einen wüsten, aber zugleich zarten, empfindlichen Menschen, er prägt die ersten Szenen, später ist sein langes Gespräch mit dem Kommissar vielleicht der eindringlichste Augenblick der Aufführung. Otto Sander, »der Heisere«, ist erst nur ein Zutreiber des Oberanarchisten von Peter Fitz, aber man sieht dann, wie er doch auch auf eigene Rechnung lebt, wie es in ihm arbeitet und er muß versuchen, damit fertig zu werden. Elke Petri (der Kommissar): fast noch ein entschlossenes Kind, mit einer weichen Haarlocke, die in die Stirn fällt, manchmal setzt sie einen Frauencharme ein gegen die Männer, doch meistens, wenn sie redet, wird sie schmal, hart, eine »Johanna von den Matrosen«. Es ist merkwürdig, wie diese Besetzung der Rolle des Kommissars die Lektion des Stücks, daß die Partei befehlen muß, auch wieder bricht: Dieses Mädchen hat auch etwas von einer Traumfigur, die ordnend in eine böse Geschichte eingreift. – Was sie selber mit diesem Eingriff dann herstellt – man weiß, wieviel von dem Guten daran auch nur Traum ist.

Wsewolod Wischnewski, Daten aus seiner Biographie

Geboren 1900 in Petersburg. 1914 meldet er sich freiwillig an die Front und wird Schiffsjunge in der Baltischen Flotte. Er kämpft in Ostpreußen, Litauen und Polen, die Februarrevolution erlebt er in den Schützengräben Galiziens. Er wird Mitglied in einem Soldatenkomitee, wenig später tritt er in die Kommunistische Partei ein. 1918 gehört er als MG-Schütze zu den Matroseneinheiten, die die Übersiedlung der Sowjetregierung von Petrograd nach Moskau sichern: »Wir bewachten den Rat der Volkskommissare, das Marine-Kommissariat. Damals sah ich Moskau zum ersten Mal … ich war ein einfacher Matrose, der mit einem ganzen Trupp aus dem Baltikum gekommen war«. 1921 organisiert er ein Flottentheater, das im Frühsommer in Noworosissk sein erstes Stück, *Gericht über die Meuterer von Kronstadt*, aufführt. Nach dem Bürgerkrieg tut er wieder Dienst in der Baltischen Flotte und setzt seine literarischen Arbeiten fort. 1931 inszeniert Meyerhold in Moskau *Das letzte Gefecht*. Es beginnt eine Freundschaft mit Friedrich Wolf. 1933 wird *Optimistische Tragödie* in Kiew uraufgeführt. Er gerät in den Formalismus-Streit. 1939 beendet er die Arbeit an dem Prosawerk *Krieg*, das die gesellschaftliche Entwicklung in Rußland zwischen 1912 und 1917 schildert; es erscheint erst 1954. 1942 ist Wischnewski Frontberichterstatter der *Prawda*. Er erlebt die Schlacht um Berlin, und tritt später als Ankläger im Nürnberger Kriegsverbrecher-Prozeß auf. Am Deutschen Theater in Ost-Berlin inszeniert W. Langhoff 1949 *Optimistische Tragödie*. Im selben Jahr entsteht Wischnewskis letztes Stück *Das unvergeßliche*

Optimistische Tragödie (1)

Jahr 1919. Er stirbt 1951. Ilja Ehrenburg über Wischnewski: »Er beschimpfte den Westen, nannte sich einen einfachen Matrosen aus dem Volk – und begeisterte sich zugleich für Joyce und Picasso.«

»Optimistische Tragödie«,
fünf Szenenbilder

Augenblicke eines Dramas. Aber auch: Dramatische Bilder, Helga Kneidl hat sie aufgenommen – Beispiele nicht nur für eine Theaterfotografie, die die Bewegungen einer Szene in den starren Ausschnitt des Fotos umzusetzen vermag, sondern Belege auch für die Bildkraft, die von der Arbeit des Regisseurs Stein und seiner Schauspieler ausstrahlt. Steins erste Qualität ist seine Insistenz auf Sprache. Die genaue Analyse der Strukturen, Gedankenzusammenhänge und assoziativen Implikationen eines Textes begründet die Logik der optischen Gliede-

140

Optimistische Tragödie (2)   *Optimistische Tragödie (3)*

rung einer Szene. Stein inszeniert Dialoge (wie den, aus dem die ersten
drei Bilder stammen), schmale, aus dem Fluß der Handlung scheinbar
ausgegrenzte Augenblicke, und dann den Zusammenprall vieler erreg-
ter Menschen mit der gleichen randscharfen Genauigkeit. Die Fügung
von Figuren zu Gruppen, die Spannung der Bewegung eines Haufens
auf einen einzelnen zu, das Durchmessen eines Raums, das bei Stein
immer auch als ein Durchqueren von Zeit erlebt wird, erkennt man
als das Drama antreibende und ausformende Elemente.

Das erste Foto gehört in eine Szene, die den Aktionsdruck des
Stücks von Wischnewski mit einer langsamen, verzögerten Passage
unterbricht. Der Individualist, Träumer, Schwärmer, Anarchist, Matrose Alexej (Ulrich Wildgruber) ist mit einem Akkordeon auf die
Spielfläche gekommen. Er holt fahrige, sich verlierende Töne aus dem
Instrument, Sehnsüchtiges. Hingegeben, versunken. Fast ist der Körper des Mannes ein Teil der Harmonika, sie bewegt ihn mehr als er

141

Optimistische Tragödie (4)

sie. Der weibliche Kommissar (Elke Petri), den die kommunistische
Partei zu den Matrosen geschickt hat, um sie auf Disziplin und die
Linie der Revolutionsregierung einzuschwören, hört dem zu. »Akkordeon heißt dieses Ding oder Ziehharmonika. Ein Volksinstrument.
Aus Hamburg. Gut für Abendstimmung«, sagt Alexej, sich der Frau
nähernd, dann sich neben sie setzend. Die beiden haben nun ein langes Gespräch. Über die Differenz zwischen den Interessen der Partei
und des einzelnen; über die Vergangenheit, als die Matrosen halfen,
den Zaren zu beseitigen; über die Welt, wie sie nun werden sollte;
über die Zukunft, in die soviel wieder verschoben wird, soviel von
dem Leben, dem Glück, der Freiheit, die jetzt, hier, gleich sich erfüllen
müßten. Die Kommissarin wirbt für die Gedanken der Partei, auch
mit dem Charme der Frau. Stein führt das sehr vorsichtig vor. Und
motiviert so die Bewegung, mit der das Gespräch endet: Plötzlich
begehrt Alexej das Mädchen – »ich werde dich noch kriegen, das sind

Optimistische Tragödie (5)

meine geheimsten Gedanken«. Das zweite Foto zeigt dieses Begehren. Die Frau wird es abwehren, »da, trink Wasser« (drittes Foto). Ulrich Wildgruber in diesen Augenblicken: ein schwerer Körper, von auffahrenden Gedanken getrieben. Man hatte diesen Schauspieler nie zuvor so dicht an der Wahrheit eines Menschen gesehen. Das Unordentliche, Dunstige und Diffuse an ihm – Stein, der immer von seinen Darstellern lernt, was er sie lehren kann, hat ihm beigebracht, es zu kontrollieren. Die Szene war der schönste Auftritt Wildgrubers an der Schaubühne. Eine Begabung erfuhr, was ihre Substanz ist. Man konnte teilnehmen an dem Durchbruch eines Schauspielers zu sich selbst.

Die Bilder wechseln. Der Führer der Anarchisten (Peter Fitz) verlangt von dem Kommissar die Liquidierung des Kommandeurs, der schon unter dem Zaren diente, den die junge Sowjetmacht jetzt aber als Militärspezialisten weiter braucht. Die Matrosen schieben den Offizier auf den Kommissar zu. Stein zieht das Tempo an. Tumult, Erregung. Ein Moment der Entscheidung. Der Kommissar kann den Offizier nicht preisgeben, aber die Gruppe der Kommunisten auf dem Schiff ist gegenüber den die Hinrichtung fordernden Anarchisten in der Minderheit. Doch ihr Vorteil ist: ihre Solidarität, die Treue zur Partei, eine größere Entschlossenheit. So wird der Anführer der Anarchisten mit seinen Gefolgsleuten von den Kommunisten umstellt (viertes Bild). Sein eigener Haufen wird unsicher, löst sich von dem Anführer (Peter Fitz im Vordergrund des fünften Bildes), läßt den Mann schließlich fallen, später wird er ermordet werden. – Zweimal eine Trennung von Menschen. Das politische Gesetz gerät zwischen sie. Die Zeit. Die Revolution. Beide Trennungen sind hier in einer Szene aufeinander bezogen, deren Spannweite von dem anfangs fast beiläufigen Dialog bis zu dem Tumult des Massenauftritts reicht: von einer Liebeserklärung bis zu einem Mord.

Ödön von Horváth: »Geschichten aus dem Wiener Wald«. Regie: Klaus Michael Grüber, 1972

Klaus Michael Grübers erste Arbeit an der Schaubühne. Es wird auch die erste wirklich umstrittene Aufführung des Theaters. Friedrich Luft stellt sich heftig dagegen, wie später auch gegen alle anderen Inszenierungen Grübers. Er argumentiert mit einem Begriff, der sonst nur im Hinblick auf Klassiker-Aufführungen geltend gemacht wird, mit dem der »Werktreue«. Horváth war seit Mitte der sechziger Jahre an den westdeutschen Bühnen ein viel gespielter Autor geworden. Eine Aufführungtradition schien sich gebildet zu haben: kleinteiliger Realismus, untermischt mit Wiener Sprachklang. Grüber und der Dramaturg Dieter Sturm erarbeiten nun für *Wiener Wald* eine eigene Textfassung. Sie verwendet auch Passagen aus dem Roman-Exposé *Der Mittelstand* (»Der Mittelstand ist eine Klasse, eine eigene zwischen zwei anderen, heute. Seine Grenzen verwischen sich, aber es ist doch eine Klasse, kein Übergang, eine Klasse mit eigener Ideologie«), betont Horváths kritische Gesellschafts-Analyse, das Verhalten der Figuren des Stücks als Ausdruck spätkapitalistischer Mißbildungen. Henning Rischbieter nennt diese Fassung »marxistisch«. Aber die politische Kritik wird nun nicht in ausgekühlten Szenen exemplifiziert, sondern – das ist das Experimentelle, verwirrend Neue an der Aufführung – sie wirkt sich aus in einer phantastischen Bilderwelt voller surrealistischer Partien. (Was freilich kein Paradox ist: Auch der historische Surrealismus enthielt ja deutlich politische Impulse.) Die Aufführung bringt drei Kraftfelder zusammen: Grübers visionäre, alle Traditionszwänge in der eigenen Formfindung abweisende Begabung; die Spieltalente, aber auch die intellektuelle und die bildnerische Potenz eines Ensembles, seines Dramaturgen (Dieter Sturm) und seiner Bühnen- und Kostümbildner (Herrmann und Bickel); schließlich Horváths Drama. Diese Energien stoßen zusammen, verstärken und kontrollieren einander, behaupten und korrigieren sich.

Wieder geht eine starke Wirkung von dem Raum aus, aus dem die Inszenierung entwickelt wird. Die Spielfläche ist ein Gelände, die Zuschauer sehen es von vier Seiten her ein. Eine ausführlich und anekdotisch modellierte Kunst-Landschaft mit einer Burgruine unterm Glassturz, neonumrandeten Nischen, Teichen, Höhlen, einem Straßenstück, einer Häuserfassade mit dem Schaufenster des Zauberkönigs. Das sind jeweils zierlich ausgestattete Aufmerksamkeitszentren für die Szenen in der Wachau, beim Heurigen, vor dem Geschäft Valeries. Der Enge und Kleinheit dieser Zonen kontrastiert die Weite ferner Bergpanoramen auf rückwärtigen Prospekten. – Mit diesem Areal ist schon ein zentrales Motiv Horváths realisiert: die Spannung zwischen dem Beengten des Lebens seiner Figuren und deren vagen Träumen von einem großzügigen Hinaus, dem erlösenden Aufbruch, mit dem sie frei würden. Das ist ja oft von Horváth in einen einzelnen Satz, ein einziges Wortpaar zusammengedrängt: das Hier und ein weites Dort. Von den fernen Rennplätzen Frankreichs redet Alfred am liebsten, und dann muß er sich zurückholen in seine Begrenzung, schwätzt sich weg und muß hier bleiben.

Man kann die Tragödie der Marianne in Horváths Stück begründen aus dieser Differenz zwischen einer Wirklichkeit, wie sie ist, und dem Traum, den das Mädchen von einem anderen Leben hat. Mit dem Schlachter Oskar soll sie verlobt werden. Das wird gefeiert bei einem Picknick im Grünen. Aber dann kommt der Filou Alfred und Marianne wirft sich an ihn. Glück – das ist ihr dieser Mann. Wir sehen den Irrtum, den Abstieg, das Geschundenwerden des Mädchens von da an. Die Stationen sind: die Misere des Zusammenlebens mit Alfred, die Abwendung des Zauberkönigs von seiner Tochter, der

Verlust des Kindes, am Ende Oskars, des Metzgers, Triumph. »Du wirst meiner Liebe nicht entgehen«, hatte er gesagt. Dieser mörderische Satz am Schluß des Stücks antizipiert Mariannes Zukunft: An Oskars Seite, mit dieser Liebe, die eine tötende ist, wird ihr Leben vergehen, ist es zerstört. Die Existenz aller Figuren, der Traffikantin Valerie, des Zauberkönigs, Alfreds und seiner Mutter, wird definiert als im Grunde unaushaltbare, mitgeteilt von Sätzen, die, wie der Oskars, Realität und Utopie ungeheuerlich verbinden. Von der Aussicht auf Liebe wird gesprochen – aber in der Form eines Fluchs.

Das Ungeheuerliche solcher Verbindungen von Unvereinbarem – es ist diese Erfahrung, von der aus Grüber sich dem Stück nähert. Darum geht die Aufführung über den kritischen Realismus der Demaskierung von Menschen hinaus. Die Spannung zwischen ihrer Wirklichkeit und ihren Vorstellungen, Wünschen, Sehnsüchten zerstört sie dauernd. Die Aufführung zeigt sie: als Zerstörte; ihr Leben: ein Albtraum. (Rischbieter, *Theater heute*, September 1972: »Indem diese Figuren gemein und grotesk zappeln, wollen sie ja eigentlich aus sich heraus, von sich weg, in eine andere, bessere Zukunft. Bestimmte Momente der Aufführung haben einen utopischen Zug. Er ist die eigentliche Rechtfertigung der Übersteigerungen ins Phantastische«.)

So, als Alptraum und Groteske, ist das Stück an der Schaubühne inszeniert. Schlüsselfigur ist ein Rittmeister (Otto Sander), der, eine hohe, gebeugte Gestalt, durch die Bilder wandert. Einer, der schon von weit zurücksieht auf das Leben. Die Fremdheit, die Horváths Menschen manchmal an sich beobachten, ist nun auf all ihre Beziehungen übertragen. Aus anderen, unvollendeten Entwürfen Horváths ist ein bezeichnender Augenblick übernommen worden. Dem pensionierten Rittmeister bringt ein in einem vergangenen Krieg längst gefallener Bursche seine alte Uniform. Ein Toter, der wiederkommt. »Wie ist es da, wo du bist?«, fragt ihn der Rittmeister. Gar nicht verwundert, eher selbstverständlich, wie man höflich so fragt. Und auf den Toten so sich einlassend, wie in Träumen Zeiten, Orte, Leben und Sterben in durchlässigen Bildern ineinandergleiten können.

So verschieben, verändern sich in den Einstellungen der Aufführung alle Szenen der Vorlage. Und durchdringen einander. Da wurde die Grundstimmung einer Szene eben noch beherrscht von der glatzköpfigen Großmutter (Elfriede Irrall), einem Dämon aus einem Wahnbild. Und dann kommen Alfred, sein schräger Freund und Valerie aus der

Geschichten aus dem Wiener Wald, Lampe (Marianne) und König (Alfred)

Stadt – in das Zerrbild gerät jetzt eine aufgeregte, dennoch eigenartig abgesetzte Heiterkeit. – Später entfaltet sich aus dem schrecklich-fröhlichen Picknick an der blauen Donau die Liebesszene zwischen Alfred und Marianne: Das Mädchen krabbelt, Bewegungen eines Kriechtiers, am Boden, wo der Fluß aufgemalt ist, reißt sich in plötzlich fahlem Licht zu Alfred hoch, starke Musik setzt ein, sie prallen aufeinander, klammern sich fest, taumeln, tanzen wie in eine andere Welt gekommen. Man sieht am Ende dazu das Gegenstück: Oskar fällt über Marianne her, würgt sie, tut ihr Gewalt an. – Dem ging ein lähmender Augenblick (an das Finale von *Peer Gynt* anknüpfend) voraus. Der vom Schlaganfall getroffene Zauberkönig (Dieter Laser) wird auf den Schultern der anderen langsam quer über das Bühnengelände geschleppt. Der Vater und seine Tochter haben sich versöhnt, jetzt will der Alte den Enkel sehen. Aber die Großmutter hat das Kind schon umgebracht. Ein Leichenzug bewegt sich da über die Bühne, ein Trupp Zerbrochener. Aber sie meinen in diesem Augenblick noch: Gleich wird alles gut.

Ihr bedrängendstes Bild aber hat die Aufführung in der Szene im Maxim, wo Marianne tingeln muß. Wo man hinsieht: unerhörte Dinge. Menschenköpfe liegen auf dem Billardtisch, an dem, wie das wiederkehrende Motiv eines Traums, zwei Männer fast während der ganzen Dauer des Abends Billard spielen, gelegentlich sich unterhaltend mit Fragmenten aus Prosa-Texten Horváths (small talk über Weltanschauungen, Geschäfte, die Zukunft im allgemeinen, etc.). Nackte Tänzerinnen erscheinen, Blätter fallen, Konfetti, ein Bergsteiger erklimmt die Burgruine. Ein wahnsinniges, den Raum füllendes, alle Sinne einspannendes, verwirrendes und betörendes Bild, schmerzlich und sehnsüchtig.

Viele Einzelheiten, die sich auf lange im Gedächtnis festsetzen: Wie Grüber das Zeitmaß des Erzählstroms wechselt, Bewegungen stillstellt und antreibt; wie manchmal ein einzelnes Zeichen eine Szene trägt: die gemalten Wildgänse im Flug, wenn Marianne und Alfred sich lieben – das *eine* Detail vermittelt dann plötzlich Jubel, Hoffnung, Möglichkeit; oder wie Bruno Ganz, ein milder Oskar, gar nicht das Untier, das sonst in der Rolle gesehen wird, seinen Schmerz in ein leises Jammern, ein Winseln umsetzt, dabei mit einer Mandoline beschäftigt, ihren sonderbar verqueren Tönen nachhörend.

Grübers Fähigkeit zum Phantastischen, zur Ausbildung eines »Kli-

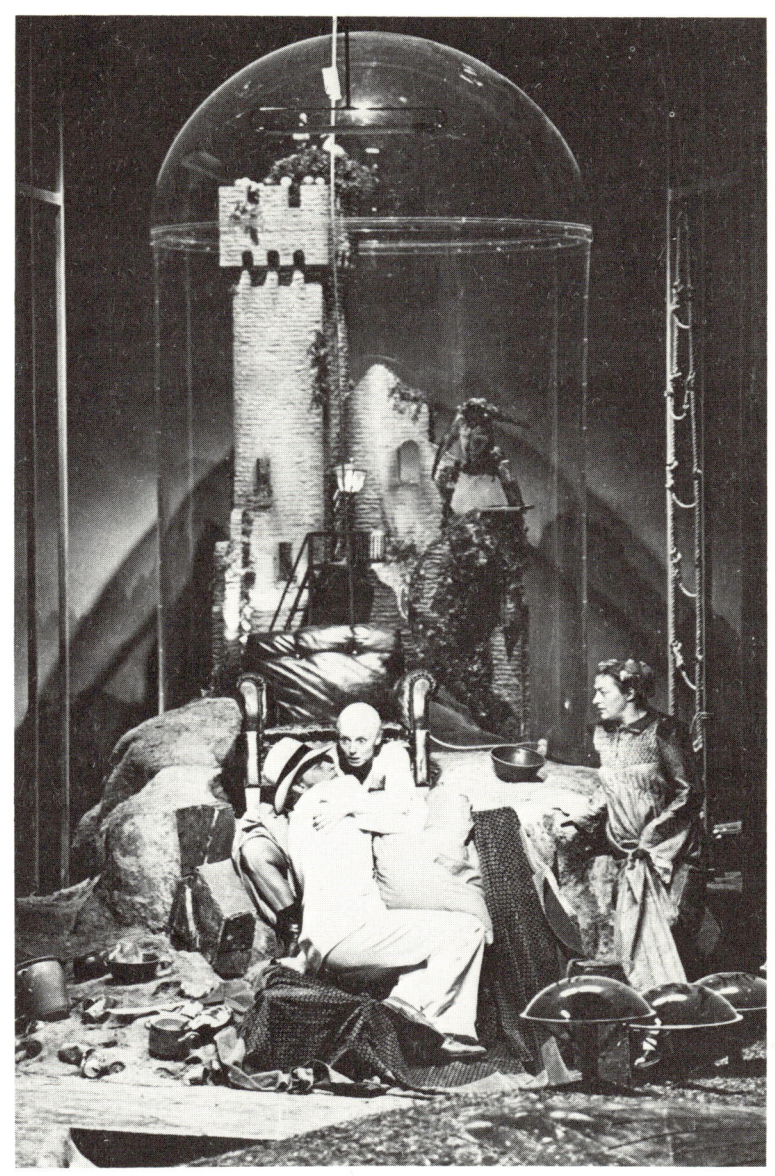

Geschichten aus dem Wiener Wald, Draußen in der Wachau

mas« (das schon in seiner Stuttgarter *Penthesilea* und dem *Sturm* in Bremen zu erleben war; später seinen Frankfurter Brecht bestimmt) wird von den Schauspielern immer wieder reflektiert und präzisiert. So schwimmt der Abend nicht weg, sondern erreicht Konkretion, Deutlichkeit durch die Kontrollen der Darsteller. Jutta Lampe, das ist an anderer Stelle schon ausführlicher beschrieben worden, bringt eine große Festigkeit in die Rolle der Marianne ein. Edith Clever schildert die Verklemmungen und die Sehnsucht der Valerie (und die Melange davon), unnachgiebig. So sammeln auch Dieter Lasers Zauberkönig, etwas unsicherer Michael Königs Alfred, die auseinanderfließenden Elemente der Inszenierung in einem konzentrierten Zusammenspiel, arbeiten gegen Grüber an und unterstützen ihn zugleich, indem sie die Aufführung auf die Darstellung von Menschen drängen.

Die Tragödie gründet in dem Unvermögen der Figuren, sich Zusammenhänge zu gewinnen und zu erhalten. Das wird vorgeführt im Kontext der (eigentlich ja: zusammenhanglosen) Formen eines Traumspiels. Dessen Bilder wachsen über die Textstrukturen immer wieder hinaus: Und erfassen sie doch gerade damit.

Heinrich von Kleist: »Prinz Friedrich von Homburg«, Regie: Peter Stein, 1972

In violetter Dämmerung bewegt sich ein Mensch. Das ist ein langes Eröffnungsbild: wie der Schauspieler Bruno Ganz seinen Körper träumerisch in den leeren Raum der Bühne hineinformuliert, in jedem Schritt, jeder Drehung, jedem Ausgreifen der Arme das immense Wagnis, das Leben heißt. Ein Wagnis auch – die ersten Augenblicke der Inszenierung teilen das schon mit – weil noch an den besten Erfahrungen, die Menschen machen können, etwas Unwirkliches, merklich Entgleitendes ist. Man hört nun eine verhangene Frauenstimme, die sanft dieses erste Bild verdichtet. Sie spricht die Widmung an die preußische Prinzessin Amalie Marie Anne, der Kleist seinen »Prinzen von Homburg« zugeeignet hat. (Bekannt ist, daß der Hof das Stück dennoch zurückgewiesen und seine Aufführung verhindert hat).

Dieser Beginn der Inszenierung Steins enthält schon ihren Grundgedanken. Das Stück wird hier gespielt als Kleists Traum vom Prinzen von Homburg. Das heißt: In der Figur des Prinzen, der eine Schlacht gewinnt, aber »zwei Augenblicke früher als befohlen«, und dafür zum Tode verurteilt wird, findet die Aufführung eine Selbstprojektion des Dichters Kleist.

Mit seinem Prinzen, dessen Ruhm und Fehl und Bekränzung am Ende, hat Kleist, wie Stein das Stück vorführt, ein Traumbild seines eigenen Lebens gegeben. Das Ende der Berliner Inszenierung löst Biographie und Stück wieder voneinander. Da wird der Prinz vom Kurfürsten also begnadigt, jubelnd umringen ihn die Offiziere und stürmen mit ihm weg in eine neue Schlacht. Aber was sie auf ihre Schulter gehoben haben, ist eine Puppe: der Prinz der Aufführung, Heinrich von Kleist, liegt am Boden, über ihn geht der Aufbruch hinweg. Wir hören die Stimme des Anfangs wieder, die aus dem Brief Kleists zitiert, den er am Tage seines Selbstmordes im November 1811 an die Stiefschwester Ulrike geschrieben hat: »... die Wahrheit ist, daß mir auf Erden nicht zu helfen war.«

Das Stück von Kleist als Stück über ihn. Als ein weher, wunder Traum von Ruhm, Sieg, Liebe, Erlösung. Stein entfaltet die Bilder dieses Traums sacht, zärtlich, allmählich. Figuren treten aus dem Dämmer einer schwarz ausgehängten, umflorten Bühne (Karl-Ernst Herrmann), die sich manchmal, für die Szenen der Schlacht, für Momente, in denen die Welt weit wird, nach hinten in ein helles Landschaftspanorama öffnet. Kostbare Figuren: Peter Lührs weise-milder Kurfürst von Brandenburg, Jutta Lampes Engelsbild der Prinzessin Natalie, kräftige Offiziersgestalten von Peter Fitz und Otto Sander. Und der Prinz des Bruno Ganz: fremd in der Welt, verwirrt, verstört von dem Spiel, das der Kurfürst mit dem Nachtwandler aufführt, wenn er ihm den Lorbeerkranz von Natalie ins Haar drücken läßt (was nun ein Traum im Traum ist), flehend um sein Leben später, und über Leben schon hinaus, als er begnadigt wird.

In gleitenden Gruppierungen, schmiegsamen Arrangements, führt Stein diese Menschen zusammen und trennt sie wieder voneinander. Eine zerbrechliche Gesellschaft, durch den Augenblick einer Überschreitung in Gefahr gebracht. – Es gibt Szenen von großer Schönheit. Aus dem schwarzen Samt, der die Bühne umrandet, schiebt sich der Katafalk des gefallenen Froben, hohe Leuchter werden aufgestellt, dann tragen die Offiziere die Fahnen der besiegten Schweden herein, die Bühne füllt sich mit den Menschen, dem Sarg, den Fahnentüchern für ein sinnliches Siegesbild, das zugleich ein Trauerbild ist – und dahinein bricht die Entscheidung des Kurfürsten, den Prinzen, dessen Sieg das doch ist, gefangenzusetzen, weil er seine Order nicht befolgte. – Ein anderes Bild: Natalie trifft den Prinzen in seinem Gefängnis, bringt ihm den Brief des Kurfürsten, der ihn freispricht, wenn der Gefangene denn meine, ihm sei ein Unrecht geschehen. Es brauchte nur zwei Worte, und Homburg wäre frei. Natalie spricht ihm zu. Aber Homburg kann darauf nicht eingehen. Er hatte um sein Leben gefleht, das offene Grab gesehen, aber er will nun die Gnade des Kurfürsten nicht, nicht Recht behalten in dem Streit um eine militärische Maßnahme. Natalie liebt ihn dafür. Aus der Szene geht hervor: Der, den sie ins Leben retten will, könnte ihr doch auch als toter Held ein Inbild des Ruhms, ein Idol werden.

Die Untersuchung des Textes und der linken wie der bürgerlichen Kleist-Literatur haben Regie und Dramaturgie (Botho Strauß) dazu gebracht, bei der Inszenierung von dem Aufscheinen der Biographie Kleists in seinem Drama auszugehen. Das ist ein in sich schlüssiges Konzept. Es verschwimmt auch im Verlauf der Aufführung nicht. Das Moment des Irrealen, das sie in den Szenen entdeckt und dartut, eine zarte Privatheit in dem öffentlichen Geschäft von Kriegführen und Staatslenkung, ist in Bilder gefaßt, die Augen und Denken einnehmen, beschäftigen, erstaunen.

Aber auch auf Fragen und Einwände bringen. Es läßt sich sicher ja schwer vorstellen, wie die politische Dimension des Stücks, das hier aus einem eher individual-psychologischen Ansatz entwickelt wird, wie also der (utopische) Gedanke Kleists von einem Staatswesen, dessen Ordnung sich auf Rationalität und Gefühl gründen müßte, und wie dann auch der Bezug auf die deutschen Verhältnisse zu Beginn des 19. Jahrhunderts Bestandteile einer Aufführung werden könnten. Zu solchen Fragen nach den historischen, gesellschaftlichen, politischen Weiterungen des Dramas verhält sich die Aufführung aber doch zu ausweichend. (Die DDR-Regisseure Karge und Langhoff stellen sie 1978 in den Vordergrund ihrer Hamburger Inszenierung des »Homburg«.) So sehr die politische Diskussion in der Bundesrepublik 1972 durch den Widerspruch zwischen Staatsautorität und individueller Freiheit bewegt wird und »Disziplin oder Anarchie« das wichtigste Thema der Linken ist – so wenig bezieht sich die Aufführung auf diese Wirklichkeit.

Man muß sie vielmehr als den Versuch sehen, für die Bühne verlo-

Prinz v. Homburg, Tüschen (Kurfürstin), Lampe (Natalie), Ganz (Homburg)

rene Formen von Pathos zurückzugewinnen. An den von weit her geholten, getragenen, auf Würde, Feierlichkeit, Zeremoniell bedachten Bewegungen der Schauspieler wird das sichtbar. (Die Redefiguren Kleists decken diesen Versuch ab; die Darstellung gerät dennoch manchmal an die Grenze zur Schmachtgeste.) Stein verliert gelegentlich sogar notwendige Deutlichkeiten des Handlungsverlaufs. Wie eigentlich der Prinz die Order übertreten hat, wie es zu seinem Verstoß kommt, das geht fast unter. Und auch wie der Kurfürst am Anfang mit seiner Lockung des träumenden Prinzen den Ablauf in Gang bringt, wird nicht klar, nicht scharf genug gezeigt. Wenn dann der Prinz am offenen Grab in die Angst stürzt, ist die Aufmerksamkeit schon gar nicht mehr bei ihm, sondern bereits bei dem vorgruppierten Bild der Frauen, in das er anschließend eintritt. Steins hier übergenaues, zuweilen sogar betuliches Arrangieren bringt die Handlung oft beinahe zum Stillstand und produziert dann: leblose Bilder. Es ist ein Paradox dieser Inszenierung, daß gerade ihre Insistenz auf Präzision immer wieder auch Spannungsverluste begünstigt. Alles ist erwogen, durchgebildet, jeder Faltenwurf und wie eine Stuhllehne gegen eine Tischkante steht. Das ist so akribisch organisiert, so ordentlich, daß man dabei auch ängstlich werden kann. Ängstlich vor dem Formalismus, der die Unternehmung dauernd bedroht.

Auch die Schauspieler werden in einigen Passagen unsicher. Sie kommen mit der pathetischen Grundstimmung nicht gleichmäßig zurecht. Werner Rehms Hohenzollern etwa muß sich schon auf bedenklich schematische Zäsuren zurückziehen, um in den Dialogen zu bestehen. Wolf Redls Feldmarschall Dörfling verrutscht bis zur Attrappe. Jutta Lampes Silbertöne erzeugen oft nur Eindrücke von preziösem Leerlauf. Die Figuren, etwa Peter Lührs Kurfürst, werden überdämmert von ihrem eigenen Pathos. Traurig von ihrer eigenen Haltung. Nicht durch ihren Text. Sie zerschmerzen sich. Das gilt auch für Bruno Ganz. Er hat sich die Rolle sehr schmal gemacht. – Solche Eindrücke überdecken den Gewinn, den man aus dem für das Stück entwickelten Konzept, das es tatsächlich (jedenfalls zu Teilen) spielbar macht, haben kann. Die Aufführung entgleitet manchmal in Darstellungsformen, die diese Spielbarkeit im Melodram beinahe wieder aufheben.

Botho Strauß hat einzelne Momente des von ihm und Peter Stein ausgedachten Traum-Konzepts in einem schönen Text für das Programmheft zusammengefaßt. Dessen viele Brechungen und Zwischengedanken hat die Aufführung selbst nicht immer szenisch übersetzen können.

Botho Strauß: »Traum«

... alles Traum in diesem Schauspiel. Der Traum des armen Heinrich Kleist vom glücklichen Prinzen Homburg, der, zart und mächtig, unter der Gefahr des Todes, seine großen Sehnsüchte und Wunschbilder gegen die herrschenden engen Lebensbedingungen durchsetzt und schließlich, wie im Wunder, ihre paradiesische Erfüllung erlebt. Und gleichzeitig verwandelt sich die kalte, schwache, weil nurmehr formal funktionierende Staatsordnung in eine lebenskräftige, menschenwürdige politische Gemeinschaft, in der der Außenseiter, Verurteilte, gesellschaftlich »Kranke« zum ersten Helden aufsteigt.

Kein Traum aus dem tiefen Nachtschlaf – auch keine Dramaturgie der »entstellten« Visionen des Unbewußten –, sondern eine helle, logische, schwebend-stabilisierte Traum-Konstruktion, die alle Bezeichnungen von Realität – der historischen Situation der Kurmark Brandenburg von 1675 ebenso wie jener des Preußenstaats von 1810 – entwirklicht und transformiert in Bezeichnungen der Wunsch- und Projektions-Fantasie des Autors Kleist. Daher rührt die immanente Unwirklichkeit der handelnden Personen in diesem Schauspiel: sie sind montiert aus einem Real-Bild (das der Erfahrungswirklichkeit Kleists entspricht) und einem Ideal-Bild (dem Traum-Teil, aus dem sie gemacht sind) – und beide Bilder verkörpern sie zur gleichen Zeit: der Prinz ist ein nervöser, psychisch labiler und zudem recht ungeschickter Mensch und wird dennoch als Held angesehen und zum führenden militärischen Befehlshaber berufen: der Kurfürst repräsentiert das absolutistische Staats- und Rechtssystem und handelt doch mit einer geradezu bürgerlich-intimen Einfühlsamkeit und Vorsicht. Diese Figuren leben aus den widersprüchlichen politischen und psychologischen Empfindungsweisen ihres Autors – sie sind nicht aus den tatsächlichen Widerspruchsverhältnissen, die das politische und soziale Preußen vor den Befreiungskriegen bewegte, beobachtet und entwickelt worden.

Dementsprechend wird man dem Schauspiel und seinen Figuren wohl nur gerecht, wenn man sie in Beziehung zur realen Biografie

155

Kleists verstehen lernt, wenn man die inneren und äußeren Tatbe-
stände dieses Lebens – »das allerqualvollste, das je ein Mensch geführt hat« – als realistische Opposition gegenüber der Traum- und
Desideratform des »Homburg« berücksichtigt.

Dabei lassen sich Transformationen sowohl psychologischer wie
politischer Motive verfolgen, wie z. B.: Kleists quälendes Verlangen
nach Anerkennung, nach gesellschaftlicher Achtung als Schriftsteller
(im speziellen auch: nach Protektion durch das preußische Herrscher-
haus) ist in die Figur des Prinzen eingeschrieben und erfüllt sich in ihr;
oder, das Stück gedeutet als Ausdruck der politischen Hoffnungen
Kleists, die hier ebenfalls, anders als in Wirklichkeit, in Erfüllung
gehen: so wie das brandenburgische Militär dadurch zu neuer Kampf-
stärke gelangte, daß die alte Ordnung von einem jungen Genie beseelt
wurde – so muß sich auch die schwache preußische Führung von den
Ideen des nationalen Befreiungskampfs und deren Vertretern beseelen
lassen, um die napoleonische Fremdherrschaft abzuschütteln. Der
Traum des Prinzen Homburg nimmt also auch die Gestalt einer politischen Legende an: einer prospektiven Legende, die nicht nacherzählt,
sondern verheißt und danach drängt, sich zu bewahrheiten.

Eugène Labiche/Botho Strauß:
»Das Sparschwein«.
Regie: Peter Stein, 1973

1972 ist das produktivste Jahr der Schaubühne. Außer *Optimistische
Tragödie* (April), *Wiener Wald* (August) und *Homburg* (November)
kommen die Kollektivproduktionen *Transportarbeiter Jakob Kuhn*
(Januar) und *Märzstürme 1921* (März) heraus; im Dezember inszeniert Peter Stein noch *Fegefeuer in Ingolstadt*. Im folgenden Jahr zeigt
Wilfried Minks *Die Hypochonder* von Strauß und Steckel Brechts *Die
Ausnahme und die Regel*, wieder als Kollektivproduktion entsteht der
erste Teil des Kinderstücks *Gilgamesch und Engidu* (der zweite Teil
folgt 1975).

Zu Beginn der Spielzeit 1973/74 wird dann *Das Sparschwein* produziert. Vier Akte lang sieht man einem großen Jux zu, im fünften

Vorherige Seiten: *Prinz von Homburg*, Schlußszene

Bild hebt die sehr selbständige Bearbeitung von Eugène Labiches Vorlage (*La Cagnotte*, uraufgeführt 1864 in Paris), die Botho Strauß hergestellt hat, eine kritische Tendenz der Unternehmung hervor. Der Abend fügt sich dann ein in den Zusammenhang der Untersuchung jener Bürgerwelt des 19. Jahrhunderts, die mit Ibsens *Peer Gynt* eröffnet wurde.

Der Jux: Drei Bürger aus einem französischen Provinznest (Otto Sander, Wolf R. Redl, Werner Rehm), dazu die Schwester und die Tochter des einen (Jutta Lampe als ältliche Jungfer und Elke Petri) treffen sich regelmäßig zum Kartenspiel; immer, wenn dabei einer ein bestimmtes Blatt hat, wird die Einzahlung eines kleinen Betrags in ein Sparschwein fällig. Die Mitglieder der Runde beschließen, dieses beiläufig ersparte Geld auf einem Ausflug nach Paris gemeinsam durchzubringen. In Paris aber tapsen die Provinzler von einem Unglück ins andere, schon beim ersten Essen werden sie übervorteilt, und ihre Dummheit mehrt den Schaden. Die Reise geht übel aus, man macht sich der Zechprellerei schuldig, muß ins Gefängnis, erreicht dann trotzdem den Salon eines Kupplers (Peter Fitz), der für die alte Jungfer der Gruppe einen Mann finden will, aber – auch das ein Reinfall – der ersehnte Partner ist selber einer aus der Gruppe, der Apotheker, der sich vorher heimlich abgesetzt hatte.

Die kritische Tendenz: Im fünften Akt haben sich die Provinzler, inzwischen mittellos und vor der Polizei flüchtend, auf einer Baustelle in einem Stadtviertel versteckt, das abgerissen wird. Haussmann, der Architekt eines neuen Paris, durchzieht die Stadt mit breiten Boulevards, militärischen Aufmarschstraßen, mit denen Kapital und Bürgertum sich vor den Aufständen des Proletariats zu schützen rechnen. Die Welt der Kleinbürger geht zu Bruch, schon sind sie (ihre Ideale und kleineren Hoffnungen) bloß noch Relikte aus einer vergangenen Zeit – die neue, heraufziehende wird die Eigenarten ihrer Klasse freilich nur vergrößert reproduzieren: Die sich die Welt mit dem Inhalt eines Sparschweins meinten kaufen zu können, werden von größerem Kapital verschlungen werden.

Peter Stein inszeniert die unangenehme, schließlich regelrecht katastrophische Reise der Provinzler in eine Welt, die sie schon nicht mehr verstehen, zu einer lustvoll-vergnüglichen Veranstaltung. Es besticht die Fähigkeit der jungen und ernsten Schauspieler des Ensembles, sich alt und komisch zu machen. Bei aller Turbulenz der einzelnen Szenen

Das Sparschwein, Männer aus der Provinz: Menne, Sander, Rehm, Redl

und bei aller Komik verlieren die Figuren nie die genaue Kontur und bleiben die Bilder sorgfältig und empfindlich gegliedert.

Das »Antikenprojekt«
Erster Abend:
»Übungen für Schauspieler«.
Gesamtleitung: Peter Stein, 1974

»Antikenprojekt« – der Titel verbindet zwei Teile. Der Anspruch ist: *Die Bakchen* des Euripides, von Klaus Michael Grüber für den zweiten Abend inszeniert, soll nicht nur für sich genommen und als ein Kunst-Stück aus dem alten Bestand der Theaterliteratur vorgeführt werden, sondern den Vorstoß in einen größeren Zusammenhang ver-

160

anlassen: Antrieb sein für die szenische Erforschung der Herkunft des Theaters, der Sprache, des gesellschaftlichen Gedankens und unseres Bewußtseins aus antiker Vergangenheit. Es geht um die Anfänge.

Das Unternehmen ist, wie *Peer Gynt*, wieder fast ein Jahr lang vorbereitet worden. Mit Elan und Enthusiasmus hat sich die Gruppe auf die Antike eingelassen. Man sucht auch das persönliche Griechenland-Erlebnis, nach Reiseplänen Dieter Sturms segelt ein Teil des Ensembles im Sommer 1973 zwischen den griechischen Inseln. Aber das Interesse gilt auch der Kasseler »documenta 5«, der internationalen Kunstausstellung im selben Sommer: die neuen Formen der bildenden Kunst (»Spurensuche« heißt eine aktuelle Strömung) sollen die eigene Arbeit anregen, das ist in den *Bakchen* nachher auch zu sehen. – So weit holt die Vorplanung aus, daß früh klar wird: Im Haus der Schaubühne am Halleschen Ufer ist das Projekt nicht zu verwirklichen. Ein Pavillon auf dem Berliner Messegelände wird gemietet und von Karl-Ernst Herrmann umgebaut. Auch darin zeigt das Besondere der Unternehmung sich an: daß sie im Theater nicht mehr möglich ist.

Im Vordergrund stehen Ansätze. Ihre szenische Durchführung nennt das Ensemble selbst, im Programmheft (siehe die Protokollauszüge), »fragwürdig«. Für die Beurteilung der beiden Abende sind die gewöhnlichen Kategorien von Erfolg oder Mißlingen damit teilweise außer Kraft gesetzt. Ein Ensemble fordert von sich die Anstrengung, herauszufinden, wieviel von den Anfängen der Kunst der Darstellung (also: des Theaters) denn überhaupt darstellbar ist. Gefragt wird nach Theater. Aber auch danach, wie das Subjekt im Kontext von Theater zu sich selber kommt. Das derart Radikale des Vorhabens ist seine Qualität.

Man muß das als Zuschauer im Kopf behalten, um zu der ersten Aufführung, den »Übungen für Schauspieler«, nicht den Zugang zu verlieren. Peter Stein hat diese Vorstellung mit der gleichen Gruppe vorbereitet, die am nächsten Tag *Die Bakchen* spielen wird. Die Intention war zunächst, im Rückgang auch auf vor-theatralische Formen die Entstehung der Tragödie zu schildern. Der Mangel an authentischem Material hat dann zu einer Reduktion geführt, man kann auch sagen: der Ansatz, einen historischen Verlauf nachzubilden, ist privatisiert worden. Es bleiben zwar noch einige allgemeine Metaphern für den Weg des Subjekts aus dem Zusammenhang der Natur in den der Kultur: aber immer wichtiger wurden in der Arbeit die Reflexionen

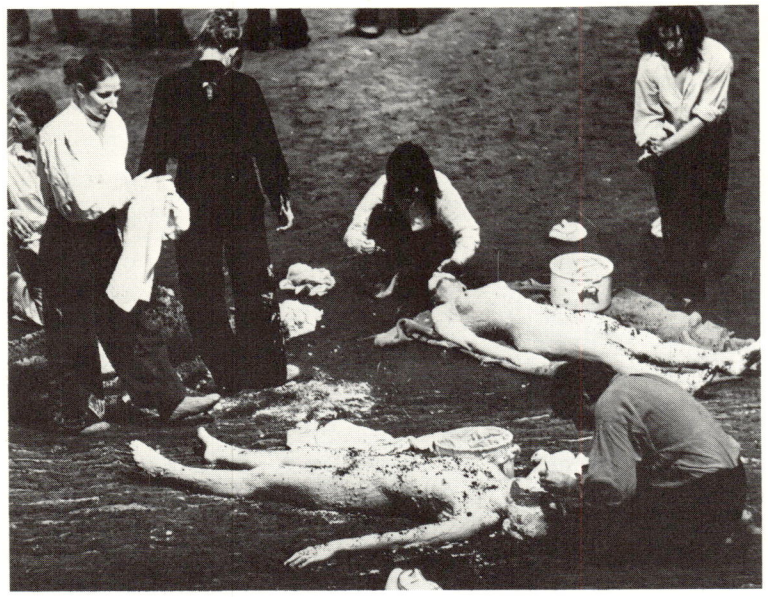

Antikenprojekt, 1. Teil (Übungen), Initiationsriten

der Schauspieler auf sich selbst. Wie sie selbst sich spielend erfahren, und das heißt: wie sie erfahren, was Spielen ist, welche Beziehungen zum Beispiel zwischen psychischen Dispositionen und körperlichem Ausdruck bestehen und wie Darstellung und Wirklichkeit aufeinander zubewegt werden können – das steht nun im Zentrum der »Übungen« dieses ersten Abends.

Die dramatischen Grundsituationen, die den Selbsterfahrungen der Schauspieler den Stoff liefern, sind mehrmals Motive aus den *Bakchen.* Es sind vor allem Situationen der Überschreitung: eine Jagd, eine Opferhandlung, eine Initiation. Der Abend führt auf diese Vorgänge langsam hin. Mattes Licht in dem Philips-Pavillon des Messegeländes. In dem Raum ist braune Erde aufgeschüttet. Zu einer Schmalseite der rechteckigen Spielfläche hin steigt der Boden steil an. Die Zuschauer sitzen in mehreren ausgehobenen Versenkungen auf schmalen Holzbalken, wie die Ruderer in antiken Galeeren. Eine Bahnhofsuhr unter der Metalldecke gibt die Real-Zeit an. Die Schauspieler, in hellen Blusen und grünlichen Hosen, liegen anfangs wie

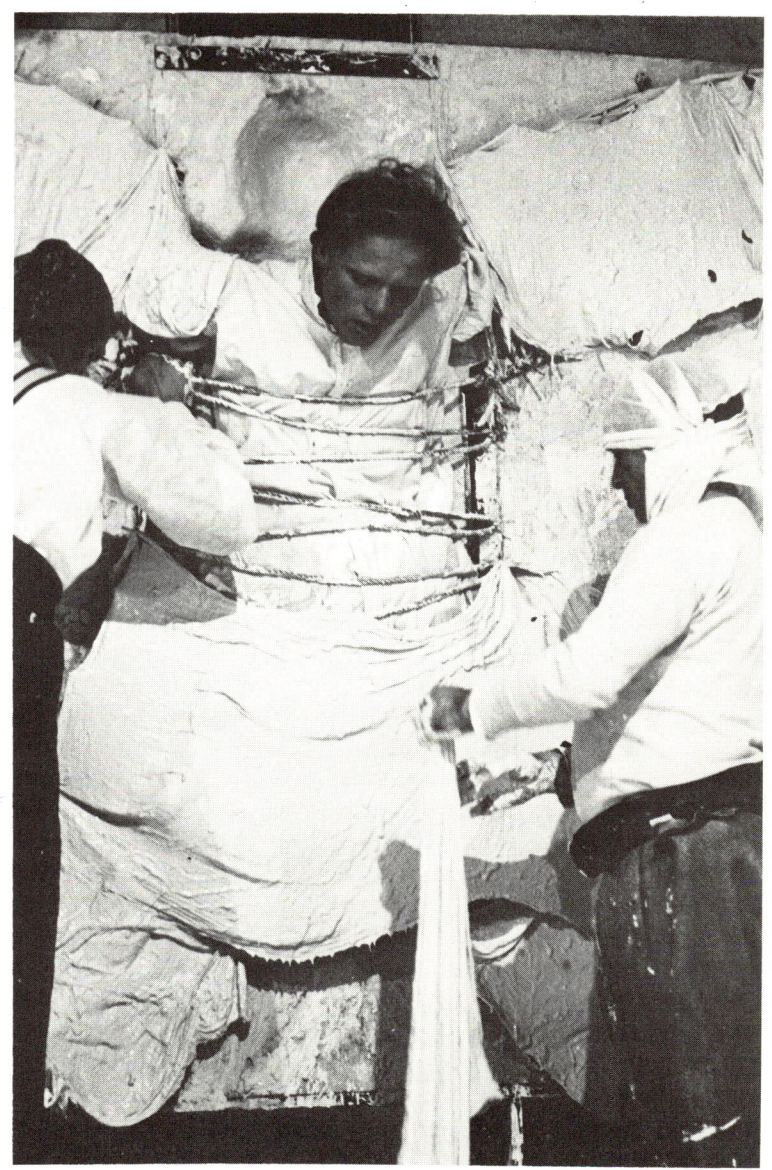

Antikenprojekt, 1. Teil (Übungen), der gefesselte Prometheus

schlafend auf der Erde. Allmähliches Erwachen, Aufstehen, Gliederschütteln, schläfrige Bewegungen, erste Schritte, Lockerungsübungen. Ein Zusichkommen.

Dann probieren die Spieler ihre Reflexe, sie schneiden Grimassen, stoßen Laute aus, erkennen, wie Laute und Gesten Bedeutung annehmen können. Später steigern sie sich in Gebärden des Krampfs, der ekstatischen Verzerrung. Aus den Einzelnen wird eine Gruppe, die den Einzelnen aus sich auch wieder entläßt. – So vielleicht, will das sagen, sind Menschen darauf gekommen, sich zu äußern und sich zueinander zu verhalten. So haben wir gelernt, mit körperlichen Signalen Sinn zu vermitteln, Kontakt herzustellen, aufeinander zu reagieren. Rudimente dieser Anfänge sind in kollektiven Reaktionen heute noch nachweisbar. Einmal wird Flugzeuglärm eingespielt, die Darsteller werfen die Köpfe zurück, ein alltäglicher Reflex.

Es folgt eine Jagd. Ein Spieler wird in ein bauchiges Kostüm gesteckt, als Wild kenntlich gemacht. Zwei Jäger in schweren, weißen Gummimänteln jagen das Opfer durch den Raum. Der Gejagte stürzt in ein Schlammloch. Die reale körperliche Erschöpfung des Verfolgten bestimmt den Augenblick seines Niedersinkens, seines Theatertodes. – Eine Opferhandlung schließt sich an. Ein Gebilde aus Knochen wird hereingetragen, die Gruppe umtanzt es, zerlegt es dann, legt die Teile auf dem Boden zu Mustern aus, das Ritual produziert: Form.

Nach der Pause, während der außerhalb der Halle ein Satyr im Schneeregen zwischen Fackelfeuern bockige Sprünge tut, werden Darsteller und Zuschauer für die Zeremonie einer Initiation in zwei Gruppen geteilt: die Männer bilden die eine, die Frauen die andere. Initiation, das ist die Einführung eines Menschen in einen neuen sozialen Zusammenhang: Drei männliche und drei weibliche Schauspieler werden von den anderen entkleidet, mit Schlamm bestrichen und mit Farben bemalt. Sie ersterben – und werden dann von der Gruppe in ihre neue Existenz eingeübt.

Das dauert lange Zeit. Und es geschieht sprachlos. Erst am Ende des Abends bilden sich Wörter. Der Schauspieler Eberhard Feik spricht, während zwei Männer ihn in eine Wand einzementieren, den Monolog des Prometheus aus *Der gefesselte Prometheus* von Aischylos. Prometheus stahl Zeus das Feuer und gab es den Menschen, aus Mitleid mit ihnen. Er sagt: »Von mir kommt den Menschen alle Kunst.« Der Monolog beschreibt eine Befreiung (zur Sprache), wäh rend der, der ihn spricht, in Zwang genommen wird. So ist die gewonnene Freiheit des Menschen auch ein Anfang seines Leidens.

Stein und die Gruppe zitieren für alle diese Vorgänge Elemente aus den Spielen des experimentellen Theaters der sechziger Jahre. Vom amerikanischen *Living Theater* bis zu Bazon Brocks *Unterstzuoberst*. Die Originalität der szenischen Erfindungen ist gering. Das wiegt jedoch weniger schwer als ein anderer Mangel: Zu oft zerfällt das große Thema der Bewußtwerdung des Menschen und des Aufgangs der Kultur in kleine, fast private Formen. Der Wechsel zwischen dem Format von Gedanken und dem Format ihrer szenischen Übersetzung ist nicht ohne Verluste bewältigt. Die »Übungen« lösen sich in Nummern auf, die, von der Jagdszene abgesehen, keine Spannung halten können. Das Zeitmaß der Bilderfolge ist sehr zerdehnt, und die Privatheit der Recherchen hat für die Zuschauer etwas Ausschließendes. Der Monolog am Ende kann dann die Konzentration nicht mehr mobilisieren, er bröckelt weg, wird als dramatischer Schlußpunkt einer langen Entwicklung nicht erkennbar. Die große Metapher auf die Menschengeschichte und die kleinen Übersetzungen schauspielerischer Erfahrungen – das zusammenzubringen ist als Aufgabe formuliert, aber nicht gelöst.

Zweiter Abend: Euripides: »Die Bakchen«. Regie: Klaus Michael Grüber, 1974

Wir können die authentische Spielform der griechischen Tragödie nicht wiederherstellen. (Auch die sommerlichen Darbietungen im alten Theater von Epidauros sind Folklore.) Das Material, auch große Teile der »Bakchen«, ist uns nur in unsicheren Überlieferungen zugänglich. Jede Aufführung der antiken Stoffe läßt sich auf etwas sehr Fernes ein, ruft in eine tiefe Dunkelheit der Geschichte zurück. Es gibt keine gegenwärtige Erfahrung, aus der sich der ursprüngliche Gehalt und die Dimension dieser Texte formal authentisch beglaubigen ließen. Nur tastend kann sich das Theater seiner Ur-Vergangenheit nähern. Es kommt mit eigenen Antworten. Aber die dürfen, sollen sie einen Sinn haben, nicht zudecken, wie tatsächlich unerreichbar fern die Figuren sind, auf welche die Konturen sich beziehen, die eine heutige Aufführung ihnen mitteilt.

Peter Stein und das Ensemble hatten sich bei der Nachbildung ritueller Ursprünge des Theaters im ersten Teil des »Antikenprojekts« immer wieder identifiziert mit den magischen Stimmungen kultischer Übungen. Erstaunlich war das, weil dieses Ensemble, das in seiner Praxis und in seiner Theoriearbeit bislang auf rationalen Begründungen bestanden hatte, nun, statt entstehungsgeschichtliche Muster immerhin versuchsweise vorzuzeigen, in kollektive Empfindungszustände sich aufgab.

Auch Grübers »Bakchen« haben noch etwas davon. Aber die »Stimmungen« setzen sich nun doch weit weniger dem Verdacht des Selbstzwecks aus, bedeuten vielmehr eben jene Fremdheit und Ferne des Stoffs. Die Inszenierung zitiert zeitgenössische Elemente in den archaischen Zusammenhang. Eine motorisierte Kehrmaschine, Männer im Astronautenanzug, Pentheus einmal im Seidenmantel von Muhammed Ali und mit den Bewegungen eines Boxers vor dem Fight – die Archaik etwa des Chors wird mit solchen »modernen« Zeichen plötzlich aufgebrochen und kontrastiert. Dadurch wird Distanz gewonnen, Identifikation unterlaufen.

Aus dieser Spannung zwischen alten und neuen Signalen resultieren die Faszinationen des Abends, allerdings auch seine enormen, für den Zuschauer oft kaum mehr lösbaren Widersprüche. Der Raum in dem Messe-Pavillon ist nach den *Übungen* wieder vollständig verändert. Eine weiße Spielfläche, von oben mit Neonröhren gleißend hell ausgeleuchtet. Die Zuschauer sind an einer Schmal- und einer Längsseite in einem ansteigenden Chorgestühl (beengt) untergebracht. Eine helle Wand schließt die Szene nach hinten ab. Sie ist von mehreren Öffnungen durchbrochen. Einer dieser Durchbrüche ist wie ein großes Fenster, man sieht dahinter zwei braune Pferde angebunden, ein Naturzitat. In der Öffnung daneben nimmt man einen befrackten Menschen wahr, der hin- und hergeht, manchmal Champagner trinkt. Eine Nische weiter steht der gelbe Reinigungsapparat mit der Astronautenmannschaft. Sachte Lichtwechsel überziehen die Wand bisweilen mit farbigen Schatten.

Man kann die Reize und die Diskrepanzen des Abends schon an diesem Szenenbild (von Gilles Aillaud und Eduardo Arroyo) erfahren. Die Auftritte der Schauspieler wachsen in den Raum hinein und vergehen wieder darin: diese Umgebung suggeriert Eindrücke und Assoziationen – und zehrt sie auch wieder auf. – Über die klinisch-weiße

Antikenprojekt, 2. Teil (Die Bakchen), Ganz (Pentheus), König (Dionysos)

Fläche wird der nackte Gott Dionysos (Michael König) auf einer hohen Krankenliege gerollt. Lallend beginnt er den Prolog, schwer formen sich Wörter und Sätze. Ein Kranker? Zuckungen befallen ihn, er schleudert sich von der Liege, die der nun einziehende Chor der Bakchen in einen Altar verwandelt. Dann reißen die Frauen die Bretter des Bodenbelags weg, die Erde des Vorabends (der *Übungen*) wird sichtbar, die noch vom Schlamm der Initiation bedeckten Alten, Kadmos (Peter Fitz) und Teiresias (Otto Sander), kriechen hervor, sie werden dem neuen Gott huldigen und sich dem Verbot des Pentheus widersetzen.

Aus diesem Verbot entwickelt sich die Tragödie. Pentheus (Bruno Ganz) spricht es aus. Der erste Auftritt des Königs ist schon bestimmt von der wütenden Ablehnung, mit der er den Dionysos bis ins eigene Verderben verfolgen wird. Man spürt an den fahrigen und zappeligen Bewegungen des Schauspielers, an dem rechthaberischen Ton seiner

Reden, daß dieser Pentheus seinen Kampf verlieren wird. Er setzt die herausgerissenen Bodenbretter wieder ein, verklebt den Boden, behauptet seine Ordnung gegen die Verlockungen des Gottes zu Rausch, Taumel, Überschreitung. Wenn die beiden, der Gott und der König, sich zuerst treffen, berühren sich ihre Körper, in einem Zungenkuß pressen ihre Gesichter sich aufeinander. Der Gott weicht aus dieser Umarmung zurück, löst sich, verweigert sich – das ist dann eine zusätzliche Motivation des folgenden Kampfes.

Dionysos gewinnt ihn mit einer Täuschung, lockt den König ins Gebirge, wo die Bakchantinnen den verkleideten Mann auf Geheiß des Gottes töten. Es kommt der fürchterliche Augenblick des Erkennens für Agaue, die Mutter des Pentheus (Edith Clever), die entsetzlichste Erkenntnis-Sekunde, von der je ein Dichter berichtet hat: In einen Rausch versetzt, hat Agaue dem eigenen Sohn den Kopf abgerissen, begreift es jetzt. Aber es sind nicht Leichenteile, die in die Stadt zurückgebracht werden, sondern die Kleidungsstücke des befrackten Herren, der so lange im Hintergrund sichtbar war, bürgerliche Requisiten. Was bedeuten sie? Das Schlußbild zeigt Agaue und ihren Vater Kadmos, sie nähen die Kleidungsstücke zusammen, die Frau nun wieder beruhigt, ihre Tat vorüber (und verdrängt?), eine Idylle, in der die Welt wieder heil ist. Triumphiert da die Normalität über den Wahn, in den der Gott seine Gläubigen stürzte? Edith Clever ist jetzt umgezogen, sie trägt nicht mehr die blutigen Binden, die um den Körper gewunden waren, als sie den Kopf des Sohnes anschleppte. Nun sitzt sie da in einem Gewand, wie es die Frauen in unseren Aufführungen der Stücke Ibsens tragen. Was heißt das? Geht aus den »Bakchen« ein bürgerliches Subjekt hervor, seinen Zustand und seine Vergangenheit kennend und sich damit abfindend, bis dann vielleicht der Wunsch nach Selbstbehauptung die Frau vom Nähtisch sich wieder entfernen läßt? Müßte den »Bakchen« nun also *Nora* folgen? – Und warum, wenn Dionysos eingangs als ein Kranker vorgeführt wird, verschwindet er dann, ohne daß der Gedanke weiterverfolgt würde, fast unmerklich aus der Aufführung? Er setzte den Pentheus noch auf eines der Pferde, leitete das Tier weg, und kommt dann nicht wie (wahrscheinlich) bei Euripides in der Schlußszene als Strafender und seine Strafen Erklärender wieder. Er ist einfach fort. Also als geheilt entlassen, oder nur aufgegeben?

Die Aufführung bringt oft auf solche (irren) Fragen, weil sich ihren

Bildwerten dauernd Bedeutungen assoziieren, die aus der Inszenierung wie Nebelfelder aufsteigen. Grüber hat seiner Neigung, dem Zuschauer den Kontakt mit den Erfindungen auf der Bühne zu verweigern, hier vielfach nachgegeben. Er zerstört das Zeitmaß der Auftritte, bis keine Aufmerksamkeit mehr standhalten kann. Die beiden Berichte der Boten von den Orgien der Frauen im Gebirge werden durch Ablenkungen fast annulliert: Heinrich Giskes bändigt, während er redet, zwei wilde Hunde und füttert sie mit rohen Fleischfetzen – was ein kräftiges Bild ist, aber von der Rede abbringt; der andere Bote, Rüdiger Hacker, macht aus seinem Bericht durch ein von langen Pausen unterbrochenes Kreischen eine ganz zerstückelte Nummer.

Die Interpretation dieser Vorgänge ist kaum noch möglich. Vorgeführt wird ein Kunstgebilde von höchster Willkür. Voll szenischer Einfälle, Brüche, Stillstellungen, Hemmungen, Pausen. (Obwohl sehr viel zu sehen ist, hängt der Abend doch auch durch.) Man ist nachher hin- und hergerissen. Denn in all den Beliebigkeiten gibt es auch wieder sinnvolle Partien. Zum Beispiel die Auftritte des Chors, den Grüber nicht als dicht geschlossene Gruppe sprechen und sich bewegen läßt, sondern gleichsam auflöst: Einzelne der Frauen reden für alle, die Figuren verteilen sich über den ganzen Raum, führen eigene Ballette auf. Ein Chor, in den man sich fast physisch hineinfinden, beinahe einleben kann. – Dann aber werden die neuen Mittel der Darstellung auch wieder durchkreuzt von denen eines alten, verbrauchten Mimentheaters (Edith Clever). Zwischen derart disparaten Elementen stellt sich ein Zusammenhang kaum noch her. Die Beschäftigung mit dem entfernten Stoff kann ihre Ergebnisse schließlich nicht mehr verstehbar und begreiflich machen. Man kann sagen: Die Aufführung erliegt ihrer eigenen Wahrhaftigkeit.

In der Vorbereitung des »Antikenprojekts« hatte sich das Ensemble gruppenweise mit Themen wie »Mythologie«, »Theatergeschichte«, »Riten«, »Psychologie in den Bakchen« usw. beschäftigt. Abschließende Diskussionen versuchten dann, das zusammengetragene Material zu sichten. Hauptpunkte dieser Diskussion, zu denen die nachstehenden Protokolle gehören, waren die Frage von Distanz und Nähe, Aspekte der Dionysos-Figur und Überlegungen zur Organisation des Chors. Es spiegelt sich in diesen Protokollen auch der Gedankengang, der zu den *Übungen für Schauspieler* geführt hat. – »Es wurde daran erinnert, daß wir ... meinten, daß dieser Stoff etwas mit uns zu tun

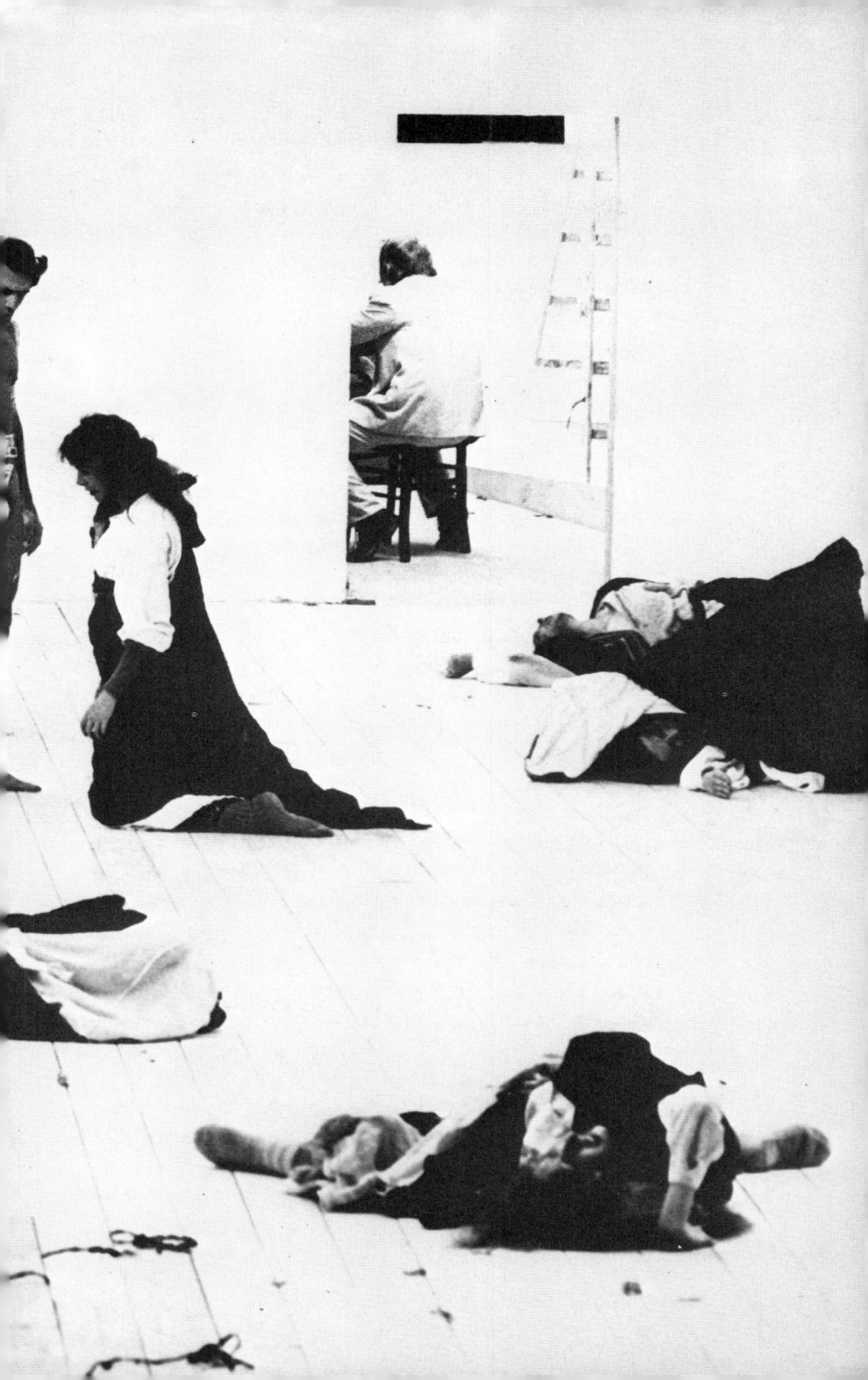

habe.« Gegen diese »Meinung« vor allem, aber nicht bloß gegen sie, hat sich dann die ausführliche (und ausführlich heftige) Kritik Bazon Brocks am »Antikenprojekt« gerichtet (Bazon Brock: *Ästhetik als Vermittlung*, DuMont, Köln, 1977, S. 624–633). Brock: »Es ist eben Hybris zu meinen, daß die historischen Zeugnisse unserer Kultur ausschließlich dann noch ein Recht auf Rezeption hätten, wenn sie uns etwas zu unseren gegenwärtigen Problemstellungen so sagen, als seien sie heute verfaßt worden. Das ist nur die Fortsetzung der Erörterung der ewigmenschlichen Probleme.«

Auszüge aus den Abschluß-Diskussionen »*Antikenprojekt*«:

1. Die Frage von Distanz und Nähe

Es wurde daran erinnert, daß wir bei unseren ersten Annäherungsschritten meinten, daß dieser Stoff etwas mit uns zu tun habe. Wir konnten dies damals nicht erklären. Jetzt müßten wir diese Punkte herausfinden. Eine anfängliche Überlegung für den ersten Abend war, szenische Mitteilungen über die Entstehung der griechischen Tragödie zu machen. Wie die Darlegungen der Theatergruppe gezeigt haben, ist das vorliegende Material nicht geeignet, einen genau bestimmbaren Entwicklungsgang der Tragödie zu rekonstruieren. Aus der Tatsache, daß keinerlei authentische Überlieferung vorhanden ist, wurde das Recht abgeleitet, den Stoff mit eigener Problematik zu füllen. Vorschlag, sich zunächst einmal der Dinge zu versichern, die Impulse geben bzw. Rohmaterial für Umsetzungen in theatralische Vorgänge darstellen können. Es müßten Themen sein, zu denen Schauspieler ein Verhältnis finden, mit denen sie sich in einer körperlichen Art und Weise identifizieren können. Ein realistisches Nachvollziehen z. B. eines Opferganges setzt Identifikation mit dieser Handlung voraus. Ein distanziertes Nachstellen erschien kaum vorstellbar.

Ein weiterer Interessenpunkt war, solche Komplexe wie die Vorstellungen des Sterbens und Wiedergeborenwerdens in der Initiation und im Lebenszyklus archaischer Gesellschaften thematisch zu erfassen.

Für die Darstellung müßte die Frage geklärt werden, ob sich die Schauspieler so verhalten, »wie sie es kennen«, ob wir darstellungsmäßig eine erhellende, erklärende Vermittlung anstreben oder eine

Antikenprojekt, 2. Teil (Die Bakchen), Chor, Bühne: Aillaud und Arroyo

schockartige Wirkung, ein direktes Erlebnis, in das die Zuschauer hineingezogen werden, einen Zustand, in dem nicht mehr alles selbstverständlich ist.

Welche Mittel wir für die Herstellung von Angst und Schrecken einsetzen können, hängt davon ab, was uns interessiert, welche Aspekte etwas mit uns zu tun haben, was wir mit beiden Abenden klarmachen, vermitteln möchten. Wie kann man das, was Schauspieler machen, durch das Auffinden eines bestimmten identifikatorischen Ansatzpunktes mit dem, was an den beiden Abenden geschehen soll, zur Deckung bringen?

Wir haben festgestellt, daß die mimetische Tätigkeit auf einen ganz bestimmten irreversiblen Punkt zufluchtet (Sparagmos, Beschneidung, Tötung des Opfertiers), meistens mit Blut verbunden. Man könnte sagen, daß die ganze Theaterspielerei nur erfunden wurde, um den Tod zu eskamotieren. Um den Tod zu bewältigen, haben die Menschen ihn nachgespielt, ihn wiederholbar gemacht und zugleich gerade durch das Spiel tabuisiert, verdeckt. Durch den mimetischen Nachvollzug wird auf den katastrophalen Charakter der die Menschen bedrohenden Phänomene hingewiesen – ohne unmittelbare Bedrohung durch eine neue Katastrophe. Bevor die Bedrohung in einen produktiven, lösenden, befriedigenden Prozeß umgesetzt wird, wird sie im Spiel grausam und selbstgeißlerisch von neuem ins Werk gesetzt. Etwas im Grunde Nichtwiederherstellbares, Unwiderrufliches wird wiederhergestellt. Dies scheinen die Themen, Elemente, Verhaltensweisen zu sein, die wir umsetzen können. Voraussetzung: daß uns bewußt ist, daß eine theatralische Darstellung in sich immer schon das Stigma trägt, etwas Unmögliches, Nicht-Herstellbares dennoch herzustellen.

Interessant wäre zu fragen, wie wir heute auf die Konfrontation mit dem Tod reagieren. Das »Verfahren«, das wir anwenden, ist das der Verdrängung; es ist weit entfernt von der Todesbewältigung durch einen darstellerischen Prozeß und rituell-mimetisches Verhalten. Im Gegensatz zur Verdrängung beinhaltet das rituell-mimetische Verhalten nicht nur das Verhüllen, sondern zugleich auch ein aktives Aufdecken, eine aktive Annäherung. Was wir jedoch normalerweise praktizieren, ist lediglich der Vorgang des Verhüllens, während der mit dem Vorgang des Aufdeckens verbundene Mut bei uns zu kurz kommt. Das konnten wir aus der Beschäftigung mit dem Material

173

lernen. Mit diesem Stoff sind wir sozusagen im eigenen Fach getroffen und müssen uns den Anforderungen, die er an uns richtet, stellen.

Die Frage von Distanz und Nähe. Wir haben gesehen, daß die Strukturen bestimmter ritueller und kultischer Verhaltensweisen sich nicht nur mit psychologischen Strukturen, die wir kennen, sondern auch ganz speziell mit Theaterarbeit in Verbindung bringen lassen. Dies sind die Punkte unmittelbarer Nähe. Man kann sich fragen, ob unsere Verhaltensweisen, unsere »Ins-Werk-Setzungen«, verglichen mit dem, woraus Theaterspiel entstanden ist, von ausreichender Rigorosität sind. Ob uns bewußt ist, mit welchen Gegenständen wir umgehen. Ob genügend Radikalität dahinter ist. Oder ob wir bereits so an dem Distanzierungsprozeß teilnehmen, daß wir nicht mehr sagen können, der Stoff habe noch etwas mit uns zu tun. Über solche Fragen müßten wir uns Rechenschaft ablegen, was durchaus auch vor Publikum geschehen kann. Auf einer Stufe beginnen, die vor dem Theaterspiel liegt, d. h., daß sich die Schauspieler selbst als Material verstehen und versuchen, etwas miteinander zu machen, angewiesen nur auf ihren Körper, Atmung etc., sich zunächst einmal psychischen und physischen Grundverhältnissen auszuliefern.

Ist es überhaupt möglich, daß Theater hinter das Theater, hinter das, was in Griechenland als Spiel der Mimesis begann, zurückgehen kann? Ist nicht vielmehr jedes Zurückgehen zugleich ein mimetisches Zurückgehen, weil alle scheinbar unmittelbaren Prozesse bereits im Medium der Mimesis dargestellt werden?

Um deutlich zu machen, daß die Realität des Theaterspiels auf Verwandlung, Imagination und Mimesis beruht, könnte man sich die groteske Situation denken, etwa daß man dem Publikum zunächst einen Verkehrstoten zeigt, diesen dann wegnimmt und der Platz von einem Schauspieler eingenommen wird, der den Toten darstellt. Der Moment der Verwandlung ist die eigentliche Realität unserer Praxis. Auf diesen Moment der Verwandlung sollten wir hinweisen, weil er mit der Geschichte von Theater und unseren Schwierigkeiten unmittelbar zu tun hat. Charakteristisch für den Verwandlungsmoment ist, daß sich gleichzeitig etwas auflöst und etwas herstellt.

Die Schauspieler müßten versuchen, sich zunächst in einen außermimetischen Zustand zu bringen, psychische Grenzüberschreitungen zu versuchen, sich beispielsweise in einen Angstzustand hineinbegeben, bei dem sie auf bestimmte mimetische Mittel verzichten. Aus

174

diesem »vormimetischen« Zustand müßte dann systematisch etwas aufgebaut werden, bis hin zu Chorformationen und Text.

Eine Möglichkeit des Beginnens: daß man von einer Reduktion der schauspielerischen Möglichkeiten – Verzicht auf Sprache, Gestik – ausgeht. Vorgänge zeigen, in denen aus der Bewältigung eines Ereignisses ein Wort, eine Bezeichnung, ein Tanz, kollektive Bewegung, Bewußtsein entsteht.

Der ganze irrationale Komplex des Entstehungsprozesses von Theater kommt an einem Punkt an, wo er sich mit äußerster Präzision und Ökonomie verbindet, d. h. mit äußerster Bewußtheit. Unser Interesse an dieser Unternehmung: Die Untersuchung unserer eigenen Tätigkeit, der Frage nach der Theaterspielerei, ihren Voraussetzungen, ihren Möglichkeiten bzw. Unmöglichkeiten.

Bei Durchsicht der antiken Theaterstücke war ein Text aus dem *Gefesselten Prometheus* aufgefallen, der als eine Art Motivkatalog für den ersten Abend gelten könnte. Der Text beschreibt aus der Sicht des Prometheus einen Bewußtwerdungsprozeß, an dessen Ende der Prometheus-Text selbst steht. Wenn man fragt, welche Prozesse, welche Neuerungen könnten am ersten Abend geschehen, findet man in diesem Text Anhaltspunkte. (Der Text wurde vorgelesen.)

Der vorgelesene Abschnitt erschien als ideale Einleitung in die »Bakchen«. Die Setzungen, die Prometheus macht, der »höhnische Rückblick«, der Bruch mit der Vergangenheit und die Absolutsetzung des eigenen Beginnens sind etwas, was auch auf Pentheus zutrifft. So könnte man den ersten Abend enden lassen. Das Aufregende an dem Text ist zum anderen, daß er in einer dem Inhalt vollkommen widersprechenden bildlichen und physischen Situation – Prometheus wird an einen Felsen gefesselt – gesprochen wird. [...]

2. Aspekte der Dionysosfigur

In Bezug auf den Dionysosprolog wurde überlegt, unter welchen verschiedenen Möglichkeiten man ihn darstellen könne. Man könnte zunächst einmal einen Typ zeigen, der in eigenartiger Weise darauf beharrt, Mensch und gleichzeitig Gott zu sein. Die Identitätsfindung des Dionysos, die Läsionen, die er bei seiner Geburt erhalten und auch durch sämtliche mythologischen Erzählungen hindurch nicht verloren hat, muß für uns begreifbar gemacht werden. Dafür ist eine Verschiebung des Akzents notwendig. Dionysos muß durch verschiedene Formen von Menschlichkeit hindurchgehen und den Konflikt seiner Nichtanerkennung im ganzen Bogen austragen. Nach heutigen religiösen Vorstellungen leuchtet es nicht unbedingt ein, daß in einem Begriff, in einer Vorstellung oder Erfahrung von Gott etwas angegeben ist, was selber noch durch Materie, durch Psychologie hindurch muß, um zu sich selbst zu kommen, weil wir einen entleibten, spiritualisierten Begriff von Gott haben. Die religiöse Spiritualität des Stücks aber besteht gerade darin, daß sich die Göttlichkeit des Dionysos nur durch das Menschliche hindurch entfaltet. Genauso kann man es aber als eine »psychologische Kurve« eines Menschen bezeichnen, als eine Metapher für die Selbstfindung, die Identifikationsschwierigkeit eines Individuums, das sich nur entfalten und selbst finden kann in der Auseinandersetzung mit anderen. Der Auftritt des Dionysos, ein Einbruch in die zunächst als humane Welt des Möglichen verstandene Pentheus-Welt, ist ein Skandal. Setzt sich Dionysos als Gott, löst das wenig aus. Ist seine Setzung aber »Mensch«, sind die Schwierigkeiten, die er haben wird, ungeheuer. Eigentlich kann er gar nicht existieren, weil alles gegen ihn ist. Pentheus droht, ihn zu köpfen.

Er hat Dionysos als Gott abgeschafft; leugnet seine göttliche Her-

Antikenprojekt, 2. Teil (Die Bakchen), Heinrich Giskes, der 1. Bote

kunft, behauptet, daß es diesen Gott überhaupt nicht gibt. Dionysos will aber von den Menschen angenommen werden. Er will seine Identität erlangen. Dionysos erleidet einen totalen psychischen Entfremdungsvorgang, psychologisch gesehen den eines Psychotikers, d. h. eines Menschen, der auf die Negation seiner Person nicht mehr mit der verinnerlichenden Annahme des Unterdrückungszustandes reagiert, sondern dagegen eine andere Welt aufbaut; der den Anspruch erhebt, in sich den Entwurf einer Welt zu haben, in der es funktionieren kann, sich nicht an den gegenwärtigen Zustand von Theben anzupassen, sondern seine Anerkennung durch das Theben, das unter der gegenwärtigen Oberflächenorganisation besteht, zu verlangen.

Dionysos ist bestimmt von dem Willen, seine Form, seine Identifikation zu finden, weil er sonst in der Spannung Gott – Mensch explodieren würde. Es ist ein Kampf am Existenzminimum, beschrieben auf einer poetischen und gleichzeitig klinischen Ebene. Dionysos wird nicht als eine Figur gezeigt, sondern als ein Zustand, der notwendigerweise in etwas anderes übergeführt werden muß. Er ist ein Fremdkörper, der eine Verhandlungsebene provoziert, aber selber keine Ebene hat. Es findet durch ihn eine Verletzung des Ortes statt. Vorhandensein muß eine genau festgelegte Harmonie, in die etwas hereinkommt, was diese Harmonie stört: ein plötzliches Huschen, wo vorher nur Fluchtlinien waren. Ein Störfaktor in einem kybernetischen System.

Kann diese Art von Huschen, von Irritation auch eine sprachliche Form annehmen? Die Irritation könnte darin bestehen, daß ein solcher Typ überhaupt spricht. Ein Schauspieler? Ein Verrückter? Eine Fieberkurve? Wie weit kann man über den Grundwiderspruch Gott – Mensch hinausgehen? Die Umschreibungen dürfen keine Erklärungen sein (sonst brauchte der Chor nicht mehr aufzutreten), sondern Phänomene mit einer »irren« Logik. Der, der da durch den Prolog läuft, ist erst einmal eine Maske, aber weder Dionysos noch der Schauspieler des Dionysos. Dionysos muß sich erst finden. Der Zuschauer muß gezwungen werden, ein Wesen zu betrachten: die ins Klinische gedrückte Selbstbehauptung eines Schizophrenen, der ein bestimmtes Bewußtsein seiner eigenen Krankheit entwickelt (Anstrengung, Bezweiflung, Erklärung, Angst, nicht akzeptiert zu werden etc.) – es ist die innere Kurve, eine Art Delirium (das kann zum Schweigen oder zum Wahnsinn) – letzte Formen der Entäußerung -- führen). Die Chance, ein Klinikbett zu zeigen, das sich gleichzeitig als kosmischer

Raum definiert. Die Reise wird sprachlich gestaltet, das Gestammel wird zur Fahrt. Die Klinik, in der Dionysos sich befindet, ist so beschaffen, daß sie nicht mehr aushaltbar ist. Entweder die Klinik muß sich verändern, oder Dionysos muß sich verändern. [...]

3. Schwierigkeit des Chors.

Der Chor kann keinen Ort für sich haben, schon gar nicht darf er sich statisch an einem Ort befinden wie etwa in der antiken Orchestra, er kann aber ebensowenig auf- und abtreten. Er muß die Räume wechseln können, sich damit in immer neue Schwierigkeiten begeben. Er muß neue Räume suchen und aufsuchen. Er muß zum Teil des Bühnenbilds werden können. Er muß für bestimmte Phasen erstarren können. Wenn die Bakchen auftreten, teilt sich gleich (ein Wesentliches von ihnen) mit, was sie definiert: das Theatralische. Mit ihnen tritt etwas auf, was nicht unmittelbar aus dem Ort herzuleiten, was nicht dem Ort immanent zu sein scheint. Als Fremde treffen sie auf Fremdes, verändern es, formen es um, eignen sich das Fremde an. Ist mit Dionysos eine existentielle Notwendigkeit gezeigt, zeigt sich in den Bakchen die Notwendigkeit, das umschreiben, darstellen zu müssen, was Dionysos eigen ist, was ihn im Prolog in diese (existentielle) Grenzsituation getrieben hat, was er selbst nicht verständlich mitteilen kann. Der Chor setzt dort ein, wo Realität nur durch Theatralität wieder zur Realität führen kann.

Wenn der Chor das Problem des Prologs nicht aufnehmen und mit ungeheurer Schwierigkeit versuchen würde, Übersetzungs- und Darstellungsmöglichkeiten (kollektiver Art) zu finden, könnte gar nichts weiter stattfinden. Der Chor macht den Fortgang möglich, er erfindet Bilder, erfindet etwas, wodurch das Problem sich weiterentwickeln kann, spielt Momente, die nicht mehr aushaltbar sind, durch eine Art »Umspielung« auf einer anderen Ebene als der, auf der sich Pentheus und Dionysos gegenübertreten, nochmals durch. Er hat die Funktion, nicht mehr austragbare, in der Realität nicht mehr verhandelbare Konflikte in einer Form von Spiel länger aushaltbar, einsehbar, psychisch verarbeitbar zu machen, wobei der Konflikt durch diese Vergegenwärtigung jedoch nicht seiner Lösbarkeit zugeführt, sondern nur verlängert und bis zu einem gewissen Grade besser verstehbar wird. Dramaturgisch ausgedrückt, könnte man sagen, am Chor kann man die Funktion ablesen, den vorzeitigen Ausbruch des Konflikts zu ver-

Antikenprojekt, 2. Teil, Agaue erfährt, daß sie den Sohn getötet hat

hindern, sich zwischenzuschalten und das vorzeitige Zusammenstoßen von Dionysos und Pentheus zu verhindern. Würde das geschehen, würde die Spannung, die das Stück ausmacht, in sich zusammenfallen, weil die beiden äußersten Pole bereits so zusammengehen, daß im Grunde keine Weitererzählung mehr möglich ist (Spannungstod durch Kurzschluß).

Dadurch, daß der Vollzug eines Dionysos-Rituals dieses Stück »grundiert« und der Chor als der Chor der Bakchen, also der Dionysos-Anhängerinnen auftritt, entsteht eine Bindung des Chors (als Exekutant des Dionysos-Rituals) in das Geschehen hinein, es besteht eine innere Interdependenz zwischen Chor und Protagonisten. Der Chor ermöglicht den Weitergang des Spiels. Er ist dazu einmal in der Lage, weil er über einen Vorrat an Umspielungsmöglichkeiten, Rekapitulationen verfügt, Kausalitäten, Korrespondenzen zur Geschichte, zur Mythologie, Genealogie etc. herstellen, bzw. feststellen kann. Zum anderen kann er dies auch deshalb, weil er ein Kollektiv ist. Konstituierend für die Bewältigung ist allerdings auch, daß sie mit »Opfern« bezahlt wird. Die Auffindung der Elemente, um den Vorgang zu umspielen und den Umspielungsvorgang selber in Szene zu setzen, erfordert ungeheure Anstrengung, ist nichts, was jederzeit zur Hand ist. Von hier aus können wir bestimmte Dinge, die zu dem Chor oder so etwas wie Theaterspielerei geführt haben, für uns wieder verstehbar machen. Allerdings wollen wir, über Euripides hinausgehend, die Anstrengungen, die es kostet, um einen derartigen Vollzug möglich zu machen, mitzeigen. Die Schwierigkeit des Chors, die Dinge zu umspielen, als Kollektiv zu funktionieren, wollen wir von Fall zu Fall immer wieder in verschiedener Weise zeigen; z. B. wie der Chor mythologische Bilder zusammensetzt; oder mit welchen Artikulationsschwierigkeiten das Auffinden bestimmter Begriffe oder kultischer Exklamationen (Worte wie Pieriden) verbunden sind. Hier soll gezeigt werden, wie die Auffindung eines solchen Wortes, seine zunächst individuelle, dann gemeinsame Artikulation ein schwieriger Prozeß ist. Ähnliches wäre an der Auffindung von Bewegungen, Auffindung einer bestimmten Syntax (Konsekutiv-, Kausalsätze etc.) zu zeigen. Was die Motivation des Chors, sich wieder zusammenzufinden, anbetrifft, so besteht sie in der Gefährdung des Zustandes, der durch die jeweilige Entwicklung des Konflikts zwischen Pentheus und Dionysos gegeben ist.

Maxim Gorki: »Sommergäste«.
Regie: Peter Stein, 1974

»In den ersten Minuten dieser Aufführung von Gorkis ›Sommergästen‹ sieht sich der Zuschauer mit einem Mal dreizehn fremden Menschen gegenüber, ziemlich in seine Nähe gerückt und doch alles andere als ihm zugewandt: ohne jede Umschweife beginnen alle, sich in
ihre privaten Auseinandersetzungen und Annäherungen zu vertiefen,
und der Zuschauer weiß eigentlich nicht so recht, worum es geht ...
Die Aufführung bietet an, eine Reihe von Menschen kennenzulernen,
ebenso wie man wirkliche Menschen kennenlernt in einer Gesellschaft, wo die flüchtigsten Kontakte die hartnäckigsten Mutmaßungen und Fantasien über die betreffenden Personen wachrufen. Und in
diesem Durcheinander von Beobachtung und Einbildung entstehen
bald Augenblicke der Entkräftung, in denen man jeden sicheren
Wahrnehmungsgehalt verliert und die nächste Umgebung wie eine
ferne Erscheinung empfindet.

Auf der Bühne erscheinen Leute aus einer vergangenen Zeit – der
älteste von ihnen muß ungefähr um die Mitte des vorigen Jahrhunderts geboren sein –, sie gehören in ein fremdes Land, ihre moralischen und intellektuellen Anschauungen scheinen völlig überholt zu
sein, und selbst ihre politisch-radikalen Äußerungen klingen für den
heutigen Sprachgebrauch verschwärmt. Aber so, wie ihre Kommunikation sich bewegt, das ist plötzlich auf unmittelbare Weise bekannt.
Es entsteht eine Art Realismus, der sich eher aus dem Diskurs als aus
der Psychologie der einzelnen Figuren entwickelt.

Eine solche Methode ließ sich an keinem anderen Stück Gorkis
besser ausprobieren als an ›Sommergäste‹, dessen Dramaturgie vielleicht unvollkommen sein mag, sich allzu oft mit Tschechow-Mitteln
herumplagt und doch in ihrer unebenmäßigen Gestalt eine große
Kühnheit gewinnt: ein Stück, das eigentlich aus einem unablässigen
Kommen und Gehen, einem einzigen großen Stimmenwirrwarr hervorgeht.« (Botho Strauß und Peter Stein, im Vorwort des Programmbuchs von »Sommergäste«).

Ein Birkenwald umsteht die Spielfläche – dunkle, braune, lehmige
Erde ist aufgeschüttet vor den Stämmen; sie läßt die Menschen, die da
vor ihren Datschas auf dem Land zusammentreffen, ihre Schritte
schwerfälliger setzen; noch ehe sie zu reden anfangen, erzählt ihre

Umgebung: von einem Sommer, der zu Ende ist, man ist fröstelnd müde davon, abends wird es früh kühl, Tage sind vergangen, in denen Jahre stecken, und was kommt, ist nicht abzusehen.

So gleicht dieses Bühnenbild (von Karl-Ernst Herrmann) tatsächlich einer Einführung – in Szenen, die die Beschreibung russischer Kleinbürger kurz nach der Jahrhundertwende liefern, Skizzen von Kleinbürgern also während der Jahre, in denen die Revolution sich vorbereitet. Ein Rechtsanwalt, ein Arzt, ein Ingenieur, ein reicher Pensionär, ein Schriftsteller, dazu Verwandte und Freunde, die Ehefrauen, Schwestern, ein Bruder, eine Ärztin – sie alle sind einmal aufgestiegen aus dem Proletariat, haben aber die Verbindung zu der Klasse ihrer Abkunft verloren, sind Fremde (eben: Sommergäste am Ende eines Sommers) in ihrem eigenen Land.

Man trifft in diesem frühen Stück Gorkis, das 1904 in Petersburg uraufgeführt wurde, viele der Personen und Regungen aus den Dramen Tschechows wieder, den Gorki glühend bewundert hat. Die Trauer der Figuren an ihrem kläglichen Leben, ihre Fragen danach, wie man leben soll, ihre Einsamkeiten, Ängste, Verletzungen, schließlich ihr Ekel an den eigenen poetischen Reden: Wir kennen die Klagetöne in diesen Szenen aus *Onkel Wanja*, aus dem *Kirschgarten* und der *Möwe*. Die Berliner Aufführung zeichnet eine Welt, in der noch die Erkenntnis anderer Möglichkeiten zunächst immer nur den alten Jammer provoziert, mit einer geduldigen, ausführlichen, fast: liebevollen Sorgfalt.

Man ist da, bis Gorki dann doch einen Teil der Gruppe ausbrechen läßt in ein neues, jedenfalls tätiges Leben, zuerst noch ganz bei Tschechow. Jedoch sind Gorkis Menschen, im Unterschied zu denen Tschechows, als einzelne schwächer ausgeprägt. Das ist an der Schaubühne schon sehr zu Anfang der Arbeit mit dem Stück erkannt worden. Die Figuren müssen hier aneinander definiert werden, geben sich zu erkennen, indem sie auf andere stoßen, eigenes Schicksal erfahren sie aus anderen Schicksalen. Die Bearbeitung des Stücks durch Botho Strauß und die Inszenierung Peter Steins gehen davon aus. Struktur und Abfolge der Szenen Gorkis sind durchgreifend verändert worden. Strauß und Stein stellen die Figuren nicht einzeln vor, sondern bauen sie aus einer Totalen gleichzeitig auf, das heißt: wir sehen eine Gruppe

Sommergäste, Frühstück im Grünen, Bühne: Herrmann

184

von Menschen, deren Beziehungen zueinander sich allmählich ergeben. Die Aufführung entfaltet sich aus einem über die ganze Breite der Bühne gespannten Fries der hingelagerten Schauspieler. Einzelne Gespräche beginnen hier und dort, überdecken sich, greifen ineinander, brechen ab und beginnen an anderer Stelle von neuem. (Dieses Inszenierungskonzept war ursprünglich für eine Verfilmung des Stoffs – zu der es 1975 auch wirklich kam, es wurde Peter Steins erster Film, er hatte die Sorgfalt seiner Theaterarbeiten, war nur manchmal vielleicht ein wenig zu schön – erdacht worden. Die Kamera sollte aus einer Gesamtansicht jeweils Einzelheiten herauslösen und dann wieder in die Totale zurückführen. Der Plan realisiert sich, anders als zunächst vorgesehen, nun zuerst auf der Bühne.)

Dabei gelingt es Stein, das Ensemble so zu führen, daß die Aufmerksamkeit des Zuschauers sich wechselnden einzelnen Konstellationen mühelos verpflichtet, obwohl alle übrigen Figuren immer gleichzeitig auch noch gegenwärtig sind. Die Organisation dieser szenischen Durchbildung eines Ganzen aus seinen Einzelheiten, und der Einzelheiten aus einem Ganzen, dieses gewirkte Menschen-Geflecht, das die Personen immer schärfer werden läßt, indem es sie in immer neue Verbindungen mit anderen bringt, Beziehungen, die sich selber dann wieder untereinander verknüpfen – dieser Prozeß einer langsamen, unendlich genauen, nuancierten Schilderung von Versagen, Jammer, Hoffnungen, Sehnsüchten und schließlich einem Ausbruch ist eine Regieleistung, die ein entschiedenes Empfinden für Menschen und dessen vorsichtige Kontrolle durch ein Vorwissen über ihre Lage und ihre Verhältnisse bezeugt.

Sie wurde Stein hier mit einem Ensemble möglich, das imstande ist, die in Gorkis Stück (und noch in der Bearbeitung) problematische Verschränkung von Zustandsbeschreibung und Emanzipationsdrama zu bewältigen. Denn das trennt Gorki doch sehr deutlich von Tschechow: am Ende verlassen die Frauen die Enge der Kleinbürgerwelt ihrer Männer. Das ist schwer zu spielen, weil das Stück diese Perspektive lange als nur eine weitere Sehnsucht, eine unter anderen, erscheinen läßt. (Ein Eindruck, den die Bearbeitung von Strauß und Stein eher verstärkt. Sie wirkt insgesamt weicher, empfindsamer, melancholischer als die Vorlage, betont ein Moment resignativer Trauer, mildert Härten und Brüche, aber zuweilen auch den kritischen Impuls Gorkis.)

Sommergäste, Edith Clever (Wawara), Elke Petri (Julija)

Der Aufbruch der Frauen vollzieht sich in der Inszenierung nun auch nicht als Geste einer wütenden Denunziation, sondern als immer dringlicher beschworene, endlich unausweichliche Konsequenz. Jutta Lampe (in der Rolle einer Ärztin) bringt den Gedanken mit einer gleichsam zögernden Beharrlichkeit in die Gruppe ein. Sie gewinnt sich zuerst den jungen, hinter vielen Masken sich versteckenden Clown der Gesellschaft (Michael König), dann auch die am tiefsten verletzte Figur, die Frau eines unempfindlichen Anwalts (Wolf Redl), der Edith Clever eine ernst-bittere Resignation mitteilt. Diese Frau liebte, ohne ihn vorher gesehen zu haben, einen Schriftsteller (Bruno Ganz), dessen Gedichte sie als Mädchen für ihn hatten erglühen lassen, und der sie, wenn er jetzt erscheint, mit seiner Normalität erschrickt.

Durch die Paare hindurch, die die Schauspieler wechselnd bilden, sieht man sie (auch: Otto Sander, Rüdiger Hacker, Günter Lampe, Werner Rehm, Sabine Andreas, Elke Petri) in den Rollen vorausgegangener Inszenierungen, vor allem der Stücke Peter Handkes. Das ist ein zusätzlicher Reiz. Man versteht angesichts dieser Aufführung besonders gut, was es bedeutet, daß ein Ensemble über Jahre zusammenarbeitet, sich entwickelt, wächst. Die Inszenierung ist unbezweifelbar das Werk eines Kollektivs. Wie die Mitglieder der Gesellschaft, die Gorki zeigt, sich aneinander bestimmen, haben auch die Schauspieler durch das Theater, das sie zusammen machen, etwas erfahren über sich. In der Aufführung von »Sommergäste« erreicht ihre Arbeit die höchste Übereinstimmung mit ihrem Gegenstand.

Friedrich Hölderlin an der Schaubühne

Für beide Hölderlin-Projekte, *Empedokles. Hölderlin lesen* und *Winterreise*, gilt: Sie waren Herausforderungen an das Theater der Zeit – und an sein Publikum. In einer Periode der größten stilistischen, ästhetischen Unsicherheit an den deutschen Bühnen mußte die Einlassung auf Hölderlin als Provokation wirken: durch den Grad der Schwierigkeiten, die sie den Schauspielern aufgab und durch die Anforderungen, die sie an die Zuschauer stellte. Wie Peter Steins *Tasso*, am Ende der sechziger Jahre, erfahren wurde als Zäsur, als Zuweisung neuer Aufgaben an das Theater, so waren auch die beiden Hölderlin-Abende, 1975 und 1977, unter veränderten gesellschaftlichen Umständen und nach allem, was geschehen war, nun wieder als Einschnitte zu sehen: kritische Erinnerung daran, daß die Bühne nicht Spielplatz einer Gesellschaft, sondern der Ort ist, an dem wir, aufs nachdrücklichste, härteste, schmerzlichste, auf uns selbst zurückgeworfen sind. Um zu erfragen, was verloren und was noch zu gewinnen ist.

Das ist die politische Dimension der beiden Projekte. Wie die 1975 in Frankfurt, im Verlag Roter Stern, von D. E. Sattler begonnene Edition einer neuen historisch-kritischen Ausgabe sämtlicher Werke, erkannten auch die beiden Versuche der Schaubühne Hölderlin als Zeitkritiker, als Hymniker der Revolution, aber auch als ein Opfer ihrer Unterdrückung. Dies freilich nicht auf plakative, auswendig-aktualisierende Weise. Sondern in Umsetzungen, deren ästhetisch differenzierte Erscheinungsform den politischen Gedanken in vielfach gebrochenen Ansätzen vorbuchstabierte und auf den Tag bezog.

»Empedokles. Hölderlin lesen«.
Regie: Klaus Michael Grüber, 1975

Die letzten Hütten, weiter unten, sind schon lange nicht mehr zu sehen. Das Gebell der Hunde, manchmal, dringt noch herauf von dort. Aber der Wind selbst, der stärker wird, ist besser zu hören als die Geräusche, die er trägt. Auf dem Gipfel helles Gestein in kantigen Brocken, der Boden ist naß, Pfützen. Zwischen den Trümmern liegt einer, unkenntlich fast, eingehüllt, beschützt von einer dick wattierten Montur, die wollene Mütze tief ins Gesicht gezogen, eine dunkle Brille bedeckt die Augen; doch das Licht, so hoch, hat nichts Blendendes, ist nur fremd, fahl.

Das ist, auf der Bühne, die dem Publikum gegenüber liegt, der eine Zusammenhang von Eindrücken und Empfindungen, in den man zu Anfang hineingezogen wird. Es gibt, gleichzeitig, einen anderen. Auf einer links vorgebauten Seitenbühne befinden sich sechs Menschen in einer Art von Warteraum. Ein Mann, heruntergekommen, könnte sein: ein Landstreicher, sitzt auf einer Bank, schneidet sich Brot, ißt. Viel später wird er (Werner Rehm) alle Kraft zusammennehmen und versuchen, ein spanisches Lied zu singen, Augenblick eines rasch einstürzenden Triumphs. Wie er bewegen auch die anderen sich kaum. Nur kleinste, die schmalsten, sprachlosen Regungen, mitunter plötzlich sich vergrößernd, wenn zum Beispiel einer eine Landkarte entfaltet, mit der Lupe etwas sucht. Das ist dann wie mit dem Lied: Eine Aktivität scheint beschlossen, ein Plan gemacht, eine Hoffnung gefaßt – aber die Anstrengung bewirkt nichts, ist umsonst, fällt, schon im nächsten Moment, wieder zurück in stillgestelltes, abgestelltes Leben, Erinnerung an etwas, das wie eine Möglichkeit schien. Und doch enthält und bedeutet diese ganze Beinahe-Leblosigkeit der sechs Einzelnen die umfassendste Bewegung: die der vergehenden Zeit.

Das ist nun die wichtigste Verbindung, die zwischen dieser und jener zuerst beschriebenen Szene besteht: daß in beiden, streng voneinander geschiedenen Zonen es um das Ende geht, um die Zeit und den Tod. Um den banalen, allgemeinen, alltäglichen, den Tod im-

Empedokles. Hölderlin lesen, Nebenbühne von Recalcati

merzu; und um das selbstgewollte, Erfüllung einschließende Sterben, den Sturz des Empedokles in den Ätna.

»Der Tod des Empedokles. Hölderlin lesen« – in dem zweiteiligen Titel des ersten Versuchs der Schaubühne mit Hölderlin ist sowohl der Hinweis enthalten auf den Vorgang seiner Entstehung als auch eine Hilfe angeboten, das Ergebnis dieses Prozesses zu verstehen. »Hölderlin lesen«: das will anzeigen, daß die Gruppe von Schauspielern um den Regisseur Klaus Michael Grüber und den Dramaturgen Dieter Sturm in ihrer Beschäftigung mit den »Empedokles«-Fragmenten sehr früh den Gedanken aufgegeben hat, am Ende der Arbeit könne eine irgendwie abgeschlossene, »fertige« Inszenierung behauptet und veröffentlicht werden; vielmehr ist dem Ensemble im Umgang mit den Texten die Notwendigkeit immer bewußter geworden, nicht ein Produkt der Annäherung, sondern diese selbst, im weitesten Sinne also den Prozeß des Lesens, zur Darstellung zu bringen.

So ist die Arbeit der Aneignung, sind ihre Erfolge und ihr Scheitern, das Thema des Abends. Man sieht nicht der Behauptung von Rollen zu, sondern dem Selbstausdruck einer Gruppe von Menschen, die sich an dem späten dramatischen Gedicht erfahren haben. Sie suchen nach Bewegungen und Bildern, in denen ihre Reaktion auf Form und Gehalt des Stoffs, und das heißt vor allem: auf das Erlebnis von dessen Fremdheit sich auswirkt. Ihre Angemessenheit gewinnt die »Aufführung« dann dadurch, daß sie gerade nicht voraussetzt, es existiere zwischen der extremen Besonderheit der Ideen wie der Sprache Hölderlins und uns ein verbindend Gemeinsames, sondern mit der Ausbildung eigener Besonderheit die Entfernung markiert und zugleich auf sie antwortet. Wenn Adorno (in seinem Essay über die späte Lyrik Hölderlins) die Fremdheit der Verse gegen den Verdacht der Willkür als Ausdruck der »Beredtheit eines Sprachlosen« bestimmt, so gilt das, auf anderer Ebene, nun auch für den Berliner Abend: Nicht subjektive Willkür der szenischen Erfindung kennzeichnet ihn, sondern etwas Objektives, der Untergang von Sachgehalten und Ausdruckswerten, der uns den »Empedokles« entrückt und entzieht.

Das bedeutet für die heutige Bühne, auf die direkte Vermittlung der Gehalte eines Denkens, die zwar der philosophischen Interpretation zugänglich, szenisch aber nicht unmittelbar gegenwärtig zu machen sind, verzichten zu müssen. (Der Regisseur Grüber spricht darum von einem »Tunnel der Reduktion«, durch den man gegangen sei). Tatsächlich ist die »Aufführung«, die von dem letzten, dichtesten und dunkelsten der drei »Empedokles«-Fragmente ausgeht, auch selber fragmentarisch, insofern sie dem Zuschauer ihre Fortsetzung anträgt: »Hölderlin lesen« meint dann auch, man habe selber, in eigener Arbeit, herauszufinden, wie man sich noch auf Begriffe des Innewerdens der Natur im Tod, des Mythos, der Vorstellung eines Werdens im Vergehen beziehen könne. Die »Aufführung« leitet darauf hin, ohne selber solche Begrifflichkeit szenisch zu explizieren.

Denn auf den beiden Bühnen bewegen sich die Schauspieler nur eben an der Grenze zu einem Verstummen, Verschweigen, Verhüllen, führen nur vor, wessen sie in Wörtern, Gesten, kurzen Gängen wie vor einem Abgrund gerade noch mächtig sind. Bruno Ganz, die Figur zwischen den Gesteinstrümmern, spricht die Verse des Empedokles mit inständiger Aufmerksamkeit: das Maß seines Sprechens ist das seines Begreifens. Dabei geschieht es, daß die Perioden sich bis zu

Empedokles. Hölderlin lesen, Bruno Ganz als Empedokles

einem Punkt dehnen, an dem für den Hörer die Verbindung zwischen
dem Anfang einer Zeile und deren Ende nicht mehr herzustellen ist. –
Die Bewegung des Empedokles auf den Tod zu wird, vorübergehend,
unterbrochen von dem Jünger (Hans Diehl), der ihn zurückhalten will
und abgewiesen wird; später von der Gestalt des Mannes (Willem
Menne), der die Allwissenheit, die Schicksalserfahrung aller Menschen und Völker verkörpert, auch das eine Figur, die auftretend nur
auf das Unaufhaltsame des großen Abgangs des Empedokles hinweist.

Ein Klima von Ende, Abgang, Abschied. Grüber führt den »Empedokles« fast in die Nähe der späten Stücke Samuel Becketts. Die Ab-
dichtung gegen die Welt nimmt immer mehr zu. – Aber dann wird die
»Aufführung« in einem blendenden, betäubenden Wechsel der
Grundstimmung noch einmal geöffnet. Jutta Lampe und Libgart
Schwarz, auf dem Absatz, der die beiden Bühnen voneinander trennt,
sprechen den Dialog der Mädchen Panthea und Delia, mit dem das

erste Fragment beginnt. Ein Anfang, der hier als Ausblick an ein Ende gestellt ist, sehnsüchtige Erwartung des fernen, unerreichbaren Erlösers und Erfüllers, als welcher Empedokles der Panthea erscheint. Jutta Lampe singt, träumt diese Sehnsucht hin: »Er selbst zu sein, das ist das Leben und wir anderen sind der Traum davon« – dichterischer Augenblick, mit dem der Abend schließlich sich wieder weitet, den scheidenden, von der Welt sich lösenden Empedokles hatten wir gesehen, jetzt wird, verlangend, gefragt: wer ist das?, wer war das?

»Winterreise«
(nach dem Briefroman »Hyperion«).
Regie: Klaus Michael Grüber, 1977

Das Berliner Olympia-Stadion – nie war ein Spielort weiter entfernt von der gewöhnlichen Theaterbühne als der Schauplatz des großszenischen Versuchs, den die Schaubühne und Klaus Michael Grüber »Winterreise« genannt haben. Fragmente aus Hölderlins *Hyperion oder Der Eremit in Griechenland* (von 1797) werden in dem Stadion (von 1936) gleichsam »ausgesetzt«. Doch was als polemische Konfrontation einer Sprache und einer Architektur beginnt, führt im Verlauf von zwei Stunden immer mehr zu einer Verschmelzung der Assoziationen, die von den Texten und die von der Sportanlage veranlaßt werden. Beide, Hölderlins Roman und dieses Stadion in Berlin, haben mit deutscher Geschichte zu tun. Und daß sie hier aufeinanderbezogen werden, hat zu tun mit dem Kälterwerden des politischen Klimas zuzeiten der Bekämpfung terroristischer Akte durch einen Staat, der mit Überschreitungen in der Praxis der Abwehr seiner Gegner auch die Grundlagen bürgerlicher Freiheit in Gefahr bringt. Der Versuch der Schaubühne, in eisiger Dezembernacht, hat einen poetischen und will einen politischen Inhalt.

Man versteht, wo Grüber und die Schauspieler ansetzen: Sie gehen aus von einer historisch-politischen Beziehung zwischen dem Stadion und der Rezeption des »Hyperion«. Die Beziehung, behaupten sie, bestehe in einem Mißverständnis – mißverstanden und mißbraucht wurden die Olympischen Spiele, indem das nationalsozialistische Regime sich damit international aufwerten wollte; und ebenso mißverstanden wurden Hyperions Begeisterung und Kampf für eine Wiedergeburt des antiken Griechenland, wenn Feldpostausgaben des Romans deutschen Landsern in den Krieg mitgegeben wurden.

Dieser falschen Entrückung Hölderlins in den Stand eines patriotischen Sängers, auch seiner Neutralisierung zum Klassiker, soll damit entgegengearbeitet werden, daß die Dichtung dem trivialen Pathos des Stadions ausgeliefert wird. Als Ergebnis solcher Konfrontation soll dann ein revolutionärer Hölderlin erkennbar werden, dessen Hyperion als Kritiker aktueller politischer Verhältnisse auftritt. »Winterreise«, der Titel der Unternehmung, der 1974 das Deckwort der ersten bundesweiten Radikalen-Fahndung war, spielt auch auf derartige Aktualitäten an.

Was dann aber wirklich geschieht, verwischt die ohnehin unscharfen Ansätze vollends. Denn fast immer und über alles an diesem Abend siegt das Stadion. Zuerst und am bittersten dort, wo die Sprache betroffen ist. Die ohne erkennbares Prinzip dem Roman entnommenen Bruchstücke (oft unterhalb der Grenze akustischer Vernehmbarkeit hergesagt) verflattern in dem weiten Rund. Ein Teppich aus Wörtern, der zur Unterlage einer Bewegungsdramaturgie dient, die der Spielort diktiert hat: Auf der Aschenbahn umkreist Hyperion (Willem Menne) das von Flutlicht matt erhellte Feld, ein Mensch, der sich schindet, sich über aufgestellte Hürden quält, niederfällt, aufsteht und weiterrennt; auf dem Rasen führen die Schauspieler eine Fußball-Abseitsfalle vor, soll heißen: Hyperion ist einsam; und dann knallt Menne einige Bälle heftig ins ungehütete Tor, jubelt nach jedem Treffer, will meinen: die antike Heldenpose ist heruntergekommen auf die Erfolgsgesten von Torschützen, wir leben in dürftiger Zeit.

Der italienische Maler Antonio Recalcati hat einige Sektoren des Stadions sehr proportionssicher verwandelt. Zypressen und die Kreuze eines Heldenfriedhofs auf der Gegentribüne, die Kulissenfassade des alten Anhalter-Bahnhofs unten auf dem Rasen, am Marathontor eine Geröll-Landschaft aus Pappkartons. Recalcati hat sich mit diesen Zeichen viel besser als der Regisseur gegen das Stadion behauptet. Grüber verfolgt wieder das Motiv der Reise, das schon seinen Pariser »Faust« (1975) bestimmt hatte. Zelte, Inbegriff vorübergehender Behausung, stehen am Anstoßkreis. Für Reisen, also für Bewegung, ist das Gelände ideal – doch führen die Fahrten blind in

Folgende Seiten: *Winterreise*

ER WERKSTATT,
EN HAEUSERN,
EN VERSAMMLUNGEN,
EN TEMPELN,

RALL WERD' ES ANDERS!

die raunende Identifikation mit den Gefühlswerten eines Textes, der hier abermals von den Schauspielern vor allem als berauschend empfunden wird, wenn auch natürlich anders als bei den Nazis.

Ein Rausch manchmal, das ist schwer zu leugnen, der auch ansteckt. Es ist von sonderbarer Schönheit, in dem gewaltigen Oval (dessen Massen, obwohl sie abwesend sind, man doch mitdenken muß) Fetzen von Sätzen zu hören, die Hyperion an Bellarmin und Diotima schreibt, oder auf der Leuchttafel euphorische Hölderlin-Worte zu lesen. Eindrucksvoll ist die Szene vor der Bahnhofsfassade, wo Hyperion die Penner an einer Würstchenbude (also Menschen, die sich in einer Situation der Einschränkung und Bewegungslosigkeit befinden) über die Grenzen der Staatsmacht belehrt: »Immerhin hat das den Staat zur Hölle gemacht, daß ihn der Mensch zu seinem Himmel machen wollte.« Das Spröde, Zerfallende der Veranstaltung, auch der Kontrast zum Beispiel zwischen richtigen, selbstsicheren Sportlern, die da langlaufen und hochspringen, und den vermummten, unsteten Gestalten des Ensembles; dann die großen Abstände, alles ist weit weg und in der Nacht, ganz fern setzt der Totengräber auf dem Friedhof neue Kreuze, irgendwo in der Schwärze singt eine Frauenstimme – es hat das einen wehen Reiz. Zwei amerikanische Army-Jeeps verfolgen in langsamer Fahrt den hetzenden Hyperion, bis er sich stellt und gegen die Autos angeht mit einer kleinen Karre, wie sie von Platzwarten benutzt wird, um Spielfelder zu markieren, es wird ein kurzer, vergeblicher Kampf. Hyperion, der Gewalt unterlegen? Es gelingt Grüber bisweilen, Stimmungen derart in einer Bildmetapher, die über sie hinausweist, zu verdichten. Doch verkrampfen sich diese Einfälle oft, werden dann peinlich in eine Überdeutlichkeit getrieben (Abseitsfalle; oder: Hyperion, in den Rasen kriechend vor lauter Verlangen nach Einklang mit der Natur.)

Es ist da schon eine sehr merkwürdige Mischung aus Desorganisation (die schwarze Fahne der Anarchie weht unheilvoll über der Anzeigentafel), Bedeutungsschwere und kalter Leere entstanden. Auch ein höchst leichtsinniger Verschnitt. Mit Hölderlins Text wird eher willkürlich verfahren, in den Worten des Regisseurs: »ziemlich banditisch«. Und muß man nicht fragen dürfen, was nun mit dem »Hype-

Vorherige Seiten: *Winterreise,* Hyperion (W. Menne) auf der Flucht, im nächtlichen Stadion

rion« ist? Die Wunder des Romans bleiben unerreichbar außerhalb von Grübers Bildern. Hölderlins nach Neu-Griechenland verlegte Klage über die deutschen Verhältnisse um 1800, Hyperions verzweifelte Trauer angesichts des »Totengartens Vaterland«, seine Freundschaft mit dem Helden Alabanda, die Enttäuschung, der Jubel der Liebe zu Diotima, die das Idealbild eines Menschen verkörpert, Hyperions Auszug in den griechischen Befreiungskrieg gegen die Türken, Diotimas Tod: Aus all diesen Freuden- und Trauerbildern ist in der »Winterreise« nicht sehr viel mehr als das Geräusch eines nächtlichen Seufzers geworden. Ein Verlangen ist in dem Buch ausgeschrieben, die strömende Sehnsucht, die »Schmerzen der Sterblichkeit« zu überkommen, zurückzukehren dahin, »wo du ausgingst, in die Arme der Natur, der wandelbaren, stillen und schönen«. In Berlin ist diese Sehnsucht oft nur ein klägliches Quengeln.

Wo liegen die Fehler? Man kann den »Hyperion« nicht aus einem Bewegungsprinzip erfassen. Zuerst ist das Drama des Romans in seiner Sprache. Sie greift weit aus, ist kühn zerklüftet; aber sie ist auch sehr genau. Diese Genauigkeit, immer wieder die Einlassung auf etwas Einzelnes, verweigert sich der großräumigen Entfaltung, man erlebt dann nur noch, wie der Text sich immer mehr verschließt. »Hyperion« ist in einem Zimmer eher zu begreifen als in einem Stadion. (Zum Beispiel: Die erste Berührung Diotimas durch Hyperion, das Mädchen beugt sich über den Rand eines Abgrunds, er faßt sie, hält sie – eine Schilderung von höchster Prägnanz und Sinnlichkeit, oft geht der Text so aus großen Gebärden fast unversehens über in die Miniatur, das sind schon verlockende Momente für Schauspieler und für die Bühne, freilich kaum hineinzudenken in ein Fußballstadion.)

Was die Veranstaltung vielleicht leisten kann, ist der Hinweis, die klassische Vorlage selber zu lesen. Aber tut man es – spürt man die große Verlegenheit des Theaters, die Texte noch zu erreichen. Nicht die Sprache und die Form werden als Provokation wahrgenommen, sondern die Verkleinerung, das Herunterziehen in die Trivialität. – Verstörend schöne Augenblicke eines nun wirklich auffälligen Theaterprojekts – sie halten sich lange im Gedächtnis. Aber eine andere Erinnerung behauptet dagegen: Weiter fort war Hölderlin nie.

Else Lasker-Schüler: »Die Wupper«.
Regie: Luc Bondy, 1976

> »Ich halte meine Augen halb geschlossen
> Graumütig ist mein Herz und wolkenreich
> Ich suche eine Hand der meinen gleich
> Mich hat das Leben, ich hab es verstoßen
> Und lebe angstvoll nun im Übergroßen
> Im irdischen Leibe schon im Himmelreich.
> Und in der Frühe war ich blütenreich
> Und über Nacht froh aufgeschossen
> Vom Zauber eines Traumes übergossen –
> Nun färben meine Wangen meine Spiegel bleich.«
> *(Else Lasker-Schüler: ›Dämmerung‹,*
> *Verse und Prosa aus dem Nachlaß, III, 110)*

Von allem das Erstaunlichste an dieser Aufführung der »Wupper« ist
die weise Liebe, mit welcher der junge Regisseur Luc Bondy auf die
Menschen in dem Stück der Lasker-Schüler eingegangen ist. Keine
Figur, die rasch abgetan wäre. Alle leben, das heißt: Man erlebt in der
Gegenwart dieser Menschen immer auch die lange Vorgeschichte der
Widersprüche, die sie beunruhigen, umtreiben, bedrohen – manche
ersticken daran. Sie versuchen, gegen ihre Unruhe eine Form zu finden
für sich, das Nützliche, das Vernünftige zu tun, an ein Lebensregle-
ment sich zu halten. Aber diese Form zerbricht, zerreißt ihnen dauernd, läßt sich nicht auf länger behaupten. Daß Versöhnung mit sich
selbst ihnen so sehr mißlingt – daher rührt dann ihr Leiden. Jemand
muß viel über Menschen wissen und viel für Menschen empfinden,
um auf einer Bühne so wie Bondy von ihnen erzählen zu können.

Luc Bondy, noch nicht dreißig, hat, als er nach Berlin kommt, als
Regisseur schon einen guten Namen. Bereits seine ersten Arbeiten
zeigten das große Talent, eine Begabung für Menschen und Stimmungen. Seine Inszenierungen in Nürnberg, wo er begann, in Düsseldorf
(*Leonce und Lena*), Wuppertal (*Was ihr wollt*), Darmstadt (*Stella*),
Hamburg (*Glaube/Liebe/Hoffnung*) und in Frankfurt (Marivaux:
Spiel von der Liebe und vom Zufall und Laube: *Der Dauerklavierspieler*) waren sorgsam gezeichnete, szenische Stimmungsbilder, voller
wechselnder Launen, und die Menschen darin von einander wider-
strebenden Gefühlen bewegt. Weniger mit den hohen Spannungsbö-

gen der dramatischen Handlung hat Bondys Theater zu tun, als mit den Schatten, die Menschen augenblicklich werfen und in die sie selber geraten, leidend daran; und glücklich, bemessenes Glück, in Sekunden scheinbarer Befreiung.

Die große Menschenkenntnis dieses Regisseurs trifft nun in Berlin auf Schauspieler, deren Interesse an der widersprüchlichen Realität von Figuren der Theaterliteratur meist eben doch stärker gewesen ist als irgendwelche äußerlich-ideologischen Absichten. So findet Bondy in diesem Ensemble gute Voraussetzungen für seinen Ansatz, in das Stück nicht zunächst über dessen »Handlung« (allerdings auch nicht mit einem sozial-kritischen Impuls, was Henning Rischbieter in ›Theater heute‹, August 1976, an der Aufführung kritisiert hat) vorzudringen, sondern über die Schilderung der psychischen Konstitution von Menschen. Menschenbilder: aus ihnen lebt der Abend. Da sind zuerst zwei Frauen. In ihnen sind die beiden Welten verkörpert, die das Stück gegeneinanderstellt, das Milieu der Arbeiter in Wuppertal vor dem ersten Weltkrieg und das der Fabrikantenfamilie Sonntag. Jutta Lampe spielt die Witwe des Fabrikanten. Es ist die Rolle einer älteren Frau, deren zwei Söhne (Werner Rehm und Hans Diehl) die Herrschaft über den Betrieb schon an einen jungen Technokraten (Gerd Wameling) verloren haben, der seine Karriere am Ende durch die Heirat mit der Sonntag-Tochter (Sabine Andreas) absichert. Wir sehen diese verlöschenden Großbürger, Exponenten einer absinkenden Schicht, in einem prachtvoll herbstlichen Garten, unter tiefhängenden Zweigen, scherzend, speisend, mit spielerischen Gesten über den Ernst ihrer Lage sich wegtäuschend. Freilich, dieser Ernst bricht immer wieder durch. Es ist eine wunderbar lockere und zugleich sehr beklemmende Szene, wenn Werner Rehm (der ältere Sohn) der Mutter, eben Jutta Lampe, einen großen, albernen Jungen vorspielt, sie damit von ihrer Wehmut befreien will – und die Frau, obwohl nicht ohne zu lächeln, der Anstrengung ihres Sohnes die Sorge um den Zusammenhalt der Familie mit der sachten Eindringlichkeit des Alters entgegenhält.

Auf der sozial gegenüberliegenden Seite spielt Ilse Ritter die Großmutter Pius. In dieser Alten steckt noch viel Kraft, Lebenselan, Trieb. Die Ritter (auch sie, wie die Lampe, um Jahrzehnte jünger als die Figur) kehrt diese Energien eindrucksvoll heraus, schiebt die Frau mit ihren Instinkten, Listigkeiten oft in den Mittelpunkt von Szenen. Wie im Fall der Fabrikantin bedeutet Alter auch hier: mehr Erfahrung zu haben, mehr zu ahnen und mehr zu wissen von der Welt, nur daß es andere Erfahrungen sind, andere Ahnungen und ein anderes Wissen als die reiche Frau sie hat. Doch kann auch diese Alte die Ihren nicht zusammenhalten, auch ihr stürzen die Ordnungen ein, scheitern die Pläne. Das Werben des Sohns um die Mutter Sonntag findet in dem entgegengesetzten Milieu eine Entsprechung, wenn die alte Pius, mit den Verführungsgesten eines jungen Mädchens, die Nähe des Enkels sucht: Extremer Ausdruck der Hoffnung, die die Gedichtzeile der Lasker-Schüler meint: »Wenn wir uns herzen, sterben wir nicht.« Die überwältigende Zärtlichkeit, mit der das verstörte Lieschen (Angela Winkler, an deren Spiel am deutlichsten wird, wie Natur immer wieder die Fassung eines Menschen aufbrechen kann) den Großvater Wallbrecker (Otto Sander) umfängt, gibt ein anderes Bild für diesen Gedanken. Auch in den drei Herumtreibern, die sich am Ende jeder Szene vordrängen, ist noch so ein Verlangen nach Liebe: Gescheiterte, zwar scheinbar befreit von den Zwängen der anderen – aber darum nicht weniger elend (Rüdiger Hacker, Günter Lampe, Willem Menne).

Alle fallen. Die Aufführung malt ein Panorama des Verfalls. Dagegen argumentiert der Kritiker Rischbieter, a. a. O., mit dem Hinweis auf die realen gesellschaftlichen Verhältnisse in dem Stück, die ja auch den Aufstieg von Figuren, etwa die Karriere des Technokraten von Simon, ermöglichten: keineswegs dürfe also nur das Fallen gesehen werden. Aber Bondy hat sich nicht für die Beschreibung einer Sozialsituation entschieden, sondern für die Schilderung von Menschen, die ihre Lage nicht begreifen und dann auch nicht die Kraft haben, sie zu verändern. Das prägt sich vor allem in dem jungen Carl Pius aus (Gerd David), der herauswill aus seinem Milieu in einen anderen Stand. Aber man sieht, schon ehe er von den Sonntags abgewiesen wird, das Vergebliche der Anstrengung. In der Eröffnungsszene mit dem Großvater läßt Bondy den Alten klar den Jungen beherrschen; der kommt nicht einmal los von seiner Familie, wie denn gar sollte er aus seiner Klasse herauskönnen? Während des Essens bei Sonntags bleibt er, geduldet, ein Fremder. Man spürt die Front, die sich gegen ihn aufbaut. Es ist, nur aus einer anderen Perspektive gesehen, die gleiche, die Hans Diehl als der todwunde, jüngere Sohn der Fabrikantenfamilie erlebt, wenn er im Hause der Pius Besuch macht.

Daß die Menschen nicht zusammenkommen können, hat Bondy mit vielen Details traurig belegt. Die Schauspieler (auch Libgart Schwarz als Dienstmädchen bei den Reichen) haben dafür Ausdrucksnuancen, die schon in das Entstehen eines Verlangens, einer Sehnsucht, ein Moment des Verzagens einbringen.

Karl-Ernst Herrmanns zweiteiliges Bühnenbild – der sterbende Park als Ambiente der Sonntags, und für die Zone der Arbeiter eine Fläche aus hellen Brettern, die zur Mitte hin eine Mulde bilden, in der als rote Pfütze das Wasser der Wupper steht – bedeutet die Trennung der Welten, vielleicht allerdings doch um eine Spur zu grob. Der Stilwechsel von einem zum anderen Bildentwurf ist ein sehr krasses und schwerfälliges Signal. (Er belastet die Aufführung auch dadurch, daß er lange Umbaupausen nötig macht.)

Nicht immer hält dann auch Bondys Schauspieler-Führung gegen diesen Kontrast der Szenerien die Spannung. Das macht sich vor allem im dritten Bild bemerkbar, in dem auf einem Rummelplatz (was eine phantasievolle Chiffre der Lasker-Schüler ist) die sonst auseinandergehaltenen Welten der Arbeiter und der Fabrikanten sich berühren – die Szene wirkt gegen Ende eigenartig müde.

Shakespeare an der Schaubühne

Shakespeare gilt von der ersten Spielzeit an eine besondere Aufmerksamkeit des Ensembles. In verschiedenen Arbeitsgruppen werden die Stücke systematisch gelesen und erörtert. Neben der Vorbereitung aller Produktionen seit 1970 wird diese Beschäftigung mit dem Elisabethaner und seiner Zeit fast ununterbrochen fortgesetzt. Dieter Sturm ist ihr Anreger und Koordinator. Aber auch für Peter Stein war die Aufführung eines Shakespeare-Stücks über Jahre eine Herausforderung, der er sich, obwohl lange zögernd, sie anzunehmen, während aller anderen Arbeiten bewußt blieb. Schon in Zürich gab es Pläne für eine Inszenierung von *Richard II.* (ein Hauptstück in Steins Shakespeare-Erfahrung). Welche Bedeutung er Shakespeare zuerkennt, hat Stein 1978 (*Basler Zeitung* vom 8. 7.) noch einmal zusammengefaßt: »Shakespeare ist die Inkarnation dessen, was das westeuropäische Theater der Neuzeit auszeichnet, das Frühbürgerliche, Feudalistische genauso wie das Spätbürgerliche. Dementsprechend muß sich jede theatralische Tätigkeit der Gegenwart in irgendeiner Form mit Shakespeare vergleichen, weil er eben einen bestimmten Maßstab darstellt.«Und Stein hat dann auch sein langes Zögern nachträglich begründet (a. a. O.): »Es ist allerdings so, daß die wohl erfolgversprechendsten Sachen die sind, wo man sich sozusagen durch den Bezugspunkt Shakespeare inspirieren läßt. Das ist etwas, was ich nicht kann.« Diese »Inspiration durch den Bezugspunkt Shakespeare« bewegte am deutschen Theater der siebziger Jahre die großen Shakespeare-Inszenierungen Peter Zadeks in Bochum und in Hamburg. Zadek zeigte *Der Kaufmann von Venedig, Lear, Othello, Hamlet, Das Wintermärchen* – in kühn-turbulenten, hoch eigenwilligen, waghalsigen Auslegungen. Die relativ unbedenklichen Zugriffe Zadeks – denen es aber immer wieder gelang, das Interesse des Publikums zu fesseln – hat Stein gelegentlich abfällig kommentiert. Generell schienen ihm »vorschnelle Aktualisierungen« keinen Zugang zu öffnen: »Richard III. als Hitler etwa – der größte Schwachsinn, den es gibt. Jemand, der am Theater ist und so denkt, gehört eingesperrt – in sein eigenes Theater.« (a. a. O.)

Als dann an der Schaubühne eine Shakespeare-Produktion beschlossen wird, bildet sich der Gedanke heraus, nicht zuerst ein Stück zu spielen, sondern zunächst die Ergebnisse der langen Zeit des Studiums Shakespeares und seiner Epoche szenisch zu veröffentlichen. Daraus entstehen die beiden Teile von *Shakespeares Memory*. Das Unternehmen stellt sich dar als das großzügig angelegte Experiment, das eigene Wissen über eine Epoche und einen Autor zum Gegenstand der Bühne zu machen. Der Versuch, der am Theater ohne Vorbild ist, führt dann allerdings weniger in die Konzentration als in die Breite; eine Tendenz, die auch die Inszenierung von *Wie es euch gefällt*, ein Jahr später, noch prägt.

»Shakespeares Memory I + II«.
Regie: Peter Stein, 1976

Die Auseinandersetzung der Schaubühne mit Shakespeare beginnt an entlegenem Ort: in der Halle eines Filmateliers in Spandau. Die auf zwei Abende verteilte Produktion hat einen doppeldeutigen Titel: »Shakespeare's Memory« – Erinnerung an Shakespeare oder auch:

204

Shakespeares Gedächtnis. Es werden Bilder gestellt und Szenen simultan kurz angespielt, die den Zuschauer in politisch-gesellschaftliche und ästhetische Vorstellungen der englischen Renaissance des 16. und frühen 17. Jahrhunderts einführen wollen. Befragt und untersucht wird ein Zeitalter, dessen Geschichte sich uns, wo wir auch einsetzen, wie ein Konzentrat dramatischer Stoffe und theatralischer Spannungen darstellt. Alles kommt in Bewegung. Die sozialen Ordnungen und die des Universums werden brüchig. Die Welt weitet sich, eine neue Erde unter einem neuen Himmel. Man kann, der Neigung der Epoche zur Denkfigur der Analogie entsprechend, den Aufbruch des Jahrhunderts in ein Bild fassen: Es ist, als würden Menschen aus dunklen Räumen hinaustreten in eine fremde, helle, weitläufige Landschaft. Zuerst begleitet Optimismus diesen Auftritt: das Selbstbewußtsein wächst angesichts der neuen Entdeckungen und blendenden Möglichkeiten, der Mensch bestimmt sich (gegen seine Abhängigkeit in der Weltordnung des Mittelalters) als das Maß der Dinge. Aber gleichzeitig nimmt auch die Skepsis zu: Je mehr gewußt wird über die Wirklichkeit, umso spürbarer werden nun auch die Grenzen der Erkenntnis. Der Prozeß der Umprägung in allen Zonen des praktischen Lebens und des Denkens ist mühsam und voller Konflikte. Die neuen Gedanken erscheinen noch in den alten Formen, stoßen sich daran. Widersprüche gehen wie Risse durch die Entwicklungen der Zeit.

Es ist die Lebenszeit Shakespeares. In den Strukturen und Motiven seiner Dramen sind die Antagonismen der Periode präsent. Hier setzt das Projekt der Schaubühne an. Argumentiert wird dafür so: Ehe wir eines der Stücke Shakespeares spielen, müssen wir uns mit den historischen Voraussetzungen beschäftigen, unter denen Shakespeare gelebt und gearbeitet hat, wobei schon diese Beschäftigung sich der Darstellungs-Mittel des Theaters bedienen soll. – Man muß schon gegen diesen Ansatz einschränkend einwenden: Natürlich bezeugen die Dramen Shakespeares die Zeit, in der und für die sie geschrieben wurden. Aber sie lösen sich auch von ihr, übergreifen die geschichtlichen Zustände und Bewegungen im Entwurf von Gegenbildern und Ausdrücken einer sich der Zeit auch verweigernden Subjektivität. Die Stücke sind, wie alle Dichtung, aus äußeren Umständen ihrer Entstehung allein so wenig deutbar wie sie unverständlich bleiben, wenn auf die Reflexion historischer Bedingungen ganz verzichtet wird.

Der erste Teil beginnt mit allerlei Turnübungen und artistischen

Shakespeares Memory, die Schauspieler als Akrobaten

Shakespeares Memory, Erklärungen zum Sieg Englands über die Armada

Solonummern einzelner Schauspieler;vorübergehend wird die Halle dann für die Auftritte verschiedener Typen von Narren und Irren in einen Bankettsaal verwandelt; schließlich kann, wer Platz findet, in einem hereingeschobenen, kleinen Rundtheater, das einem Entwurf Leonardos nachgebaut ist, einem Vortrag des Schauspielers Otto Sander über die Melancholie folgen.

Schon dieser erste Teil weckt Zweifel; sie verstärken sich am zweiten Abend. Die Menge des im Verlauf von knapp sieben Stunden ausgebreiteten Materials hat die Perspektiven der Arbeit verdeckt. Weder ist zu erkennen, wie die Schaubühne sich ein Stück Shakespeares zu spielen vorstellt, noch wird den historischen Momenten, auf die man sich eingelassen hat, ein besonderer Erlebniswert abgewonnen. Behauptet wird, es sei hier über die englische Renaissance »etwas zu lernen«; in Wahrheit werden jedoch nur isolierte Wissenspartikel umständlich ausgestellt.

Wie geht das vor sich? Die Schauspieler, mal in alten Kostümen, mal in heutigen Straßenkleidern, laufen unter den stehenden Zuschauern herum und teilen verbal mit oder führen in szenischen Skizzen vor, was sie sich in Monaten der Vorbereitung an Kenntnisfragmenten angeeignet haben. Also wie gefochten wurde und wie es in einer Gelehrtenstube aussah; welche strengen Regeln die Rhetorik postulierte, und wie die englische Flotte die spanische Armada besiegt hat (wodurch England sich als führende Seemacht etablierte, aber diese politische Dimension kommt schon nicht mehr vor); in kleinen Museums-Kabinetten werden Astronomie- und Astrologie-Vorlesungen abgehalten, das Welt- und das Menschenbild der Epoche an Schautafeln erläutert; ein Karren mit Narren darauf wird hereingefahren, die einen langen Schwertertanz exerzieren, vorher war schon ein Schäferspiel rekonstruiert worden; Elisabeth I. sehen wir auf einem Prunkwagen, auf dem sie sich (im Verlauf sogenannter »Pilgerfahrten«) im Süden Englands dem Volk zeigte; wir hören, wie Raleigh und Essex sie angedichtet haben.

Mit solchen Einzelheiten, größeren und kleineren, wird man durch Schauspieler konfrontiert, die sich den Stoff eingepaukt haben und nun ihre Zuhörer mit diesem Wissen oft schneidend und kalt geradezu anherrschen. (Elke Petri, Sabine Andreas, Michael König. Libgart

Vorherige Seiten: *Shakespeares Memory,* der Raum von Herrmann

Schwarz ist von dem Vorwurf auszunehmen: ihre sanften Erklärungen zu den Tierkreiszeichen enthalten stets auch den freundlichen Hinweis darauf, daß sie imgrunde nichts verstanden hat). Vieles ereignet sich gleichzeitig. Kaum hat man sich auf einen Sachverhalt eingestellt, wird man weggeschubst oder durch Ereignisse in einer anderen Ecke abgelenkt. So reduziert sich das Material eines Zeitalters: auf lauter Geräusche.

Von allen Mängeln der Veranstaltung ist der schwerwiegendste dieses Ausstreuungs-Verfahren. Es »gipfelt« am zweiten Abend in einem Shakespeare-Potpourri. Auf einer Art von Hügel, »Shakespeares Eiland«, steht und liegt das Ensemble herum und rezitiert beliebig herausgegriffene Passagen aus den Stücken. (Dies und das vom Großen William.) So sehr sich die Arbeit der Schaubühne bis dahin gerade durch das Gegenteil von Beliebigkeit auszeichnete, nämlich durch die strengste Insistenz auf Konzentration und Einlassung – so heftig überläßt sich das Ensemble hier der Willkür. (Sehr zum eigenen Schaden. Man sieht jetzt, wieviel von den Wirkungen der Gruppe in den vorausgegangenen Inszenierungen aus ihrem Zusammenspiel gewonnen wurde, aus der hoch entwickelten Empfindlichkeit für gegenseitige Abstützungen, Hilfen, Ergänzungen. Wenn die Schauspieler sich nun in Nummern isolieren, werden fast nur noch ihre individuellen Schwächen sichtbar. Das falsche Gesamtarrangement produziert dauernd den Eindruck einer an vernutzten Konventionen erstickenden, gleichwohl meistens lärmigen Schauspielerei.)

Angesichts dieser offenbaren Mängel sind kompliziertere Fragen gar nicht mehr zu diskutieren. Zum Beispiel das Problem der Vermischung von Dokumentationsabsichten und Spielelementen: Natürlich verändert sich die Qualität eines Dokuments – wie etwa die historische Tilbury-Rede Elisabeths vor der Schlacht gegen die Armada –, wenn eine kostümierte Schauspielerin den Text nun vorträgt, als gehöre er in ein Stück. Die Veränderung gegenüber der schriftlichen Fixierung ist nicht nur ästhetischer (medialer) Art; vielmehr verwandelt die szenische Darstellung eines Dokuments zwangsläufig auch dessen inhaltliche Aussage. Solche Schwierigkeiten werden, statt sie zu thematisieren, nur negiert.

Manchmal fahren hochrädrige, hölzerne Wagen in den Raum, einmal wird ein ganzer Schiffsbug hereingeschoben (mit dem jedoch dann fast nichts geschieht) – große Formen, die die diffuse Kleinteilig-

Shakespeares Memory, Der Humanistenwagen

keit der Szenenfragmente und Solonummern noch verstärken. Auch diese Requisiten einer sich verselbständigenden Ausstattung bezeugen, wie das Unternehmen hinter den selbst (und zu groß) gestellten Ansprüchen immer zurückbleibt.

»Wie es euch gefällt«.
Regie: Peter Stein, 1977

Auch die erste Inszenierung eines Werks von Shakespeare durch Peter Stein – ein knappes Jahr nach *Shakespeares Memory* – ereignet sich in einem Bühnenraum Karl-Ernst Herrmanns, von dem, für sich genommen, eine schöne (ja: überwältigende) Wirkung ausgeht – der die Aufführung zugleich jedoch auch gefährdet. Ein langer, schmaler Gang (wieder in dem Spandauer Filmatelier) führt aus dem hellen Saal, der Schauplatz der wenigen Szenen bei Hof ist, in die dämmerige, weitläufige Gegend eines Waldes. Für die, die in *Wie es euch gefällt* vom Hof vertrieben werden, bedeutet dieser Wald Zuflucht, Rettung, Trost; aber es ist auch ein Ort des Zaubers, der Verwirrung und schließlich der wunderbaren Versöhnung fast aller Widersprüche.

Den Wechsel vom Hof in die Wälder erleben die Zuschauer nicht als etwas, das ihnen nur vorgeführt wird, sondern als einen Weg, den sie selber abwandern müssen. Also verlassen sie den engen, wenn auch sehr hohen Saal, in dem sie herumgestanden hatten, während in gut gegliederten Auftritten die Gruppen und die Einzelnen bei Hof kennenzulernen waren: der böse Herzog (Otto Sander) und seine Umgebung, dann die Mädchen Rosalind und Celia (Jutta Lampe und Tina Engel), der junge, wilde Orlando (Michael König), der wirre Narr (Werner Rehm) – die Zuschauer verlassen diese alle wieder, werden in den erwähnten Gang geschoben, jeder ist da plötzlich allein, für sich, keine Nachbarschaft mehr, man spaziert vorüber an vielen Zeichen, Symbolen, Zitaten, guckt in einsame Ecken, immer noch eine Wendung, der Weg noch immer nicht zu Ende und plötzlich doch: die Öffnung in ein großes, luftiges Areal voller Stämme, Sträuche, Unterholz, erstaunliche Distanzen zwischen den Waldstücken, hier und dort Stege und Kletterpfade, hochgelegene Aussichtspunkte, die Blöcke der ansteigenden Sitzreihen verlieren sich fast in dieser Umgebung.

Es ist tatsächlich eine Landschaft, die Herrmann hier verwirklicht hat, die sonderbarste Vermischung von Kunst und Natur, Realität und Irrealität. Der Klang von Waldhörnern manchmal – Sehnsuchtstöne über einer Szenerie, die selber auch ein Sehnsuchtsbild ist: Fluchtpunkt und Wunschort, vergessen dort Ehrgeiz, Intrige und alles Elend höfischen (städtischen) Getümmels. (Akkurat trifft die Schaubühne mit diesem Bild und seinen Stimmungen ein modisches Moment des Zeitgeistes, für das die Flucht in den Schatten der Wälder durchaus der entsprechende Ausdruck ist.) »Im Wald ist Wahrheit ... bevor wir waren, war Wald« – mit solchen Sinnsprüchen begrüßen die Schauspieler flüsternd das Publikum, noch ehe es seine Plätze gefunden hat. Das wird spürbar ausgekostet: der alte Verdruß an der Welt, die Lust am wiederentdeckten Mythos der ausgleichenden, die geschlagenen Wunden heilenden Natur.

Vergnüglich ist diese genußvolle Waldgängerei. Aber bedenklich auch. Nicht nur in gesellschaftlicher Hinsicht, sondern auch für die Praxis der Inszenierung selbst. Das Waldgelände ist nämlich doch zu groß und vielteilig, als daß Spannung und Struktur der meisten Szenen sich dagegen noch behaupten könnten. Verstreut auf die verschiedenen Lichtungen, werden die Auftritte episodisch-beiläufig, haltlos; die Verschränkungen der Handlung, die Täuschungen wie die glücklichen Fügungen verflüchtigen sich, zerfallen in unverbundene Teile.

Peter Stein hat mit merklicher Anstrengung gegen das Abtreiben der Aufführung angearbeitet; dadurch ist aber zugleich eine Kälte, eine gewisse Sterilität, in die Darstellung gekommen. Statt »Wald« als Topos zu spielen, ist imposant ein Wald hingepflanzt worden, darin das Gedankengebilde, das Kopf-Stück Shakespeares, kaum noch zu erkennen ist. Brechts Satz, der Elisabethaner habe »über die Heide Verse geschrieben, die kein Beleuchter erreicht und nicht die Heide selber«, erweist sich gegen diese Aufführung als sehr zutreffend.

Stein versucht allerdings, auch das Diffuse und die Verstreuung der Szenen als Stilmittel zu benutzen, kleinere Bewegungen an einer Stelle steigert er zu tumultuarischen Passagen, die sich in dem Gelände ausweiten, dann wieder abklingen. Daraus entstehen manchmal empfindliche Übergänge zwischen derber Posse und poetischer Zeichnung. Dennoch wirkt der (vierstündige) Abend oft langatmig und spannungslos.

Das liegt sicher auch an der fernen Komödie Shakespeares, an so

Wie es euch gefällt, Am Hof des Herzogs

vielen müßigen Vorstellungen und konstruierten Verwicklungen, deren hübsch-glückliches Ende sogleich absehbar ist. Der Manierismus vieler Dialoge und der ganzen Handlung, das Gedrechselte der eingeschobenen Schäferspiele, das eigentlich Possierliche des Stücks erschließen sich schwer; bei aller Bitternis zum Beispiel des Melancholikers (den Peter Fitz spielt) und trotz des Todernstes, der mitunter die Heiterkeiten grundiert.

Es ist auch den Darstellern offenbar nicht möglich gewesen, sich von diesem Text (die Übersetzung der Schaubühne beruft sich in den Prosapartien auf Eschenburg, in den Verspartien vor allem auf Schlegel) zu einem freieren, spontanen Spielen anregen zu lassen. Viel Verkrampfung, nur Zwang, keine Natur, etwa an Rehms Narren, Königs Orlando, Feiks Oliver, Elke Petris Schäferin. Peter Steins Insistenz auf Form – in *Shakespeare's Memory* fast preisgegeben – wirkt hier wie-

der bestimmend; doch stecken die Schauspieler nun in den Formen auch fest.

Nur Jutta Lampe verfällt solchen Erstarrungen nicht. Sie spielt die Rosalind, das Mädchen also, das sich für den Wald als Mann verkleidet, und in dieser Verkleidung den Geliebten über das rechte Liebesverhalten belehrt. Shakespeare hat die junge Frau (auch in der Beziehung zu der Begleiterin Cenia) bis an eine durchlässige Grenze zwischen den Geschlechtern geführt, Orlando liebt in dem Mann, den er vor sich sieht, die Frau, die er in Erinnerung hat. Und für Rosalind ist Liebe zuerst nur ein spielerischer Einfall, wie zum Zeitvertreib, ehe sie dann zu einer Leidenschaft wird, für die Verstellung kaum erträglich ist. Für diese Leidenschaft, die eine verzweifelte wird, findet die Lampe Ausdrücke, die in den Szenen mit Orlando den langen Abend dann doch rechtfertigen. Sie treibt sich selbst und den Mann bis fast in das Erkanntwerden und in das Erkennen, das höchste Wagnis. Da ist ein Verlangen, das kein Märchenfinale begütigen kann.

Die »Wahrheit« des Stücks, vielleicht die einzige, die es heute hat, ist diese Leidenschaft. Nicht die Verlockung der Wald-Idylle. Ihr jedoch ist die Schaubühne über weite Strecken erlegen. Wie die Höflinge bei Shakespeare ist das Theater in die Wälder gegangen. Es steht nicht reflektierend über diesem Vorgang, nimmt ihn nicht als Metapher, sondern überläßt sich Wald und Wahn. – Man kann darüber nachdenken, was es bedeutet, wenn das vielen gefallen hat.

Botho Strauß an der Schaubühne

Der Dichter Botho Strauß hat, zunächst als Dramaturg, dann auch als Autor, auf die Entwicklung der Schaubühne einen Einfluß genommen, der demjenigen von Stein, Grüber und Dieter Sturm nicht nachsteht. Dieter Sturm ist, bis heute, der am Haus fest engagierte Dramaturg. Seine Wirkung war am folgenreichsten in der Zusammenarbeit mit Grüber an *Wiener Wald* und *Empedokles. Hölderlin lesen.*, mit Stein am *Antikenprojekt* und der Shakespeare-Unternehmung. Die meisten Positionen der Spielpläne sind ohne die Vorschläge von Dieter Sturm nicht zu denken; seine literarischen, philosophischen, historischen

Vorherige Seiten: *Wie es euch gefällt*, der Wald, Bühne: Karl-Ernst Herrmann

Kenntnisse haben den Diskussionen des Ensembles, deren bester Lenker er oft war, immer neues Gedankenmaterial zugeliefert: Dem Nachdenken über Theater hat Sturm die Maßstäbe gesetzt. Botho Strauß trat für einzelne Projekte in den Arbeitszusammenhang ein. Zwischen 1971 und 1974 hat er an vier Inszenierungen mitgearbeitet, an *Peer Gynt, Prinz von Homburg, Sparschwein, Sommergäste*. Das jeweils projektbezogene Arbeiten, in dessen Verlauf Strauß nicht nur peripherer dramaturgischer Begleiter einer Inszenierung war, sondern diese gemeinsam mit dem Regisseur trug, hat die Funktion der Dramaturgie an den deutschen Theatern neu bestimmt. Der Begriff der »Produktionsdramaturgie« ist durch die Rolle von Strauß an der Schaubühne erstmals wirklich inhaltlich erfüllt worden.

Strauß kam, Mitte Zwanzig, als Kritiker (von der Zeitschrift »Theater heute«) an die Schaubühne. Mit Peter Stein, dessen kritischer Partner er vor allem wurde, teilte er von Anfang an das Interesse an der gesellschaftlich-historischen Analyse der Stoffe und die Insistenz auf Sprache als vordringlichem Mittel der Kennzeichnung von Menschen. Aber gleichzeitig (und zunehmend) hat Strauß die Aufmerksamkeit Steins und der Schauspieler auch auf das Moment der Subjektivität gelenkt: In den Gesellschaftsbildern, welche die Aufführungen, an denen Strauß beteiligt war, entwarfen, traten einzelne Figuren aus dem Kontext historischer Bedingtheit und Abhängigkeit auch heraus und entfalteten eine sehr heutige, zeitgenössische Individualität. Das hat besonders in der Bearbeitung von Gorkis *Sommergäste* eine Veränderung nicht nur der Struktur der Vorlage veranlaßt: In der Fassung von Stein und Strauß lösten sich die Personen aus der kritischen Schilderung der Verhältnisse im vorrevolutionären Rußland, wurden nun verstanden und gedeutet aus einem eher gegenwärtigen Zeitgefühl, das die Wirkung zerfallender Verhältnisse an den innersten Empfindungen, den Ängsten und der Trauer der einzelnen erfährt. Diese Antizipation eines heutigen Bewußtseins, das sich in den alten Stücken nur erst ausbildet, das Interesse an der Widersprüchlichkeit von Menschen, am Eindruck ihrer Unwirklichkeit mitten im Wirklichen – wäre vielleicht ein Grundzug der Bearbeitungen von Strauß zu nennen.

Es läßt sich nicht behaupten, daß der Theaterdichter Botho Strauß, was einmal hinsichtlich der Beziehungen zwischen Stückeschreibern und Theatern als eine Wunschvorstellung galt, sich durch die Praxis seiner Dramaturgen-Arbeit entwickelt habe. Soviel Strauß an der Schaubühne »gelernt« haben mag – in seinen Dichtungen hat er doch ein originäres, eigenes System von Zeichen und Metaphern erfunden, das dem Theater zu Beginn der siebziger Jahre eher fremd war. Vier Theaterstücke hat Strauß seit 1972 geschrieben, drei von ihnen, *Hypochonder* (entstanden 1972), *Trilogie des Wiedersehens* (entstanden 1977) und *Groß und klein* (entstanden 1978), wurden an der Schaubühne aufgeführt. Nur *Groß und klein* war eine Berliner Uraufführung; *Hypochonder* wurde von Claus Peymann am Deutschen Schauspielhaus in Hamburg, *Trilogie* am selben Ort von Dieter Giesing und *Bekannte Gesichter, gemischte Gefühle* (entstanden 1975) zuerst von Niels-Peter Rudolph in Stuttgart inszeniert.

In diesen Stücken hat Strauß Reaktionen auf seine Erfahrung westdeutscher Wirklichkeit mitgeteilt, deren Beschreibung bis zu *Groß und klein* immer konzentrierter geworden ist. *Hypochonder* konnte noch mißverstanden werden als vielfältig gebrochene Aufarbeitung und Umsetzung literarisch-ästhetischer Eindrücke, deren Spuren bis zu den Romanen des Argentiniers Jorge Luis Borges oder (in anderer Richtung) zu den Filmen Hitchcocks zurückführen. Doch resultiert die Hypochondrie der Hauptfiguren des Stücks, ihr Leiden an der dauernden Überspannung der Nerven, das sie aus der Introversion an die Grenzen des Wahnsinns treibt, auch in dieser ersten Arbeit schon daraus, daß ihnen selber unerfindlich ist: Wer sie sind und wer nicht, was wirklich war und was ihre Einbildung ist. Das wird hier schon als Symptom für den Zustand einer Gesellschaft erkennbar.

Zeit- und Gesellschaftsbezug verstärken sich in den späteren Stükken. *Bekannte Gesichter, gemischte Gefühle* erzählt am Beispiel einer Gruppe von Menschen, die in einem stillgelegten Hotel ein Museum vergangener Leidenschaften und Beziehungen unterhalten, auch vom Harmonie-Bedürfnis während der restaurativen Phase der Bundesrepublik in den fünfziger Jahren. Die Zustände, von denen Strauß ausgeht, werden allerdings nicht zuletzt dadurch bezeichnet, daß in sie immer wieder Erfindungen einer plötzlichen Phantastik einbrechen, die geschilderte Realität transzendierend: Augenblicke der Irrealität, des Scheinhaften. So ist auch Susanne (aus *Trilogie*) unter den Vernissage-Gästen eines Kunstvereins zwar durchaus zugehöriges Mitglied einer übersichtlichen Gruppe – gleichzeitig hat sie aber den sozialen Zusammenhang ihrer Umgebung längst überschritten, schon weit auf

220

dem Weg in die »innere Realität« nur ihr noch »wirklicher« Regungen. Eine andere Frau, Lotte, erlebt Gesellschaft bereits in der ersten Szene von *Groß und klein* als etwas Fremdes, unbegreiflich wie die Worte zweier Männer draußen in der Nacht vor einem Hotel in Agadir: so entrückt ihr diese Stimmen bleiben, so unüberbrückbar bleibt auch der Abstand zu den Menschen, mit denen Strauß sie in den Szenen einer Reise von Saarbrücken nach Hörnum unnahbar zusammenbringt. *Von sich* spricht Lotte *mit sich*: Eine Verbindung nach außen ist nicht mehr herstellbar. Wenn dennoch einzelne Figuren in den Stücken sich so eine Verbindung herstellen, verfallen sie der Kritik von Strauß: Nur verlogene Selbstsicherheit wäre noch imstande, Gesellschaft als intaktes Ganzes zu behaupten und sich im Einverständnis mit den Verhältnissen zu befinden.

Die Uraufführung von *Groß und klein*, 1978, steht fast am Ende des ersten Jahrzehnts der Schaubühne. Es begann mit der Inszenierung von Brechts *Die Mutter*. Damals schien es dem Theater noch möglich, sich gesellschaftlichen Zielsetzungen zu verpflichten. Der Weg bis zu der Aufführung von *Groß und klein* widerspiegelt nun den Wandel der Hoffnungsziele in der Gesellschaft selbst. Das Vertrauen in die ideologischen Programme und übergreifenden Systeme hat sich wesentlich reduziert. Eine junge Generation sucht heute die Alternative in kleinsten Gemeinschaften, im engen Kontakt der Stadt- und Landkommunen, in sich absetzenden, bewußt ausgliedernden Lebens-Arrangements. Jüngere Theaterleute verlassen die Theater, bilden schmale Arbeitsgruppen, die außerhalb der großen Betriebe Formen der Erneuerung des Theaters ausprobieren. Sie sagen: An dem was ist, ist kein Halt. Davon handeln auch Botho Strauß und die Schaubühne, in *Groß und klein*. Eine Kongruenz der Entwicklung von Strauß mit derjenigen dieses Theaters, mindestens eine Parallelität, ist nicht zu übersehen.

Trilogie des Wiedersehens, Vernissage im Büro des Kunstvereinsdirektors

»Trilogie des Wiedersehens«.
Regie: Peter Stein, 1978

Das Stück: In dem Hauptsaal einer Kunsthalle versammeln sich an einem Sommertag Mitglieder und Freunde eines Kunstvereins zur Vorbesichtigung einer Ausstellung. Der Ort ist ein Fluchtort. Die sich dort einfinden, verlassen ihre Tagesgeschäfte: die eine Wirklichkeit für die andere Realität von Bildern. Aber der Ort ist auch ein Treffpunkt. Die Menschen treffen auf sich selber; es ist, als trügen sie ihre Gefühle in das Museum, um sie dort wie die fremden Objekte einer fremden Einbildung, wie Bilder zu erleben. Wie dem Betrachter von Gemälden an irgendeinem Bild etwas »auffallen« kann, so fallen die Personen sich hier selber auf: Sie sehen sich wieder. Strauß zerlegt diese Selbstbegegnungen in viele kurze Einstellungen, Augenblicke, an deren Ende sich der Bühnenausschnitt schließen soll wie der Verschluß einer Kamera.

Es sind Augenblicke, in denen die Personen ihr Dasein, ihr Leben, als absurden Skandal empfinden; in denen sie – mit ihrem Schmerz, ihrem Glücksverlangen, der Sehnsucht, das Fragmentarische ihrer Existenz in Zusammenhängen aufzuheben – sich fast unerträglich werden. Manche verlieren die Fasson: Ein Drucker, der plötzlich weiß, daß er das Nebengeräusch einer Maschine nicht mehr aushalten kann; die Frau eines Arztes, die aus ihrer Ehe in die unmögliche Affaire mit dem Direktor des Kunstvereins scheiternd ausbricht; eine junge Malerin, die der Einsicht in ihr Unvermögen nicht standhalten kann; zwei Schauspieler, von denen der jüngere im älteren die eigene Zukunft schon als abgelebte wahrnimmt; Johanna, die einen langen, sie verstörenden Brief liest und umgetrieben wird von den Antworten, die sie parat hat, jetzt, gleich, aber der Briefschreiber ist zu weit, als daß er sie hören könnte: was sie ihm sagen will, staut sich an in ihr. Zwischen diesen allen bewegt sich die vierzigjährige Susanne, die den Direktor des Kunstvereins lieben möchte, immer wieder zurückgesto-ßen, abgewiesen wird, mit ihrem Schmerz umgeht (dem von heute und dem von gestern und morgen), aufmerksam und verzweifelt zugleich, schmerzbewußt und schmerzergeben. – Und dann ist da noch ein Dichter, traurig-kluger, berührt-unberührter Beobachter dieser See-len- und Gesellschaftslandschaft. Einer, der zusieht wie von weitem – und was er wahrnimmt, wiedererkennt als Teil der Projektionen sei-nes eigenen Bewußtseins.

Es ist ein schöner und intelligenter Gedanke, daß Strauß dem Selbsterlebnis banaler Existenzen und den unversöhnlich zerbroche-nen Beziehungen auf einer anderen dramatischen Ebene den Skandal einer Krise zuordnet, in welche die Ausstellung, die da vorbesichtigt wird, durch den Einspruch eines mächtigen Vorstandsmitglieds gerät. Um dem Leiter des Instituts zu helfen, hängen die Vernissage-Besu-cher die Bilder um. Wie die Menschen aus der Fassung geraten, so nun auch die Ausstellung. – Und dann kommt dennoch auch wieder alles »in Ordnung«: Das Vorstandsmitglied erscheint und akzeptiert, wort-los, nur mit einer Geste, die Ausstellung endlich doch noch. Man weiß aber, daß dadurch nichts wirklich geheilt wird – die folgende Eröff-nung der Ausstellung wird sein: ein Anfang im Ende.

Trilogie des Wiedersehens ist freier und zugleich entschlossener, selbständiger in der Form (und in der Sprache) als *Die Hypochonder* und *Bekannte Gesichter, gemischte Gefühle*. Die kurzen Einstellun-gen sind mit großem Geschick gesteigert, die Beunruhigung wächst aus Beiläufigkeiten, man merkt das oft erst, wenn eine Szene schon wieder weggeblendet ist: wie behutsam sie aufgebaut war.

Die Inszenierung: Das dritte Theaterstück von Strauß wird anläßlich der Hamburger Uraufführung vom Publikum und von der Kritik (mit den Ausnahmen Michaelis, von Becker und Karasek) eher unwirsch aufgenommen. Schon die nächste Inszenierung, von Düggelin in Basel, ist ein Erfolg. Die Aufführung von Niels-Peter Rudolph in Stuttgart (Juni 1977) setzt das Stück dann endgültig durch, erfüllt es. Es ist das Prinzip von Rudolphs Einstudierung, die Personen, bei aller Genauigkeit der Beobachtung, auf Abstand zu halten; der Zuschauer versteht: das sind Betrachter und zugleich Objekte einer Ausstellung.

Für die Aufführung der Schaubühne verzichtet Peter Stein auf die im Text vorgeschriebene Begrenzung der Szenen durch scharfe Blenden, er verändert damit auch den Rhythmus der wiederholten Zäsuren, der die Stuttgarter Einrichtung des Stücks bestimmte. Auch entscheidet sich Stein für einen anderen Schauplatz: Das Vernissage-Publikum trifft sich nicht in einem Ausstellungsraum, sondern im Arbeitszimmer des Kunstvereins-Direktors. Das ist in der Aufführung ein Raum, der viele Ausgänge hat, eher ein Ort des Durchzugs als einer des Aufenthalts. Wieder einmal hat Karl-Ernst Herrmann das Theater umgebaut: von der offenen, übereck angelegten Spielfläche führt eine breite Treppe zwischen zwei Blöcken ansteigender Sitzreihen hindurch. Man sieht also auf die Schauspieler hinab; und nimmt die Figuren, die sie spielen, zunächst wahr als Elemente einer vielteiligen sozialen Collage, zu der Stein die ersten Szenen zusammenschließt – erst später werden Einzelstimmen hörbar und schärft sich der Umriß einzelner Personen.

In diesem Klärungsprozeß treten drei Schauspieler besonders hervor. Libgart Schwarz arbeitet an der Rolle der Susanne (die sich mit vielen, einander auch widerredenden Empfindungen auf den Kunstvereins-Direktor bezieht) mit einem großen Repertoire von Ausdrucksmitteln, durch welche die Person zugleich nähergerückt wird und rätselhaft entfernt bleibt. Es entstehen die sonderbarsten Bildnisse einer Frau, Eindrücke von Verstiegenheit und Verstörung, von Brüchigkeit und Verbitterung; und von einem Verlangen, in dem Enttäuschung immer schon enthalten ist. – Peter Fitz spielt die Bezugsfigur, die freilich mit ihrer eigenen Isolation zu tun hat – Fitz bewegt den Kunstvereins-Leiter aus der Gesellschaft der anderen allmählich her-

Trilogie des Wiedersehens, Libgart Schwarz als Susanne

aus, am Ende in eine Gebärde der Selbstverhüllung: der Mann um-
wickelt sich den Kopf mit einer Bandage, es ist das Bild einer erzwun-
genen Selbstbescheidung. – Edith Clever, nach Jahren zum ersten Mal
wieder auf der Bühne, scheint in der Rolle der verlassenen Arztfrau
neben die Susanne eine viel leichter verstehbare Frau zu stellen, Alko-
holismus nach unglücklicher Ehe – die Clever löst das Klischee aber
auf in viele, nun plötzlich unterscheidbare Einzelheiten.

Diese drei Schauspieler spielen Hauptrollen. Auch darin wird eine
Differenz zwischen der Berliner Aufführung und der von Rudolph in
Stuttgart deutlich: In Stuttgart schienen alle Beteiligten Hauptdarstel-
ler – so ausführlich wurden die Figuren von Strauß geschildert. Steins
Inszenierung produziert manchmal den Sog einer die Personen ver-
kleinernden Lustigkeit. Man hat die Leute von Strauß nahe vor Augen
und sieht sie schwitzen – sie nehmen sich aber nicht so tragisch. (Und
weniger ernst als Strauß sie sich zuerst vielleicht doch gedacht hat.)

»Groß und klein«.
Regie: Peter Stein, 1978

Alles in diesem Stück ist Forderung, Verlangen, Suche. Wohin? – das
wird hier immer gefragt; wohin soll man gehen?, an welchem Ort, bei
wem, wäre so etwas denkbar wie Ankunft oder Versöhnung, nicht zu
sprechen von Heimat? Die vor allen anderen Figuren in *Groß und
klein* so fragt (und getrieben wird von diesem Fragen), ist eine Frau.
Strauß läßt sie, in zehn Szenen, eine, unsere Gesellschaft durchstrei-
fen. Lotte trifft auf Industrielle und Studenten, auf Rentner und
Gastarbeiter, auf einen Computerfachmann, einen Rocker, einen
Arzt. Doch das ist, zwischen Saarbrücken und Hörnum, ein beengter
Raum, in dem sie sich bewegt, wenig Freiheit, Lebensluft: Kleine
Verhältnisse, verzweifelt geregelt, geordnet so sehr, daß diese Ord-
nungen fast schon irrwitzig scheinen, kalte Wirklichkeiten, in welchen
die Zeit vergeht, »aber nicht richtig«. Und die großen, sehnsüchtigen
Empfindungen finden keinen, der antwortet.

Die Suche der Frau hört aber darum nicht auf, läßt sich so nicht
bescheiden. Im siebten Bild wird der bis dahin beschriebene Wirklich-
keits-Zusammenhang überschritten. Das ist nun die wahrscheinlich
kühnste, herausforderndste, zerbrechlichste, aber auch gefährlichste
Theaterszene, die ein deutscher Autor seit den Dramen des Expressio-
nismus geschrieben hat. Sie steigert die Intensität des Fragens nach
dem Wohin, was auch heißt: nach dem Sinn von Leben – bis fast zur
Zerstörung, der Selbst-Aufhebung Lottes. So hat Strauß diese Szene
aufgebaut: Die Frau ist allein, sie beginnt, blätternd in einer Chronik
des Vergangenen, sich noch einmal Namen, Situationen, Gesichter zu
wiederholen, frühere Erfahrungen, an denen kein Halt ist. Je inständiger dieses Erinnern, umso überwältigender die Gefühle des Verlusts.
So unabweisbar werden sie, daß nur eine Kraft außerhalb der Wirklichkeit diese wieder lebbar, verstehbar machen könnte. Einen unerhörten Augenblick lang scheint es, als könne Rettung nur aus einer
Idee von Gott kommen, nur aus der Lotte plötzlich ganz besetzenden
Vorstellung, im Auftrag eines »ehrwürdigen Schöpfers« zu sein und
zu handeln. Aber das ist auch ein fürchterlicher, Furcht machender
Gedanke. Lotte widersetzt sich ihm, es wird ein ekstatischer, alle
psychischen und körperlichen Energien verbrauchender Kampf, die
sogar blutige Auseinandersetzung eines Menschen, mit sich selbst, um

Groß und klein, Lotte in Marokko (1. Szene)

Groß und klein, Edith Clever (Lotte), morgens in Saarbrücken (2. Szene)

sich selbst. Am Ende des Auftritts ist der Ausgang des Kampfs nicht entschieden. Aber wenn Lotte, im nächsten Bild, als Sekretärin eines städtischen Beamten wiederkommt, ist ihr die Wirklichkeit noch fremder geworden, ferner. Die Verstörung hat zugenommen. Auch die Fixierung auf ein ungeheueres Außerhalb, auf Transzendenz, vielleicht auf Gott, hat nichts Erlösendes. Strauß nennt die Szene jenes Kampfs von Lotte: »Falsch verbunden«.

Ist eine solche, derart ausgreifende, alle normalen Verabredungen überholende Szene auf einer Bühne noch spielbar? In der Uraufführung durch die Schaubühne ist ihre Wirkung die eines tiefen Erschreckens gewesen. Der Regisseur Peter Stein und die Schauspielerin Edith Clever sind den enormen Risiken der Überschreitung, die Strauß gewagt hat, nicht ausgewichen. Man kann hier darum etwas sehen, das auf dem Theater sehr, sehr selten ist: Eine Darstellung, für die eine Schauspielerin alle gewohnten Maßnahmen des Selbstschutzes außer acht zu lassen scheint, alle technischen Mittel und alle Erfahrungen der eigenen Existenz und vieler früherer Rollen einbringt in den Ausdruck eines innersten, ersehnten Ergriffen-Werdens, gegen das aber gleich Stimme, Glieder, Gesicht sich wehren, der ganze Körper sich aufbäumt. Die Wahrheit, die die Clever dieser Szene gibt, ist zuerst ihre eigene: Weil die Transgression, die Strauß meint, hier die dieser Schauspielerin ist. Und dennoch wird aus dem Auftritt nicht die Ausstellung eines blinden, hingetobten Wahns; er behält vielmehr die im Text vorgegebene Struktur, Form. So groß, beinahe unaushaltbar der Druck ist, den die Clever hervorruft (fast: das Entsetzen) – es bleibt doch die Möglichkeit, diese Schilderung eines äußersten Verlangens zu begreifen als Beschreibung der Ausweitung eines Menschen, der alle Einbildungskräfte daran setzt, sich zu begründen.

Lotte ist in dieser Szene alleine, den Kampf vollführt sie mit dem gewaltigen Erinnerungsbuch – und mit einem Stuhl (Zeichen für »Seßhaftigkeit«), den sie dann zertrümmert. Mit der Erzählung von einer Einsamkeit beginnt das Stück schon. Wir sehen Lotte zuerst als Touristin in einem Hotelzimmer in Agadir, draußen, vorm Fenster, unterhalten sich zwei Männer, die Frau hört einzelne Wörter, Halbsätze manchmal, ein Reden, dessen Zusammenhang sie nicht versteht. Sie reagiert mit eigenen, sprunghaften Gedanken, es setzen sich daraus die Bilder eines matt gelebten, unordentlichen Lebens zusammen. »Wo wir uns sowieso schon spinnefeind sind, jeder gegen alle« – das wird über die Reisegruppe gesagt, aber es gilt darüberhinaus: für ein »Leben in Scheidung«, geschieden von jedem Verstehen, von Nähe, von Erfüllung. Edith Clever hält die Figur schon hier offen, für plötzliche Höhenflüge und für den Absturz in Trivialitäten. Lotte wird nicht sozial, nicht als dieser oder jener Gesellschaftsschicht zugehörig definiert. Sie steht – und das ist eine Schwierigkeit der Rolle – für ein allgemeines Subjekt, das sich auf Welt unter jeweils ganz verschiedenen psychischen und intellektuellen Voraussetzungen einstellt. Ein Mensch; aber seine individuellen Erfahrungen sind zugleich immer Metapher für umfassendere Gefühle der Fremdheit. Strauß zeigt diesen metaphorischen Charakter der Figur durch auffällige Wechsel ihrer Sprache an. Sie kann schnöde witzeln, sich in eine klagende Larmoyanz verkriechen, aber dann ist sie auch imstande, sich aufzuschwingen, apokalyptische Visionen prophetisch auszubreiten. Wie die großen Empfindungen dauernd auf kleine Umstände stoßen – so

Groß und klein, Lotte in der 7. Szene, »Falsch verbunden«

kann auch die Sprache des Stücks in einem Augenblick schwärmerische, dichterische Bilder bewegen, und im nächsten einen realistischen Jargon erzeugen.

Immerzu steht Lotte vor abgedichteten, normierten Verhältnissen. Und kommt da nicht hinein. Eine, die immer draußen bleibt. Für dieses Fremdbleiben hat Strauß viele Zeichen gefunden. Durch das Fenster blickt Lotte in das Schlafzimmer einer Industriellen-Familie in Saarbrücken, es gelingt ihr für eine Weile ein Gespräch und in dessen Verlauf der Moment einer emphatischen Verständigung, wenn die Ehefrau sich von Lotte animieren läßt, Prachtstücke ihrer Garderobe wie ein Mannequin vorzuführen. Es ist früh am Morgen und so begann für die Leute in Saarbrücken nie zuvor ein Tag. Aber dann schließt die ein wenig außer sich gebrachte Dame (Elke Petri) das Fenster wieder, sagt zu Lotte: »Wir sind keine Bekanntschaft«. – Die Partner späterer Gespräche sind oft nicht einmal mehr selbst sichtbar: Die Verständigung erfolgt dann etwa über die Sprechanlage eines Mietshauses, in dem Lotte eine alte Schulfreundin vermutet; oder über ein wahrscheinlich längst abgeschaltetes Telefon, Lotte, die Vorübergehende, hat sich da in einer Telefonzelle mit Gummibaum und Vorhängen einen Heimplatz geschaffen; einmal unterhält sie sich mit ihrem Fernseher. – Das sind alles Synonyma für den Verlust an Kontakt. In dem zentralen dritten Bild kann man in der Aufführung der Schaubühne in acht weiße, leere Räume hineinsehen, die in zwei Reihen wie Schachteln übereinandergebaut wurden. Es treten in diesen Zimmern Mitglieder einer Haus-»Gemeinschaft« auf, deren Wirklichkeit längst die eines Zusammenlebens in Isolation ist. (Extremes Beispiel: Ein Kind lebt in einem Zimmer in einem kleinen Zelt, verläßt es kaum noch.) So weit ist es mit der Einsamkeit, Abgeschiedenheit schon gekommen, daß ein altes Ehepaar (Johanna Hofer und Gerhard Bienert) als Gegenmittel darauf verfällt, sich Einzelheiten des eigenen Tagesablaufs von einem Gastarbeiter fotografieren zu lassen, um sich die Fotos dann, als wären es wahrhaftig Erinnerungsbilder einer glücklichen Reise, selbst vorführen zu können. Schärfer, bitterer ist das Gefühl eines Defizits an Leben (mitten im Leben) kaum zu formulieren. Eine junge Studentin in einem anderen der Zimmer (Jutta Lampe), plötzlich unsicher in ihren Verhältnissen und gegenüber ihrer Vergangenheit, befragt das gleiche Defizit mit einem Tschechow-Satz: »Was haben wir bloß gemacht?«

Groß und klein, Lotte allein im Wartezimmer des Arztes, das Schlußbild

Scheidung, Abweisung, Kälte. Ordnungen, die meistens von Männern, mit überschnappender Stimme, gegen besseres Wissen, wütend verteidigt werden. Die Familie Lottes auf Hörnum – noch ein Zufluchtsort, aber auch dort keine Hilfe – hat das Mobiliar der Gartenterrasse mit Ketten am Boden verankert, Diebstahlssicherung; andererseits hören wir aber, daß der Schwiegersohn die eigene Frau bestohlen hat. Während der Sohn des Hauses (Udo Samel, für die Schaubühne eine Entdeckung, ein Expressionismus-Spieler), immer wenn die Gezeiten wechseln, in mondsüchtige Krämpfe verfällt. In dieser Umgebung sagt jemand den Satz: »Statt Krieg haben wir das«. Es ist ein Satz, der zusammenfaßt, was in den zehn Bildern an Verelendungen geschildert wird.

Was könnte dagegen helfen? Eine Liebe vielleicht? Tatsächlich ist *Groß und klein* auch eine Liebesgeschichte. Lotte hat sich irgendwann von dem Journalisten Paul getrennt, ihre Suche nach Menschen ist zuerst die Suche nach dem verlorenen Mann. Die Erinnerung an ihn kommt immer wieder. Strauß hat das gut gesehen: Wie hartnäckig, obwohl unversehens, so ein Erinnern sich zur Geltung bringt. Doch das Wunschbild trügt. Denn so rüde und achtlos Paul sie fortschickt, als sie ihm noch einmal begegnet – diese Liebe wird so groß nicht gewesen sein wie die Erinnerung sie will. Der Einzelfall dieser Beziehung bildet nur ein besonderes Beispiel für die allgemeine Verkümmerung.

Sie findet vielfältigen Ausdruck in diesem Stück und in dieser Aufführung. Strauß hat ein *Draußen vor der Tür* seiner Generation geschrieben. Ein Stück derer, die nicht mehr dazugehören wollen, können. Das Wiedererkennen schmerzt. – Doch manchmal folgen die Metaphern fast zu dicht aufeinander. Daß wir alle mit jener Lotte etwas gemeinsam haben, mit ihr im letzten der zehn Bilder im selben Wartezimmer eines Arztes sitzen, der Lotte erklärt: »Ich bin hier nur so. Mir fehlt ja nichts«, und dann geht sie, wie die Zuschauer, hinaus – da werden die Auskünfte des Stücks zum Zustand der Gesellschaft dann doch ein wenig zu nachdrücklich ausgeschrieben.

Peter Steins Inszenierung (in den schon für das Shakespeare-Projekt benutzten, früheren Filmateliers am Stadtrand Berlins) schildert Gesellschaft so, daß an ihrer Normalität nach einer Weile immer ein Moment von Wahnsinn erkennbar wird. Es ist eine sehr einläßliche, detailgenaue, auch für die Komik mancher Passagen empfängliche Arbeit. Die Bilder erscheinen hinter wogenden, hohen Vorhängen, die sie jeweils langsam freigeben: Eine Aufführung, die sich selbst so enthüllt wie ihr Stück unsere Gesellschaft (Bühne: Karl-Ernst Herrmann).

Statt einer Bibliographie

Die im Inland und im Ausland veröffentlichten Reaktionen auf die Inszenierungen der Schaubühne sind kaum noch zu überblicken; eine vollständige Bibliographie ist nicht mehr möglich. Im folgenden ist eine Auswahl von Äußerungen der westdeutschen und der Berliner Tageskritik zusammengestellt. Die Aufführungen der Schaubühne waren für alle Kritiker, die sich damit beschäftigt haben, erstrangige Aufgaben; Schaubühnen-Kritiken wurden im Kontext der Feuilletons durch Umfang und Plazierung hervorgehoben. Ausführliche Probenberichte (Henrichs, Michaelis) bezeugen das Interesse nicht nur an den Ergebnissen, sondern auch an der Arbeitsweise dieser Bühne. Gelegentlich weiteten sich die Kritiken zu Essays aus (Baumgart, von Becker, Henrichs, Karasek, Wiegenstein); eine der ergiebigsten und lesenswertesten dieser essayistischen Arbeiten ist Günther Rühles Beschreibung und Analyse der Schlußbilder in den Inszenierungen Peter Steins, von *Peer Gynt* bis zu *Trilogie des Wiedersehens* (Signatur am Ende des Weges, FAZ vom 26. 4. 1978). – Insgesamt geben die Rezensionen auch Auskunft über den Leistungsstand der deutschen Theaterkritik in den siebziger Jahren: Sie zeigen Vermögen und Grenzen. Der Vergleich verdeutlicht das oft sehr große intellektuelle Gefälle.

Die Kritiker haben in ihrer Mehrheit das Unternehmen Schaubühne unterstützt. Als die Berliner CDU das Theater in einer frühen Phase seiner Entwicklung bedrängte, haben fast alle Rezensenten der größeren Blätter in einer gemeinsamen Resolution dagegen Stellung genommen – ein in der neueren Geschichte der Kritik vergleichsloser Vorgang. Außer den Berliner Kritikern (Grack, Luft, Ritter) haben nur Baumgart, Michaelis, Karasek und Rischbieter fast alle Aufführungen der Schaubühne gesehen und über die meisten auch selbst geschrieben. Vor allem Baumgart, Michaelis und Rühle haben die ästhetischen Vorstellungen der Regisseure Stein und Grüber immer wieder gegen die linken Vorwürfe verteidigt, die Aufführungen seien zu wenig explizit revolutionär. (Dieses unterstellte politische Defizit ist – bei allem Interesse an der Organisationsform der Bühne – ein Einwand der DDR-Kritik geblieben). Erst ab etwa *Shakespeares Memory*, 1976, wird die Zustimmung der überregionalen Kritik zögernder. Im folgenden Jahr überschreibt Benjamin Henrichs seine Beurteilung von *Wie es euch gefällt (Die Zeit* vom 30. 9. 1977): Shakespeares Monument: hoffentlich kein Nachruf auf die Berliner Schaubühne.

Auch schon vorher hatten sich bestimmte gegensätzliche Positionen der Bewertung herausgebildet. Friedrich Luft hat keine der Inszenierungen Grübers akzeptieren können; der Rezensent der *Welt* zeigte Mißmut auch gegenüber den politischen Gedanken der *Optimistischen Tragödie.* Georg Hensel störte besonders jeder Versuch der Schaubühne, die Arbeit theoretisch zu begründen; seine Kritiken halten sich fern davon. Joachim Kaiser hat sich gerade angesichts des wachsenden Ruhms der Schaubühne eine tiefe Skepsis bewahrt, er sah die Gefahr der Überschätzung. Dennoch gehören seine klugen, bedenkenreichen Schilderungen zu den besten Reaktionen, die die Schaubühne auf der Seite der Kritik provoziert hat. Auf die Zweifel Kaisers in seiner Premieren-Kritik der *Homburg*-Aufführung in der *Süddeutschen Zeitung* hat Reinhard Baumgart später im gleichen Blatt repliziert (siehe die entsprechenden Zitate). – Auch Günther Rühle war oft ein zurückhaltender Beobachter. Für die experimentellen Züge der Arbeit, besonders für Steins ersten Teil des *Antikenprojekts* und für Grübers Entwürfe hat er sich aber, im Gegensatz zu Luft, sehr eingesetzt.

Über die Zielgruppen-Projekte der Schaubühne hat vor allem Günther Grack im Berliner *Tagesspiegel* mehrmals berichtet (Schaubühne im Jugendheim, 22. 4. 1971; Die Schaubühne an der Karl-Marx-Straße, 11. 11. 1973). Eine Übersicht über die verschiedenen Versuche des Arbeiter-, Lehrlings- und Kindertheaters der Schaubühne lieferte Rolf Michaelis im Jahresheft 1973 von *Theater heute* (Der Schaubühne anderes Gesicht).

Von den Berliner Kritikern hat Heinz Ritter am liebsten vorbehaltlos applaudiert. Ritter hat, in dem Boulevard-Blatt *Der Abend,* auch durch die Veröffentlichung von Interviews mit Schaubühnen-Leuten und durch kulturpolitische Kommentare enthusiastisch für das Theater gestritten. Von Günther Grack gibt es einige sorgfältige, einläßliche Schilderungen einzelner Aufführungen.

Allen im folgenden zitierten Kritikern danke ich für die Hilfe, die sie mir bei der Zusammenstellung des Materials gewährt haben.

P. I.

Kritikerstimmen zu Aufführungen der Schaubühne

Die Mutter (1970)

Rolf Michaelis: *Berlin geht in die ›Stein‹-Zeit* (*FAZ*, 10. 10. 1970)
Der Beginn mit diesem Lehrstück des Klassenkampfes, das die Regisseure in
seinem historisch-agitatorischen Doppelcharakter als eine Darstellung der geschichtlichen Entfaltung der russischen wie der deutschen Arbeiterbewegung
präsentieren wollen, ist Programm. Ein mit Brecht-, Lenin- und Mao-Zitaten
zwölfseitig engbedrucktes Faltblatt und zwölf Seiten *Materialien zur Diskussion* dienen dem Zuschauer ebenso als Wegweiser wie der mit marxistischer
Literatur üppig gedeckte Bücher-Verkaufstisch im Foyer.

Mit der Aufführung dieses Stückes wollen die Regisseure *der verbreiteten
Abneigung gegen eine revolutionäre Politik entgegentreten, indem das Verhalten von Leuten gezeigt wird, die einmal eine solche Politik gemacht haben.*
Selbstkritische Überlegungen, die Steckel und Stein auf dem Programmplakat
anstellen, scheinen nicht unberechtigt hier, wenige hundert Meter von der
Mauer entfernt. Wie wird das Publikum späterer Vorstellungen auf das vom
gesamten, von der Regie in immer neue, schöne choreographische Stellungen
gruppierten Kollektiv vorgetragene *Lob des Kommunismus* reagieren: *Er ist
das Ende der Verbrechen. Er ist keine Tollheit, sondern das Ende der Tollheit?*
Wird es der Schaubühne gelingen, mit ihrem zugleich revolutionär agitatori-
schen und ästhetisch hochstilisierten Spiel ihr Publikum nicht nur zu unterhalten, sondern auch zu überzeugen? Oder droht hier intellektuelles Theater von
Intellektuellen für Intellektuelle? [...]

Hellmuth Karasek: *Zurück zur Mutter* (*Die Zeit*, 16. 10. 1970).
[...] Während Therese Giehse die ausgeklügelte Einfachheit ihrer Mittel in
dieser Inszenierung auf eine unvergleichliche Weise freisetzen konnte (noch
Textunsicherheiten gerieten ihr zu hinreißenden Stilmitteln), hatte die Aufführung sonst oft den reinen Trotz, den singende Heilsarmisten mitten in der
brandenden Konsumwoge vor einem Supermarkt zur Schau stellen. Damit
will ich nicht mehr sagen, als daß eine Bühne, die ohne Rampenerhöhung
spielplatzartig mitten in den Zuschauerraum vorgezogen ist, der von drei
Seiten, kaum erhöht, das Geschehen umgibt, einen ähnlich nahen Zusammenprall bewirkt und dabei in Wahrheit wohl auch ähnlich starke Distanzierun-
gen schafft.

Auf jeden Fall wird, nachdem die Schaubühne den notwendigen Überzeu-
gungsweg der Mutter zu ihrer ersten Aufführung gemacht hat, sich niemand
auf die begütigende Feststellung zurückziehen können, die kollektive Spiel-

weise sei von aller politischen Festlegung loslösbar. Sie ist von ihr nicht zu trennen: Eine rote Fahne ist dann auf einmal nicht mehr nur ein ästhetisches Dekor und ein kämpferischer Gestus nicht mehr nur ein historisches Stilmittel.

Das beseitigt, da die Leute vom Halleschen Ufer trotzdem mit hochentwikkeltem Kunstverstand zu Werke gehen, die falschen Peinlichkeiten vieler Brecht-Aufführungen, die einen Schauspieler wie mit Fusel vorübergehend für eine Rolle mit Klassenkampf anfüllen. Es beseitigt aber auch, trotz aller aufgebotenen Distanzierungsmittel, den geschichtlichen Abstand zum Jahre 1905 und 1931. Denn Brecht brauchte 1931 klare Fronten. Also wählte er ein Geschichtsbeispiel, bei dem starke Gegensätze den Erfolg garantierten. Da auch das Schaubühnen-Ensemble klare Fronten will, wirken der wortwörtliche Hunger, die Suppe ohne Schmalz und die unverhüllte Repression trotz des dem Programmheft beigelegten Materials zu möglichen Diskussionen wie ungemäß auf heute übertragen. Weil das Theater mit seiner Arbeit an der Basis anfangen muß, schon um sich zu konsolidieren, werden auch Probleme von der Basis aufgetischt. [...]

Der Ritt über den Bodensee (1971)

Günther Schloz: *Ritt über den Wannsee* (*Christ und Welt*, 29. 1. 1971)
[...] Peymann und Wiens ließen Handkes kleines Welttheater im Salon als elegantes Spielwerk aus Wort und Gestik, als graziöse Kür auf der dünnen Eisschicht über den Untiefen unseres Bewußtseins vorführen: Jutta Lampe, Edith Clever, Bruno Ganz, Otto Sander und Günter Lampe agierten mit schwebender Leichtigkeit auf dem glatten Geläuf, sicher noch im verwegensten Schlittern zwischen Wahn und Witz.

Manchem der Zuschauer mochte die Aufführung wie ein Boulevard-Spaß für Heideggers und Wittgensteins erscheinen; doch wem der Revolutionsdonner die Ohren nicht taub gemacht hat, der hörte das Eis knacken.

Rolf Michaelis: *Das Leben ein Traumspiel* (*FAZ,* 25. 1. 1971)
[...] Kritiker der *Schaubühne,* die dieses Theater als marxistische Kaderschmiede verteufeln, sollten bedenken, daß unter der Oberfläche eines Gesellschaftsspiels dieses vehement antimarxistische, konsequent individualistische Stück, das von *linken* Kritikern sicher als dekadent uns spätbürgerlich geschmäht werden wird, ausgerechnet an diesem linksorientierten Polit-Theater uraufgeführt worden ist. Der ranzige Beifall am Premierenabend (im Gegensatz zum vergnügten Applaus nach den Voraufführungen) macht hörbar, mit

welchen Erwartungsklischees diese Bühne bereits beobachtet wird. Fast widerwillig werden der am deutschsprachigen Theater zur Zeit einmalige artifizielle Prunk und die ästhetische Kultur dieser Aufführung zur Kenntnis genommen und die Gerüchte lustlos dementiert, Peymann wolle oder könne an der *Schaubühne* nicht weiterarbeiten. Als ob dieses Spiel, das uns die Augen öffnet für unsere Lage, das mit Selbstironie, lächelnd, die Trauer über vergängliches Dasein ausstellt, nicht viel erschreckender, aufklärerischer, ja, revolutionärer wäre als all die (auf dem Theater) wohlfeilen Aufrufe zur Revolution.

Claus Peymann und Wolfgang Wiens inszenieren dieses Lebensspiel, dieses Traumspiel, dieses Leben als Traumspiel mit untrüglichem Gespür für Handkes Sprache und szenische Bilder. Sie zeigen einen Lebenstag, einen Weltentag. In der Hollywood-Kulisse eines weiten, von einer Treppe beherrschten Raumes, den Karl-Ernst Herrmann mit den blaugrünen Tapeten einer tropischen Landschaft auskleidet, entwickelt sich das Spiel vom Lebensmorgen in die Todesnacht. [...]

Peer Gynt (1971)

Friedrich Luft: *Ein Jahrhundert wird vorgestellt* (*Die Welt*, 17. 5. 1971)
[...] Stein spielt das Stück nicht, um ihm zu huldigen. Er spielt es, um mehr zu spielen als nur Ibsen. Das 19. Jahrhundert soll präsentiert werden, dann angeklagt und wohl auch gerichtet; indem man eine so herrlich monströse Schau veranstaltet, will man zugleich die Unersättlichkeit, will man Fragwürdigkeit und Scheußlichkeit einer aufgeblasenen Seelenexpansion diskriminieren. Stein hat den Zeigefinger erhoben.

Man merkt, was er will. Aber das schöne an diesen zwei Abenden wahrhaft entfesselten Theaters: Die kühn erweiterte Szene trocknet ihm darüber nicht aus. Man sieht kompaktes Spiel, wie mit Schaufeln in die gewaltige Arena geschüttet. Man sieht röhrendes Abenteuerdrama. *Peer Gynt* soll ablaufen, wie bewußt triviales Abenteuerkintopp. Die Peitsche knallt. Aus dem Lautsprecher dröhnt die kalte Stimme des Ansagers, als gelte es, mit der Verwandlung jeweils eine neue Sensationsnummer zu annoncieren. Und Sensationsnummern werden es jedesmal wirklich. [...]

Stein schüttet die Zauberkiste des puren Spieltheaters in der großen Arena aus. [...]

Die beiden Abende sind ästhetisch schön. Sie geben (Bühnenbild: Karl Ernst Herrmann) optisch einen fast leckeren Begriff vom 19. Jahrhundert. Mit frühem Jugendstil wird, wenn die ersten Szenen in Norwegen spielen, operiert. Ansichten wirken, füglich ironisch etwas verkantet, wie aus der dramatisierten Naturwelt Hodlers. Wenn die Sphäre der Trolle plötzlich aus dem bis dahin kompakten Bühnenberge herausquillt, sieht man Aspekte aus schrecklichen Kinderbüchern der neunziger Jahre, grausige Tollpatsche, komische Scheußlichkeiten.

Wenn koloniale Herrlichkeit und schlimme Ausbeutung zur Sprache kommen, ist die Szene erst so lecker herrschaftlich anzusehen, ist die Versuchung des Reichtums so deutlich gemacht, daß dann der Kontrapunkt und Eklat um so krasser ausdrücken, was ausgedrückt werden soll: Unsere Urgroßväter waren, auch wo sie grandios schienen, schlimm! Diese wahrhaft unvergleichliche Schau läßt keinen Augenblick Ruhe, und sie läßt keine Minute nach, zu beteiligen und zu überraschen.

Ibsens alte Geschichte vom armseligen Abenteurer Peer Gynt, der auszog, die Welt zu erobern, und der sein Ich, das er immer nur zu finden und zu erhöhen suchte, denn doch nur in der armen Heimat, nur im Schoße der treuen Solveig wiederfindet, diese ja wirklich für lange Strecken unverhohlen kitschige Story – wie geschaffen für einen Superabenteuerfilm von sehr trivialen Mitteln. [...]

Ob mit dieser Monsterschau nun das 19. Jahrhundert diskriminiert, ob es verurteilt sei, ist zu zweifeln. Wahrscheinlich war ein solches Totalverdikt auch gar nicht gemeint. Wenn die üppig-sublime Darstellung eines Zeitalters so viel sinnliches Spaßvergnügen auslöst, wenn seine Reproduktion so lecker und unterhaltend wirkt, dann war an solcher Epoche wohl schon etwas dran. [...]

Diese Produktion ist stupend. Sie verbreitet Schönheit. Sie ist ein technisches Wunder. Sie stellt, was sie darstellt, dauernd in Frage. Sie erheitert und erstaunt beständig. Und sie macht dem Mitdenker, der eigenen Kritik, macht der Vorliebe und Abneigung unentwegt wägende Beschäftigung. Was könnte Theater mehr?

Hellmuth Karasek: *Ein Höhepunkt deutschen Theaters* (*Die Zeit,* 21. 5. 1971)

[...] Eine Theaterarbeit, von der vergleichbare Impulse ausgingen, wie sie diese Inszenierung bei ihren Akteuren und bei ihren Zuschauern aktiviert, fand sonst wohl nur in den guten Jahren am Berliner Ensemble und in Bessons Zeit am Deutschen Theater in Ostberlin statt; wer ihre Ergebnisse von Deutschland aus sehen wollte, war sonst auf Planchons Produktionen im Vorstadttheater von Villeurbanne, war auf Strehlers Goldoni-Inszenierungen am Piccolo Teatro in Mailand verwiesen.

Die Vergleiche sind mit Absicht gewählt: denn die beiden Gynt-Abende waren nicht nur Ausdruck der Tatsache, daß Peter Stein der begabteste Regisseur des deutschen Theaters ist, sondern, entscheidender, daß Stein um sich ein Kollektiv versammelt, sich in ein Kollektiv eingefügt hat – eine Tatsache, die Kräfte und Talente freisetzt, Überlegungen vieler in eine Inszenierungsarbeit integriert, alles also, was selbst bei großen Aufführungen an anderen Theatern nicht geleistet werden kann.

Das muß und soll nicht heißen, das Modell der Schaubühne sei einer Rezeptur vergleichbar, die sich nur andere auch verschreiben müßten. Das soll nur darauf hinweisen, wie sehr dieses Berliner Theater schon mit seiner vierten Inszenierung sich als ein Kristallisationszentrum zeigt, das Theatertalente einander zuordnen und verbinden kann, sie dabei freisetzend, nicht verschleißend.

Ob man an das Bühnenbild von Karl Ernst Herrmann denkt, das nicht nur kühn, selbstverständlich, voller sinnvoller Überraschungen war, sondern auch den Schauspielern eine radikal neue Spielfläche schaffte; ob man an die Kostüme denkt (Bickel, Herzog, Raschig), die, schön und gescheit, die Schauspieler nicht verkleideten, sondern zum Spielen animierten; ob man sich die kunstvolle Naivität der Masken (Poppy/Hilbert) vor Augen hält, die aus Trollen und Wüstengetier Wesen von der Überzeugungskraft machte, wie sie sonst nur alte Tierparabeln haben; ob man sich schließlich den technischen Ablauf vor Augen hält, bei dem Bühnenarbeit und Spiel ohne krampfige Ausstellung falscher Bühnenverbrüderung zwei Seiten ein und derselben Sache waren – stets sprach das, was man hörte und sah (einschließlich des anregendsten Programmhefts, das ich bisher in Händen hatte) nicht bloß für sich, sondern auch für die spezifische Theaterform des Theaters am Halleschen Ufer. [...]

Optimistische Tragödie (1972)

Henning Rischbieter: *Was wurde aus der Revolution?* (*Theater heute,* Mai 1972)

[...] Das Stück ist, für mich, eines der großen, elementaren, spannenden Stücke der Weltliteratur. Es ist einfach, voller Wucht in aller Gewalt, es beschönigt nichts, die Heroisierung seiner Figuren wächst aus einer Situation, die Todesmut wie selbstverständlich nötig machte: nur noch der kleinere Teil des riesigen russischen Reiches war in der Hand der Revolutionäre. Weiße, antirussisch-nationale, deutsche und Entente-Truppen drückten von allen vier Himmelsrichtungen auf das Kerngebiet mit den Brennpunkten Petrograd und Moskau. [...]

Die Aufführung dauert dreieinhalb Stunden, obwohl das letzte Drittel des Stücktextes fast ganz wegbleibt. Mit der Erledigung der Anarchisten ist für Stein das Stück ans Ende gebracht. Er spielt auch nicht den erstaunlichen und waghalsigen Schluß, von dem her Wischnewski (einer Tagebuchnotiz zufolge) seine Stückvision entwickelt hat: da siegt das Regiment, der Kommissar stirbt mit den Worten: *Wir haben Grund zum Lachen* – und die Matrosen lachen wirklich, *ihr Lachen schwillt an und wird zu einem herausfordernden Gedröhn.*

Die Protagonisten früherer Schaubühnen-Aufführungen sind in den Chorus der Matrosen, in den wilden, kräftig malerisch kostümierten und arrangierten Haufen zurückgetreten, darunter die fünf Peer-Gynt-Darsteller. Von den solistischen Rollen ist keine *optimal* besetzt. Das hat mich nicht gestört: Brillanz liegt nicht im Sinne von Text und Inszenierung. Die Kommissarin (Elke Petri) zeigt nicht viel mehr als eine aufmerksame, muntere, manchmal heftige oder verbockte Art. Ihr erster bolschewistischer Gefolgsmann Wainonen wird von Wilhelm Menne, mit dem kennzeichnenden, schwerflüssigen Nachdruck der Inszenierung, geduckt, unsicher, auch ängstlich gespielt. Den pelzgefütterten bodenlangen Mantel umgehängt, Peitsche in der Hand, ist der anarchistische Anführer (Peter Fitz) in seine statuarischen Haltungen dumpf eingesunken. Listig, aufmerksam, schleichend sein Helfer, der Heisere (Otto Sander). Die Abkehr der Matrosen vom Anarchismus, ihre Disziplinierung erscheint wie unter einem individuellen Vergrößerungsglas in der Figur des Alexej (Ulrich Wildgruber). Seine intellektuelle wie seine erotische Aufmerksamkeit umkreist die Kommissarin, er läßt dabei auch das Schleimig-Lüsterne nicht aus, sein schweißiges Lächeln hat was Schiefes und Fatales, er vor allem verlangsamt die Motionen und Emotionen, seine prononciert lässigen Haltungen, seine weich und doch auftrumpfend in den Raum gezeichneten Hand- und Armbewegungen mögen manchmal penetrant erscheinen: für das, was ich den schwerflüssigen Grundstrom der Inszenierung genannt habe, sind sie konstitutiv. [...]

Text und Schaubühneninszenierung der *Optimistischen Tragödie* nehmen gegen den Anarcho-Syndikalismus und das Rätesystem Partei, indem sie dem Anarchismus der Matrosen nur negative politische Entwicklungsmöglichkeiten zubilligen. Stück und Aufführung sind deshalb kein Beitrag zur gegenwärtigen politischen Diskussion, aber einer zur Erweiterung unserer historischen Kenntnisse über das, was aus der Revolution wurde.

Hellmuth Karasek: *Was erklären Verklärungen?* (*Die Zeit*, 28. 4. 1972)
[...] Es war klar, daß die Schaubühne, daß die Inszenierung von Peter Stein mit einer Realisierung dieses Stücks Widerstände bei den Zuschauern wachrufen würde und wollte. Dabei riskierte die Aufführung, die Stein und seinem Ensemble den Mut zur oratorischen, ja opernhaften Eindringlichkeit abnötigte, bewußt die provokatorische Anwendung propagandistischer Theatermittel – sie knüpfte also sicherlich an die Mittel der effektvollen Vereinfachungen an, wie sie das Theater in der Brecht-Nachfolge als Piscator-Erinnerung eher verdrängt hat. Es ist dabei kein Nachteil, daß Stein diese Mittel mehr

artifiziell als politisch herbeizitiert und weiterentwickelt. War schon der *Peer Gynt* auf andere, uns eingängigere Weise das Ergebnis theatralischer Distanzierung, so wurden auch hier kühl die Mittel an den Mann gebracht und vorgezeigt, von denen Revolutionstheater leben muß, wenn es nicht in Revolutionen spielt, diese nur spielerisch zitiert. [...]

Denn indem Stein aus der Truppe immer wieder in Dunkel oder Helle eintauchende Kollektiv-Gruppen formte, gab er dem Stück eine künstliche Augenfälligkeit, die den Blick für die Konflikte schärfte. Die anarchischen Gegenspieler der Kommissarin (Peter Fitz und Otto Sander) durften da, in klaren Umrissen, ein durchaus an einen roten Fliegenden Holländer erinnerndes romantisches Air um sich verbreiten, während Elke Petris Kommissar gegen diese proletarische Opernwelt die schmalen Züge der höheren Tochter setzte, die ihren reinen, lange auch hilflos-anrührend wirkenden Fanatismus und Glauben an die Partei auch aus einer trotzigen Unschuld entwickelte und die Züge der Herkunft aus sexueller Frustration nicht verschwieg. In die verdeutlichende, auch an die Stimmungsmalerei sehr bewußt appellierende Heraldik mischte sich so eine Jeanne-d'Arc-Psychologie: auch dies zeigte (stilistisch) die herbeizitierten Reste eines *Schauspiels aus dem neunzehnten Jahrhundert*, mit dem sich Peter Steins Bühne offensichtlich dauernd fruchtbar herumschlägt. [...]

Geschichten aus dem Wiener Wald (1972)

Günther Grack: *Ums Leben gebracht* (*Tagesspiegel*, 20. 8. 1972)

Die Ankündigung auf dem Theaterzettel *Geschichten aus dem Wiener Wald* ist falsch; richtig ist vielmehr *Die Verfolgung und Ermordung Ödön von Horváths durch die Schaubühne am Halleschen Ufer unter Anleitung der Herren Grüber, Herrmann und Sturm.* Was der Regisseur Klaus Michael Grüber, der Bühnenbildner Karl Ernst Herrmann und der Dramaturg Dieter Sturm aus Horváths kostbarster Dichtung gemacht haben, könnte den Anschein erwecken, sie hätten ein für allemal Klarheit darüber schaffen wollen, daß ein Kammerspiel, mit allen Feinheiten bestimmt für die Guckkastenbühne, nicht fürs Raumtheater taugt. Nach den Erfolgen, die die Schaubühne als Raumbühne mit *Peer Gynt,* dem *Geretteten Venedig* und der *Optimistischen Tragödie* erzielen konnte, ist dies der erste Fehlschlag, vom Premierenpublikum am Ende der fast zweihundert Minuten dauernden Aufführung mit Buhrufen für das Inszenierungsteam und Achtungsbeifall für das Ensemble quittiert. [...]

Friedrich Luft: *Wie man ein Stück und damit sich selbst vernichtet* (*Die Welt*, 21. 8. 1972)

Wie, wenn man schon darauf aus ist, macht man einen großen dramatischen Text und ein sonst todsicher wirksames Stück ganz sicher kaputt? Durch dramaturgische Besserwisserei und inszenatorischen Hochmut! [...]

Der Regisseur als Amokläufer zwischen allen Stilen. Da kann sich keinen Augenblick darstellerisches Gebild gestalten. Dressur waltet vor, die Peitsche des falschen *Einfalls* knallt ständig störend und gegen jeden Kunstverstand. Man erkennt keine der atmenden, originalen Stückfiguren wieder. Drill wird abgeliefert. Ruckzuck-Spiel wird affenartig getätigt. Kein Dialog führt zum Ziel. Horváths aufschlußreiche Trivialsprache kommt gar nicht zu Gehör: Dieser Regisseur hat gar nicht mitgekriegt, wie rührend, wie listig, wie gemein und offenlegend diese scheinbar wesenlos gewordene Sprache doch ist, derer sich Horváth zur Begriffsbestimmung seiner Gestalten bedient. Zerdehnt, zerzerrt, zerbrüllt und partout zerstört wird akustisch alles. Zu Gehör gebracht wird das Stück nicht. [...]

Rolf Michaelis: *Der andere Horváth* (*FAZ*, 24. 8. 1972)

[...] Die wütende Gereiztheit der örtlichen Kritik auf eine selbst in Momenten der Verfehlung und des Scheiterns außerordentliche Leistung ist nicht leicht verständlich. Wohl nimmt Grüber uns den liebgewordenen Realismus, das Horváth-Klischee, aber was er dafür gibt, kann sich sehen und hören lassen, zählt (für mich) zu den bedeutendsten, anregendsten Theaterarbeiten der letzten Jahre.

Die Aufführung markiert eine Etappe der Horváth-Rezeption. Der gemütliche, *Stimmung* beschwörende Milieurealismus, der uns über die lieben Horváth-Opfer eine Träne verdrücken läßt, ist nach der Schaubühnen-Aufführung nicht mehr möglich. Jetzt gerät der andere Horváth in den Blick. Die Revision eines Realismus kann beginnen, der Horváth oft deshalb eingeredet wurde, um ihn gegenüber Brecht aufzuputzen.

Solch gutgemeinte Hilfe hat Horváth nicht nötig, wie Grübers Inszenierung lehrt. Das Aneinandervorbeireden der Figuren z. B. kann man ganz *realistisch* bringen. Grüber hört das absurd Surrealistische in den Dialogen und arbeitet dies heraus – ohne Verlust an menschlicher Wirklichkeit oder Wahrhaftigkeit der Charaktere. Man kann es nicht mehr hören, dies herablassende Reden von der *Dämonie des Kleinbürgers,* die bei Horváth *entlarvt* werde. Grüber blickt ohne besserwisserisches Lächeln und ohne den Hochmut des *Aufgeklärten* auf Horváths Menschen. Er entwickelt die Aufführung aus der statischen Dramaturgie, aus der Sinnlosigkeit einer in sich zurückschwingenden dramaturgischen Kreisbewegung.

Die Aufführung wagt einen ersten Schritt in neues Gelände. Von daher die nicht zu übersehenden Unsicherheiten, Gewaltsamkeiten. Grüber und die Schaubühne machen ein Angebot: Auch so kann Horváth gespielt werden. Wo Regisseur und Schauspieler danebengreifen, geschieht dies nicht aus Mißachtung des Dramatikers oder aus Gefallsucht, sondern aus einem Zuviel an visionärer Durchdringung des Textes, aus einer unökonomischen Sucht, jedes Wort in Bild oder Geste umzusetzen. Das wirkt oft verstörend. Das aber ist auch Voraussetzung für den ungewöhnlichen optischen und akustischen Zauber der Inszenierung, vor allem für die präzise Bewegungsregie. [...]

Prinz Friedrich von Homburg (1972)

Joachim Kaiser: *Traumtänzer in Traum-Preußen* (*Süddeutsche Zeitung*, 6. 11. 1972)
[...] Die Transposition des Kleistschen Dramas in eine Mischung aus Traum und Utopie. Peter Stein war viel zu klug, um den denunziatorischen Weg gehen zu wollen, der sich ja anböte, wenn ein *linkes* Theater das bedeutendste Preußen-Drama unserer Literatur erprobt. Er übertreibt vielmehr die, aus dem Zusammenhang, keineswegs aus den Einzelszenen hervorgehende, idealisierende Tendenz Kleists zu jenem Punkt, wo diese Tendenz sich zum preußischen Traumspiel oder zur Weiheoper mit eingebauter Opferhandlung abstrahiert. Er gönnt Kleist und den Preußen nicht, daß auch *Wirklichkeit* mit im Spiel sein könne, wenn ein ehemaliger preußischer Offizier, der den Abschied nahm, ein halbes Jahr vor seinem spektakulären Selbstmord diese vergoldende Ballade über Preußens Urgeschichte verfaßte. Peter Stein reinigte das Kriegsstück zum Traum. Gäbe es nur die Fabel – und nicht auch den bis ins einzelne in konkreter Sprache fixierten Text, so hätte Stein vielleicht recht. Doch da der Text sich auch großartig ans Reale und Historische hält, präzise einen Vorgang konstruiert, durchsetzt ist mit Wirklichkeitsbrocken und Metaphern, die tiefe innere Spannung verraten (nicht bloß optimistische Schönfärberei), darum verfehlt diese Aufführung Kleists rhythmischen Ernst vollkommen.

Sie verfehlt den, zugegeben, unwahrscheinlich freien Aufschwung einer preußischen Seele. Die Metaphorik wird nie so gesprochen, daß sie als transsubjektiver Ausdruck leidender oder triumphierender Individuen erscheint, sondern sie wird gleichsam in Anführungszeichen zelebriert. Da die Charaktere nicht bei der gewiß illusionären Wirklichkeit des Theaters anfangen dürfen, sondern umstandslos sich aufführen wie die schillernden Schatten einer Phantasmagorie: darum wird an Stellen gelacht, wo Gelächter unmöglich wäre, wenn eine bescheidene, dienende Spannung des Vergegenwärtigen-Wollens herrschte. (*Der Kurfürst lebt:* Gelächter – *Wenn ich ins innere Mark ihr wachsen darf,* sagt Natalie, erschüttert über den Tod des Kurfürsten, erschüttert über Homburgs Liebesantrag, sie möge um des Prinzen Brust ihre Zweige schlingen: Gelächter.)

Ich halte Peter Steins Konzept für falsch, für klug, verführerisch und feige. Jetzt kann er von vorneherein entwirklichen, in Anführungszeichen sprechen lassen. Jetzt kann er Kleists Wahrheit unterlaufen, ohne Kleist kritisch denunzieren zu müssen. Er denunziert ihn nur eben weit sublimer, ästhetizistisch, ja utopisch, indem er eine, vielleicht auch mögliche, Konsequenz aus 1857 Versen zur Spielanleitung für alle diese Verse macht, denen nun aber fast jede Entfaltungsfreiheit fehlt. [...]

Deutschlands interessantestes Theater hat sich mittels einer ästhetisierenden, am Schluß kolportagehaft die Hinrichtung eines Menschen und den Triumph einer Puppe demonstrierenden Aufführung um Kleists leidenschaftlich idealisierendes Preußendrama gemogelt. Die Inszenierung sensibilisiert artistisch, sie macht gewiß ungeduldig gegen Stadttheater und ist doch selber nur eine Paraphrase, wo manches – etwa die Befehlsausgabe – in Operettennähe rückte, manches wie in Anführungsstrichen erscheint und auch konventionelles Bibberdröhnen möglich ist. [...]

So drängte sich die Frage, wie eine Mischung aus Homburg und Kleist sich ihre preußischen Konflikte vielleicht geträumt, weit vor das Stück, das Kleist geschrieben hat (und das gewiß ein Preußen darbietet, wie Gott es träumt). Stein ließ auch in der Traumszene wieder einmal die Figuren ganz nah aneinanderkleben; und er ließ Kleists Blankverse nicht anders sprechen als in seiner Zürcher Bond-Inszenierung die halb-ironischen Dialoge. Mit dieser Inszenierung mag er auf dem Wege seiner Theaterarbeit weitergekommen sein. Der Versuch (wie bei der Interpretation von Ibsens *Peer Gynt*), einen Text des 19. Jahrhunderts sich bei der Entfaltung gleichsam selbst in Frage stellen zu lassen, scheiterte hier, weil die realistisch-phantastische Kraft des Kleistschen Dramas keine Chance bekam. Ein Träumer litt im Traum-Preußen. Alle Feinde Brandenburgs können beruhigt sein.

Reinhard Baumgart: *In Kleists Kopf und Traum* (*Süddeutsche Zeitung*, 8. 11. 1972)

Hier sollte ganz offenbar gar kein *Werk*, kein integrales, integriertes, vom Autor losgelöstes Sprachgebilde aufgeführt werden. Mit dem Argument der Werkgerechtigkeit (was immer das sein mag) wäre also gegen diese Aufführung schwer zu rechten. Sie sucht (wie schon Steins *Tasso* und *Peer Gynt*) durch den Text hindurch den Weg zurück in eine ferne, nahe Vergangenheit, in das historische Bewußtsein, das sich diesen Text erfand, weil es ihn *brauchte*: zurück in Kleists Kopf in diesem Fall. Gespielt wird also weniger und mehr als nur ein Stück von Kleist, nämlich, wie das Programm und Plakat auch ankündigen: *Kleists Traum vom Prinzen Homburg*. Wie vergangen ist nun diese zwischen Jena-Auerstedt und den Befreiungskriegen, ein halbes Jahr vor Kleists Selbstmord entworfene Vision einer Gesellschaft, in der ausgerechnet der Labilste, Empfindsamste das Maß der Ordnung sein soll, in der einer aber auch freiwillig das Notwendige tut?

Tradition: was einmal war, was wir nicht mehr sind, was aber immerhin unsere Vergangenheit ist –, das wird hier sinnlich gegenwärtig gemacht und geprüft. Mit einer Dichtung von Kleist ließe sich, ob feierlich oder nur beflissen oder besserwisserisch, fast nach Belieben umspringen. Kleists Traumerwartung von einem *richtigen* Leben ist kein so manipulierbarer Kunst-Stoff. Sie fragt nun unvermittelt von der Bühne ins Parkett, ob nicht Traum über alle realen Verhältnisse hinaus auch für uns noch immer etwas Schönes, Notwendiges und – Lästiges, Lächerliches ist. [...]

Doch so idealistisch gespalten zwischen Pathos und Misere die Figuren sein mögen –, Steins Schauspieler, die sie darstellen, machen gerade am Körper wieder das Bewußtsein, die Seele sichtbar, sie entwickeln den Gestus aus der Sprache, und das noch in den harmlosesten Momenten. *Die rührendste Begebenheit* kündigt ein Bote (Olaf Bison) an, der von Stallmeister Frobens Opfer und des Kurfürsten Rettung erzählen will, und diese Formel prägt nun seine betulich didaktische Vortragshaltung. Er bringt da eine Wilhelminische Lesebuch-Rarität zum Vortrag. Was die Überlieferung aus Kleist auch gemacht hat, sieht man diesem Aufsage-Onkel an. Das ist nicht Besserwisserei und Kabaretthohn, auch das ist gespielte Tradition, verkörperter Idealismus, diesmal ein muffiger. [...]

Steins die Poesie wieder körperlich beim Wort nehmende Regie reizt eine Prüderie zum Lachen, die sich zum Buchstaben eines auch exaltierten Textes nichts Physisches mehr zu denken wagt. Wieder, wie schon im *Tasso,* nimmt die Aufführung die Schönheitstrance eines Stückes scheinbar gläubig in sich auf, spitzt sie so sinnlich zu, daß der Umschlag ins Lächerliche immer wieder droht. Doch die Komik der hier dauernd alle Realität überwuchernden sinnlichen und übersinnlichen Sehnsüchte ist schon in Kleists Text eingeschrieben. Während der Prinz und Natalie sich in ihre Umarmung hineinsingen, hockt unter ihnen noch die trauernde Kurfürstin (Katharina Tüschen). Stein läßt diese eben noch stolze, jetzt ungestützte Pietà langsam zusammenbrechen in einen armen Trauerhaufen. [...]

Rolf Michaelis: *Kleists Sommernachtstraum* (*FAZ,* 6. 11. 1972)
Ein Traum von Inszenierung. Schönste, sicherste, kräftigste Regie-Tat von Peter Stein. So wunderbar traumverloren habe ich dieses Nachtstück noch nie entfaltet gesehen, genauer noch: nie die dissonante, immer wieder in jähe Pausen stürzende Sprachmelodie Kleists sprechen, ja, singen hören.
Eine Inszenierung aus dem Geist der Kleistischen Verse: flackernd, nervös

gespannt, voll subtiler Komik, dabei von nachtwandlerischer Sicherheit und fast unwirklich heiterer Ruhe. Stein wagt langsames leises Sprechtempo, erzwingt Aufmerksamkeit zusätzlich durch diffuses Licht – und erreicht in zweieinhalb Spielstunden gebannte Aufmerksamkeit, atemlose Spannung. [...]

Die Traumdeutung, die Steins Inszenierung versucht (das Theaterplakat verkündet mit gutem Grund: *Kleists Traum vom Prinzen Homburg*), die Seelenanalyse, die den Menschen zu ergründen versucht, der so geträumt hat, ehe er sich, weil ihm *auf Erden nicht zu helfen war,* aus der Welt schoß, führt zu dem kühnen Einfall für das Schlußbild. Da wird der Prinz wirklich *geteilt,* verdoppelt in den wirklichen Prinzen, der (lebens-)müde auf die Erde sinkt, und in einen Popanz, einen leblosen Helden, den die Offiziere als Puppe unter donnernden *Heil!*-Rufen und mit dem Kriegsgeschrei *In Staub mit allen Feinden Brandenburgs!* auf den Schultern in die Schlacht, in den Tod, in den Ruhm der Legende tragen. Danach legt sich wieder das bläuliche Silber der Mondnacht über die Szene. Der wirkliche Prinz, der Mensch Homburg, Kleists Doppelgänger, erhebt sich aus dem Staub, in dem er immer kriechen wird wie die nach den Vorstellungen bürgerlicher Gesellschaft *gescheiterte Existenz* Heinrich von Kleists, und tappt unsicher von der Bühne, die Nelke aus der Erschießungsszene wie einen Schild vor sich tragend. Als Nocturne, wie er begonnen, endet dieser Sommernachtstraum, den Kleist nach dem *Silvesternachtstraum* des *Käthchens von Heilbronn* gedichtet hat.

Dies ist die einzige etwas gewaltsame (in der Premiere Kichern provozierende) Erfindung des Regisseurs und seines dramaturgischen Mitarbeiters Botho Strauß. Man wird ihr Konsequenz und Sinnfälligkeit für einen Schluß nicht absprechen können, den andere Regisseure heute für unspielbar halten. Alle anderen Einfälle, obwohl gelegentlich mit befremdetem Gelächter aufgenommen, sind bis in Einzelheiten aus dem Text zu belegen. [...]

Heinz Ritter: *Ein Traum – was sonst!* (*Der Abend,* 6. 11. 1972)
[...] Peter Stein benötigt keinen Hofstaat, keine Heerscharen. Eine Staatsaktion findet nicht statt. Er entdeckt die Intimität dieses Stücks wieder. Dieser Kleist wird ganz von Innen und nach Innen hinein gespielt – als ein Drama der privatesten Gefühle und als die idealistische Vision eines Gemeinwesens, in dem sich das Individuum mit einer vernünftigen Obrigkeit schließlich vereinigen kann.

Stein und Strauß haben sich einige dramaturgische Umstellungen erlaubt. So stürmt der Prinz mit der gefürchteten Schlußfanfare *In Staub mit allen Feinden Brandenburgs* bereits im zweiten Akt in die Schlacht bei Fehrbellin. Wenn der Satz dann am Schluß mit romantischem Überschwang wiederholt wird, ist er nicht mehr als die Formel eines visionären Traumes.

Denn daß alles nur ein Traum war, wird am Ende auch in der Bearbeitung noch einmal deutlich. Die Begnadigung des Kurfürsten läßt länger als sonst auf sich warten. Die Gewehre sind schon auf den Prinzen gerichtet, der sich in seiner Todesseligkeit bereits im Jenseits fühlt. Seine Befreiung wirkt wie ein Wunder. [...]

Das Sparschwein (1973)

Hellmuth Karasek: *Schwein gehabt* (*Die Zeit*, 7. 9. 1973)
[...] Eine Aufführung, für die sich Herrmanns Bühne nach dem engen ersten Akt zu einem Simultan-Paris von grandioser Schönheit öffnete. Neben dem Prachtrestaurant, mit seiner *Passagen*-Architektur war da schon das abbruchreife Viertel sichtbar, das der Haussmannschen Imperial-Architektur zu weichen hatte. Und der letzte Akt zeigte diese Trümmerecke sozusagen *vergrößert,* auf die Bühnentotale erweitert: Ein Bild, bei dem jeder Pflasterstein stimmte und das sogar zwei Minuten lang vom Regen überrauscht wurde. Näher an die Realität der Photographie, näher an die Illusion der Wirklichkeit habe ich noch nie eine Bühne sich ranbauen sehen.

Doch wenn da Mauern brachen, Fenster splitterten, das Pflaster aufgerissen wurde, es buchstäblich nach Regen roch, hatte man auch den Eindruck, daß hier der Imitationsstolz zum Selbstzweck auszuufern drohte, dann sah man nicht nur die unheimliche Schönheit dieses Bilds, das eine renaturalisierte Photographie aus der Zeit des Stücks zu sein schien – dann dachte man (ich jedenfalls) auch an die tägliche Mühsal, die allabendlichen Verwüstungen dieses Schauplatzes am Tage wieder aufrichten zu müssen: auch der Regiewille kann, entfesselt zur *Unbedingtheit,* zu Sisyphos-Arbeiten führen.

So minuziös Stein sich hier bei und auf den Zug der anarchischen Selbstzerstörung im Stück einließ – anderes schien ihn weniger zu interessieren. [...]

Heinz Ritter: *Der Krieg der Tröpfe* (*Der Abend,* 3. 9. 1973)
[...] Die Schaubühne spielt den Schwank, und sie spielt zugleich weit über ihn hinweg. Sie nimmt ihn ernst – auch in seinem Schwachsinn. In einem Atemzug liefert sie das Lachen und das Erschrecken, das Volkstümliche und das Hintergründige. Die Komik der Personen und der Situation kippt am Ende in eine bedrohliche Apokalypse.

Botho Strauß hat freilich eine Operation an diesem Vaudeville vorgenommen. Er hat weggeschnitten, was zum stilistischen Firlefanz dieses Genres gehört: Die Couplets und die Parkettflunkereien. Er hat einen streng realistischen Dialog entwickelt, der nicht nach Pointen schielt. [...]
Schauspielerisch wird dieser revolutionierte Schwank mit komödiantischer

Perfektion und genauen menschlichen Umrissen brillant ausgewertet. Otto Sander ist, herrlich nuanciert, als Rentner und Wortführer ein alptraumhaftes Spießermonument. Jutta Lampe ist hinreißend als seine welke Schwester, die in einem Ehe-Anbahnungsinstitut ihr einsames Herz und ihre hübsche Mitgift an den Mann bringen will; sie stößt kleine Arien spitzer Schreie aus, und ihre Körperartistik ersetzt ein Altjungfern-Ballett. [...]

Antikenprojekt (1974)

Georg Hensel: *Am Anfang war das Fleisch* (*Darmstädter Echo*, Februar 1974) [...] In der Abteilung *Anfangen* entwickeln sich aus unhörbarem Atmen, aus Zwerchfell-Zucken am Hosenbund die ersten Bewegungen, das mühsame, wie betäubte Aufrichten mit schlenkernden Armen – lauter erste Menschen: Adam in Trägerhosen, von Gottvater Stein mit Odem beseelt. [...]
Für *Die Bakchen* ist die Messehalle von Gilles Aillaud und Eduardo Arroyo in ein aseptisches Environment umgebaut: weiß sind Fußboden, Decke, Wände und die Sitzreihen der Zuschauer, von denen nur die Köpfe über weißen Bretterwänden zu sehen sind. [...]
Verstehen läßt sich das, was gesprochen wird, nur mit Mühe. Gesprochen wird mit extremen Verlangsamungen oder Beschleunigungen; mit quälenden Tonhöhen und Lautstärken; mit befremdlichen Pausen, verschliffenen Vokalen und synkopischen Betonungen. Auf der Flucht vorm Hoftheaterpathos rund um die Erde ist Klaus Michael Grüber wieder beim Pathos angekommen, nur der Hof ist inzwischen verschwunden. [...]
Es entsteht eine Monstrosität, sie bewegt nichts, sie macht nur Staunen. Eine autistische Aufführung, ganz in sich versunken, in die Schönheit des Leids, des Blutes, der Ekstasen, in den Kult des Raffinements; elitäre Artistik und der morbide Reiz als Selbstzweck: die neue Décadence – nirgendwo so vollendet wie in der sozialistischen Schaubühne.
Die beiden Abende ihres *Antikenprojekts* sind wie diese gläsernen Armbanduhren, bei denen das Ergötzen an der raffinierten Stimmgabelmechanik wichtiger ist als das Zeigen der Zeit.

Reinhard Baumgart: *An den Grenzen des Theaters* (*Süddeutsche Zeitung,* 16./ 17. 2. 1974)
Ich sitze hier und schaue auf letzte graue Reste von Schnee. Die beiden Theaterabende, über die ich immer noch nachdenke, liegen nun Tage zurück, fast schon zugedeckt von dem mündlichen und schriftlichen Stimmengewirr, das sie auf sich gezogen haben. Ich sitze und bin vorerst nur zufrieden, daß diese

Überlegungen ausgerechnet mit dem Wort *ich* beginnen. Was sich doch kaum gehört. In einer regelrechten Kritik hagelt es ja Befunde, hinter deren gereinigter, blank objektiver Fassade sich die erste Person Singular sorgfältig versteckt. Ich wollte also nicht mit Befunden, sondern mit einer Erfahrung beginnen.

Als ich die *Bakchen*-Inszenierung von Klaus Michael Grüber zum erstenmal (in einer Voraufführung) gesehen, überstanden hatte, konnte ich in meinem Kopf Erschöpfung, Ratlosigkeit, Betroffenheit, Resignation nicht mehr unterscheiden. Das hatte mir also (was sich ja auch nicht gehört) die Sprache verschlagen. Mein Kopf (es war inzwischen halb zwei Uhr nachts), stumm erschöpft, zu Reaktionen unwillig, unfähig, wollte nur noch waagerecht gelegt werden, einschlafen. Doch in diesen Schlaf drückten sich bald wie Traumbilder lauter Bilder dieser Aufführung hoch. Da stand wieder dieser Bote (Rüdiger Hacker), von dessen Körper langsam etwas Lehm abtropft, während er (unendlich) berichtet, wie Agaue mit den Mänaden ihren Sohn Pentheus geschlachtet hat. Und über die Bilder zogen sich, schon im Halbschlaf, Stimmen, hörten auch in Dreiviertelwachheit nicht auf zu reden, zu argumentieren, für und gegen diese Bilder.

Das ist für jemanden, der üblicherweise viele, zu viele Theaterabende sieht, an die er *nicht im Traum denken* würde, eine durchaus erschreckende Erfahrung. Theaterkritik, ich weiß, findet wenn möglich bei vollem Bewußtsein, in hellwachem Zustand statt, sie operiert und argumentiert rational. Nur: sobald sie auf diese ihre Beschränktheit auch noch stolz ist, kann sie auch unerlaubt beschränkt werden, geradezu dumm. *Klug sein ist noch nicht Klugheit,* sagt der Chor in den *Bakchen.* Daß diese radikale Aufführung eines radikalen Stücks lauter Gesten der Verdrängung auslösen würde, hat mich nach meinem Verdrängungstraum nicht mehr überrascht.

Schon die *Übungen für Schauspieler,* mit denen die Schaubühne den zweiten, den *Bakchen*-Abend vorbereiten wollte, fand Friedrich Luft also *etwas peinlich. Ich sehe,* schrieb er, *ja auch beim Zähneputzen einem Mitmenschen nicht zu.* Eine wichtige und eine glaubwürdige Mitteilung. In unseren Theatern, fürchte ich, sitzen lauter Zuschauer, die schon visuell unter Berührungsangst leiden, die also auf der Bühne nur Probleme, Thesen, psychologische Raffinessen oder schlichtweg Können beobachten wollen. Möglich, daß in dieser dünnen, puritanischen Luft das Theater schließlich doch noch ersticken wird. Aber solange es noch lebt, wird es (nicht nur in den *Bakchen*) auch schlimmere physische Greuel zeigen als das Putzen von Zähnen, und dem zuzusehen, neugierig oder entsetzt, könnte für Theaterkritiker nützlicher sein als die Lektüre von Aristoteles oder Alfred Kerr. [...]

Man sah zunächst nur Übungen zu, hier schön gegliedert, in rhythmischen Ablauf gebracht, wie sie jede gute Schauspielschule, jede sorgfältig trainierende Truppe kennt (an der Schaubühne leiten diese Arbeit Gerd Kaminski und Miloslav Lipinsky). Körper als Material, Körper im Raum, lauter Köpfe, Gliedmaßen, Rümpfe, Laute, Gesichter, erst suchend, dann spielerisch in Bewegung: wer da in Ruhe zusah, würde Theater und irgendwelche erzählenden Bilder auf der Fernsehscheibe, auf der Kinoleinwand so bald nicht mehr für so ziemlich das gleiche halten. Nur wo Körper, dreidimensional und fleischlich, nicht einmal geruchlos, im Spiel sind, können auch die ziemlich dunklen, blutigen, die *peinlichen* Urahnen der Tragödie ins Spiel kommen, die Jagdriten, die Opferriten, die Beschneidungsriten, die zeremoniellen Zerreißungen des Dionysos, des Adonais, die Todes- und Wiedergeburts-Trostspiele einer frühen Gesellschaft.

Peter Stein, der diesen ersten Abend leitete, hatte mit zwei Dutzend Schauspielern auch solche rituellen Spiele nachgestellt, eine Tierjagd mit Opfer, zwei Jägern und Chor, zwei Initiationszeremonien für je eine Männer- und eine Frauengruppe. Nein, da war nichts von der geturnten Mystik der Grotowski-Epigonen, kein Hauch vom Bekenntnis-Dampf, den späte Living-Theatre-Gruppen ausdünsten. Immer noch hing über allen Übungen hell die Normaluhr, das Wahrzeichen dieses Abends. Mit Ruhe, fast Heiterkeit wurden eben nur die Materialien vorgezeigt, die dann in den *Bakchen* ins Spiel kommen würden. Stein also hielt seinen voltaireschen Kopf klar, forderte zur Betrachtung, nicht zur Identifikation auf. Nur: dieser lichte, unsichtbare Zeigestock über allem störte und zerstörte am Ende die Spannung. War es nicht doch nur geschmackvoll verkörperte Völkerkunde? Würde das als *Übung für Zuschauer* reichen, um die Entfernung von heute bis zu den *Bakchen* zurückzulegen? [...]

[...] Von solchen Schwierigkeiten, von solcher Ängstlichkeit war in Grübers *Bakchen* nichts mehr zu spüren. Dieser Regisseur, der zuletzt Horváth, Adamov, Brecht und Beckett inszeniert hat, der dabei immer wieder eine fast süchtige Phantasie für sehr späte, für schmerzhaft apokalyptische Stimmungen bewiesen hat, der seitdem als ein Spezialist für riesige Abschiedsgesten, Klagetöne, spätestbürgerliche Verfallsrituale gilt, als ein negativer Utopist also – dieser Grüber war nie in Versuchung gekommen, Psychologie und Realismus in eins zu setzen. Seine Figuren hatten immer einen Umriß, den weder Psychologie noch gesellschaftskritische Schlaumeiereien definieren konnten. So macht diesem *sehr späten* Regisseur das *sehr frühe* Heldenformat einer griechischen Tragödie keine Mühe, keine Angst. [...]

Wenn Edith Clever als Agaue schließlich mit dem Kopf des *erlegten* Pentheus auf die Bühne taumelt, den ganzen Körper von blutigen Binden umwikkelt, steigern sich Künstlichkeit und Anarchie des Ausdrucks ins fast Unausstehliche. Oder ist jetzt, nach dreieinhalb Stunden, die Aufnahmefähigkeit nur endgültig ausgereizt? Das ruhige, das halb exorzistische, halb psychotherapeu-

tische Gespräch, das Cadmos nun mit ihr führt, ist Satz für Satz mit aller-
schärfster Genauigkeit durchdacht, durchinterpretiert und geprobt. Die Clever spielt Reaktion für Reaktion wie gestochen. Und doch, mich hat diese
Genauigkeit, diese Gestochenheit nur noch ermüdet, ja gereizt.

Hier (wie an vielen anderen Stellen), fürchte ich, stieß diese extreme Thea-
ter-Anstrengung an eine ganz andere, eine für die Schaubühne viel gefähr-
lichere Grenze. Denn daß dieses Theater nun voll Inbrunst in puren Irrationa-
lismus taumeln könnte, nur weil es sich einmal sehr gewagt, fast frei, ohne
rationalistisches Korsett in ein nicht mehr restlos aufzuklärendes Stück vertieft
hat – das scheint mir die überflüssigste, die besserwisserischste aller deutschen
Theatersorgen. Doch gerade der *Bakchen*-Abend zeigte dauernd, wie überpe-
nible Dramaturgie, wie eine genaue Begründung jedes angehobenen Vokals,
jeder Drehung eines Handgelenks schließlich ganze Szenen in Schönheit und
Ausdruck einfrieren läßt, *zumacht,* hermetisch. Alles wird dann Bedeutung,
alles verrätselt sich, nichts ist *nur noch* Erscheinung. Der Zuschauer brütet
und grübelt, er schaut kaum noch zu.

Dann entsteht totes, sehr kluges Theater. Auch das Brecht-Ensemble ist, auf
ganz anderen Wegen, mit einer ähnlich totalen Begründungs-Dramaturgie in
vergleichbar gefrorene Aufführungen geraten. Ausgerechnet hier, in dieser so
frühe, noch unbeschwichtigte Greuel aufrufenden und zitierenden Aufführung
scheint mir die Schaubühne so nahe wie noch nie an die Grenze, an den toten
Punkt szenisch tüftelnden Denkens gekommen. Wieder eine Grenzerfahrung.
Sie hat mit diesem Stück viel zu tun, in dem ein Utopist des totalen Begreifens
abstürzt in totale Nacht.

Und sonst? Keine weiteren Einwände, keine Lücken in der Betroffenheit?
Die kaum erträgliche Überdehnung des Stücks – fast vier Stunden Spieldauer,
während doch *normalerweise* zwei ausreichen würden! – ist nicht nur ein
Fehler. Sie vergrößert, was beim Zuschauen und Zuhören so schwer erträglich
scheint, in der Erinnerung von Tag zu Tag. Alle Klagen, alle Wut über diese
Langsamkeit erinnern nur an Regisseure, deren Wucht und Zeitverbrauch uns
auch immer fast unausstehlich vorkam: an Fehling, Kortner, an Noelte, alle-
samt von keiner Konvention einzuschüchternde Pathetiker. Wenn irgendwo-
hin, dann gehört Grüber in diese Tradition. Mit Vortrag von Pathos, im
Doppelsinn von Ausdruck und Leiden, hat das Theater begonnen, im Pathos
erreicht es seine Grenze. Wir vertragen nicht mehr viel davon, auch das hat die
Schaubühne (mir) klargemacht. Aber welches andere deutsche Theater würde
eine solche notwendige Feuerprobe schon riskieren? Wahrscheinlich muß man
jetzt auch am Halleschen Ufer die ersten Brandblasen kühlen. Ich jedenfalls
habe seit Jahren nichts auf einer Bühne gesehen, was den harmlosen Schwung
üblichen Theaters so weit hinter sich zurückgelassen hat.

Hellmuth Karasek: *Im griechischen Freistil* (*Der Spiegel,* 18. 2. 1974)

[...] Einen Abend vor den Grüber-*Bakchen* gab es eine Peter-Stein-Übung in neu erarbeiteter Elementar-Gestik für den antiken Hausgebrauch.

Aber was eine Vorstudie hätte sein können, wirkte wie ein ehrgeizig konkurrierendes Parallel-Unternehmen: Die Schauspieler führten hier Übungen vor, die an die rituellen Ekstasen des Living Theatre erinnerten. Man konnte glauben, Stein suche Möglichkeiten, die Antike mit folkloristischem Wudu- und Steinzeit-Zauber zu spielen. Nur eine *Jagdszene* (der Mensch als Wild des Menschen) zeigte die elementare Schlüssigkeit, die seine szenischen Beweisführungen sonst auszeichnet.

Beide Abende ließen also, so imponierend sie sich auch über den Durchschnitt deutscher Theaterarbeit reckten, erkennen, wo Gefahren für die Arbeitsweise der Schaubühne lauern: Die arbeitswütige Selbstversenkung dieser Truppe hat was vom Mysterienspiel Eingeweihter. Zuschauer werden gebeten, sich an der Garderobe abzugeben.

Sommergäste (1974)

Friedrich Luft: *Die Schönheit der Nutzlosen* (*Die Welt,* 24. 12. 1974)

[...] Das Licht ist durch eine große Gazewolke, die über der Szene hängt, diffus gemacht, sommerlich heiß und müde. Auf der Szene lagern in schönen Gruppen oder in bedeutungsvollen Einzelposen die bürgerlichen Genießer, Kostgänger, die Unzufriedenen, die später von sozialer Frustration (wie, wenn je, paßt das Wort!) erfüllten oder geschüttelten Erscheinungen. Ein Mädchen am Amateurstativ, anzuschauen, wie von Heinrich Vogeler im schönsten Jugendstil-Taumel entworfen. Herren im weißen, sorgfältig zerkrumpelten Leinenanzug. Es lagern russische Figuren, wie von Manet dorthin gesetzt, auf kleinen Liegeteppichen auf dem Boden der greifbaren Erde. Das Arrangement ist von einer fast schmerzlich treffenden Schönheit. Peter Stein ist ein Regisseur der bildlichen, der raffiniert ästhetischen Überredung. Da ist er es wieder, unvergleichlich. [...]

Dies ist sicher politisches Theater, indem es im Vorfeld der politischen Veränderungen spielt und indem es die sich anzeigende Wandlung ständig diskutiert und auch, wo die Bilder gleißend schön scheinen, nie aus den Augen verliert. Hier ist versucht, an Hand von Gorkis fast vergessenem Stück, eine neue Methode der Klärung brauchbar zu machen, ohne jedesmal, wie sonst *politisches Theater* so gern voreilig und töricht tut, sofort verklärend tätig zu werden.

Der Versuch ist gelungen. Peter Stein hat zusammen mit dem Dramaturgen des Hauses, mit Botho Strauß, eine Spielweise der fast unerkennbaren, aber eben am Ende deutlich sich kenntlich machenden Überredung gefunden. Die Schauspieler alle, von Wolf Redel, der Clever, der kleinen Ilse Ritter mit ihren flach fliegenden Zwitschertönen der Unrast bis zu Michael König. Otto Sander, Elke Petri, Jutta Lampe, Bruno Ganz und den anderen – sie alle tragen ihre Rollen nie auf. Sie stehen wie in einem erst müden, dann leidenschaftlich enervierten, dann partiell entschlossenen oder verächtlichen Chor von Menschengestalten. Gruppen aus einem russischen Tartarus. Jeder ohne Fehl und von großer, ganz unabsichtlich scheinender Künstlichkeit mit Kunst.

Rolf Michaelis: *Pessimistische Komödie* (*Die Zeit*, 3. 1. 1975)
[...] So einleuchtend und gelungen die Bearbeitung ist, sie bringt einen glättenden Zug in das wuchernde, böse Stück. Die wilde Formlosigkeit dieses frühen Dramas des sechsunddreißigjährigen Russen – seine *Unbeherrschtheit,* wie Tschechow tadelte, *kein Stück, sondern schlimmer, schrecklicher: das Leben selbst,* wie der Kritiker E. W. Tarlé nach der Uraufführung lobte – ist Stärke und Schwäche zugleich, macht auf jeden Fall den Reiz dieser Abrechnung eines jungen zornigen Mannes mit der russischen Spießerwelt aus. Die *offene* Dramaturgie Gorkis, der mit Andeutungen und *angeschnittenen Szenen* die Phantasie des Zuschauers zum Mitspielen lockt, wird in die konventionellere, *geschlossene* Form gebracht – wie es eine Anmerkung der Bearbeiter formuliert: *Außerhalb des überblickbaren Bühnengebietes gibt es keine oder kaum Handlung.*
Dabei tilgt die neue Fassung nicht die eigentümlich russische Wehleidigkeit, das geschwätzig tränenselige Selbstmitleid fast aller Gestalten, wohl aber eine der szenischen Kühnheiten Gorkis, der etwa die lockere Reihung der Szenen im zweiten Akt noch weiter aufbricht und in hart geschnittenen Einblendungen eine Reihe fremder Personen in Kürzestauftritten über die Bühne schickt, Sommergäste aus Nachbar-Datschen, die zur Probe eine Laienspiels eilen. Solch komische Kurzszenen ausblendend, erzählt die Schaubühnen-Fassung, mit sanft didaktischem Unterton die Geschichte einer Emanzipation. Zeigte die Aufführung, mit der die Schaubühnenmannschaft um Peter Stein ihre Arbeit begann, Brecht/Gorkis *Mutter,* wie eine Arbeiterfrau politisch aktiv wird, so wird jetzt demonstriert, wie einige Menschen des aus dem Proletariat aufgestiegenen intellektuellen Kleinbürgertums ihr schales Leben als Müßiggänger – als *Sommergäste im eigenen Land* – aufgeben, um als Lehrer, Ärzte, Sozialarbeiter für das Volk zu wirken. Diesen roten Faden einer Erziehung zu sozialer Verantwortung präpariert die Aufführung heraus. [...]

Empedokles. Hölderlin lesen (1975)

Günther Rühle: *Was aber sind wir und wer ist Empedokles?* (*Theater heute,*
Februar 1976)

[...] Grübers Regieansatz enthält hohe Risiken. Er hat zwei konträre Szenen
mit konträren Milieus, die Hauptszene mit Sprache, die Nebenszene stumm,
aus der parallelen Führung allmählich ineinanderzuflechten. Die Inszenierung
beginnt als Rätsel, so groß ist die Fremdheit des Anfangs, die lange Verweigerung des Worts, die Steigerung der Erwartung auf Hölderlins Text und die
Ablenkung auf die stumm sich bewegenden Wartenden. Wer sind sie: Flüchtlinge, Ausgestoßene? Was soll die Szene hier? Was ist sie? Was so rätselhaft
scheint, wechselt mit kleinen Zeichen wie dem Entfalten einer Zeitung – seine
Identität. Mediterraner Bahnhof? Serbische Station? Wartesaal an der französischen Grenze? Deutsche Provinz? Die Metapher gebiert immer wieder Kon-
kretes, ohne sich ganz zu erklären.

Die Verflechtung der Haupt- und Nebenszene beginnt dann mit unscheinbaren Bewegungen. Empedokles ißt einen Apfel, der alte Mann drüben langsam eine Banane; einer sucht einen Weg auf der Landkarte und auf der
Hauptszene rüstet sich gleichzeitig Pausanias zum Abschied. Empedokles ruft
ins Tal, im Wartesaal hebt ein junger Mann den Blick, nimmt aber nichts
wahr; die alte Frau entfaltet die rote Fahne in dem Augenblick, da Empedokles und Pausanias vom Gipfel über die Welt hinschauen, und legt sie zusammen, wenn Empedokles sagt *Zerschlagen ist das schöne Saitenspiel*. Die Kop-
pelungen werden ganz intensiv, wenn Empedokles als Christus leuchtet; dann
tritt (wie oben beschrieben) drüben aus jener unscheinbaren Frau Iphigeniens
Gestalt.

Alles erscheint gerade durch das Zusammengesetzte, Zitierte, hochkompli-
zierte, aber die Bezüge sind einfach. Wer von der Hauptbühne abgeht, geht
nicht dem Auge verloren, sondern überschreitet die Grenze zwischen Haupt-
und Nebenbühne; erst Pausanias, dann Manes, schließlich Empedokles selbst.
Er mischt sich dort unter die Wartenden, er wird selber unkenntlich. Aber er
vergeht nicht. Der historische Leib liegt auf der Bühne, den Geist trägt ein
anderer.

Grüber schließt das Hölderlinsche Fragment (Textgrundlage: 3. Fassung,
Beißners Edition) mit dem Dialog der Panthea und Delia (Jutta Lampe und
Libgart Schwarz) aus der ersten Fassung. Da alles vergangen scheint, das Spiel
abgespielt wie etwas, was in weiter Zeitferne geschah, eröffnen beide, sitzend
am Übergang beider Bühnen ineinander, den Dialog über Empedokles, den
Herrlichen. Reflexion einer Erscheinung in der Erinnerung anderer. Und da es
heißt *Zu seinen Füßen möcht ich sitzen* steht Bruno Ganz – nun selber ein
Clochard – im Wartesaal noch einmal auf, trinkt Wasser aus dem schmuddeli-

gen Hahn an der Wand. Die Figur wird noch einmal hervorgehoben (ohne Beleuchtung), zugleich unterläuft die simple Verrichtung den hehren Ton der Verehrung durch die klassischen Frauen. Gegenwart und Erinnerung erscheinen wie Verkennen und Verklärung.

Ein merkwürdiger, vollendeter Schluß. Das Schöne ist unter uns, die große Gestalt, die Figuren unseres Denkens, aber wer und wo sind sie unter uns? Die Inszenierung macht es gewiß. Die Spieler sind am anderen Ort, in unserer Zeit. Aber die Belehrung enthält zugleich die Frage: Wer von Euch würde sie in dieser trivialen Gestalt erkennen? Menschlicher hat Grüber nie gefragt.

Grüber hat mit solchem Schluß die klassische Dichtung ins Gegenwärtige hineingezogen, in diese Gruppe der Gegenwärtigen, die nur einmal die Stimme erhoben und, wie ein Chor der Vereinzelten, nach der *Neuen Welt* riefen. Das brütende Warten im Saal deutet an: diese Welt ist nicht neu, nicht erneuert, sie führt die alten Zeichen der Erneuerung, der Erwartung mit sich wie Empedokles die kleine Fahne der Französischen Revolution, die Frau die Fahne im Gepäck, der Alte das Lied auf den Lippen. Requisiten der Seele wie der Geschichte. Nur Warten, Hoffnung bleibt in der großen Dumpfheit.

Untergang der politischen Hoffnung auf Erneuerung? Abgesang auch in der *Schaubühne?* So einfach ist das Resultat nicht zu ziehen. Am Ende seiner Inszenierung könnte Grüber Hölderlins Anfangsverse aus der *Mnemosyne* zitieren: *Ein Zeichen sind wir, deutungslos / Schmerzlos sind wir und haben fast / Die Sprache in der Fremde verloren.* – Dies ist denn das Schlußbild: Menschen, schmerzlos im Schmerz des Wartens, stumm, die Sprache in der fremden Welt verloren, sich erinnernd an eine Gestalt, die den Geist der Erneuerung in sich trug und das gleiche Schicksal hat. Einer ist unter ihnen, den keiner erkennt. [...]

Joachim Kaiser: *Nah ist und schwer zu fassen – Hölderlin (Süddeutsche Zeitung,* 16. 12. 1975)
[...] Offenkundig lag der Schaubühne daran, sich einem großen deutschen Text auszusetzen. Man bekannte Farbe, keineswegs nur rote. Ob Empedokles auf dem Weg zum Gipfel irgendwann irgendein Fähnchen in der Hand hält, ob der kultischen Handlung gelegentlich politisierende Situations-Kontrapunkte zugeordnet wurden, das war weit unwichtiger als die Worte, die sprachlichen und gestischen Größenordnungen, derer sich Deutschlands heute wohl berühmtestes Theater bediente. [...]
Diesen Text aber sprachen, von kurzen Ausnahmen abgesehen, die Schaubühnen-Darsteller technisch so schlecht, inhaltlich oft so unangemessen, und in der Wahl ihrer Artikulationsmittel oft so nah einem (vielleicht rührenden) Studententheater-Dilettantismus, daß zwei bestürzende Folgerungen oder Folgen sich aufdrängten.

257

Erstens: Wenn Hölderlins Verse ohne die Fallhöhe, ja Todessprunghöhe emotionaler Freiheit erscheinen, dann wächst dem ganzen Verlauf ein unerwartetes Moment von verklemmter Sektiererei, von leisem Anthroposophismus zu: Deutschlands eben noch rationalste Bühne scheint sich dann auf den Weg quasi-kultischer Eintönigkeiten begeben zu haben.

Und zweitens: Wenn in einem so durchschossenen parallelgeschalteten Zusammenhang das Kraftgewicht von Kunstsprache sich nicht hinreichend geltend machen kann, dann sinkt allzu vieles in die Niederungen einer scheußlich kulturindustriellen Alibi-Veranstaltung. [...]

Der Abend schloß seltsam frömmelig. Man wurde, wie aus einem Gottesdienst, mit Schubert-Musik entlassen. Das reizte einige Zuschauer sogar zum Buh. Die anderen klatschten. Ein Erfolg war es kaum, ein Durchfall gewiß auch nicht, sondern das radikale Scheitern eines hochgemuten Versuchs.

Friedrich Luft: *Auf dem Holzweg in die Irre* (*Die Welt,* 16. 12. 1975)
Die Schaubühne am Halleschen Ufer – ästhetisch eingenebelt, weltfremd, philologisch verrannt. Man sieht ein Stück, das es nicht gibt, *Empedokles,* man hört ein Fragment, das im Insel-Hölderlin kaum 14 Seiten ausmacht, zu einem Zweistunden-Vorgang ausverrätselt. Dieses Theater tritt in seine manieristische Epoche ein – es wird abweisend, vorsätzlich. Und das ist sträflich. [...]

Zurück zum Publikum, zurück zum Theater! Die Schaubühne darf sich so trübselig, so hochmütig, so eitel versnobt, bitte, nicht weiter verrennen.

Shakespeares Memory (1976)

Günther Schloz: *Das Fest der Wagen im Gedränge* (*Deutsche Zeitung,* 1. 1. 1977)
[...] Die Zuschauer sind fast immer mittendrin im Bild. Und umgekehrt sind die Akteure als Animatoren in Tier- und Narrenmasken, als Peitschenknaller oder Reden-Ausbieter zwischen dem Schauvolk, wann immer es sich auf eine der simultan an verschiedenen Spielplätzen abrollenden Szenen konzentrieren will. Mit der Begeisterung von Musterschülern, der Wissensgier von Dilettanten, dem Lehreifer von Autodidakten, dem Elan von enthusiasmierten Komödianten liefert die *Schaubühne* ihrem Publikum eine Materialschlacht, *Shakespeare's Memory* betitelt. [...]

Das Lehrhafte wird (ironisierte) Attitüde. Vermittelt wird wenig mehr als die Schwierigkeiten mit dem ausufernden Material, als die Einschüchterung durch Liebe zum großen Shakespeare und durch den eigenen Anspruch. Die Darbietung, das freimütige ausgestellte Lern- und Lehrritual bleibt die Botschaft. Das Visuelle obsiegt: Karl-Ernst Herrmanns opulente Bilder- und Bastler-Phantasie, Moidele Bickels historische Kostümschau erdrücken alle Mimenkünste und alle diskursiveren Formen theatralischer Aufklärung. [...]

Hohe Prospekte, die die vier Jahreszeiten allegorisieren, begrenzen den Spielort. Schellengeher und Peitschenknaller schaffen sich Aktionsraum. *Wilde Männer* mit Vogelköpfen und Zottelgewändern gehen um, glotzen, schubsen, brummen. Mimen exzellieren in elisabethanischen Fechtmanieren, führen Artistisch-Zirzensisches vor: schlagen Rad, gehen auf Händen, tanzen übers Seil, jonglieren und zaubern – immer mitten unter den Leuten. An drei Spielplätzen im Raum werden auf englisch und deutsch Volkstheater-Exempel vorgeführt. Sehr wacker das alles, schön gelenkig, aber keineswegs artistisch. Menschendarsteller machen Zirkus, mimen Laienspiel. [...]

Dann, endlich, das Finale, zu dem alles hinführt, gedacht als poetische Klimax der Lehrveranstaltung: Ein Shakespeare-Potpourri, 25 Szenen, berühmte *Stellen* aus dem Oeuvre, das die (Theater-)Welt veränderte – von einer Waldszene aus *Wie es euch gefällt* bis zur *Sturm*-Utopie. *Die Insel ist voll Lärm, voll Tön und süßer Lieder,* sagt einer auf. Gewiß doch, *Lärm, Tön und süße Lieder* bescherte dieser »Shakespeare's Eiland« genannte Szenenverschnitt durchaus. Doch wirkte er trotz thematischer Gliederung beliebig, trotz flotter Überlappungen zäh. Der deklamatorische Eifer tönte stadttheatralisch hohl, der forcierte Gestus griff dilettantisch ins Leere. In Solonummern und Duetten, sei es als Hamlet, Lady Macbeth, Tersites oder Caliban verschlissen hochbegabte Schauspieler ungezügelt, ungeführt ihre Darstellungsmittel. Jutta Lampe, Wolf Redl oder Otto Sander agierten flach wie altgewordene Eleven. [...]

Trotz wahrlich ungeheurem Anlauf schaffte das hingebungsvoll leerspielende Team den Quantensprung von der Polihistorie zur Dichtung, vom Panoptikum zum Theater nicht. *Shakespeare's Memory* hat so viel Wissensmüll ausgeworfen, daß Shakespeares Theater aus dem Blick geriet. [...]

Hellmuth Karasek: *Sightseeing-Tour zu Elisabeth* (*Der Spiegel*, 3. 1. 1977)
[...] *Shakespeare's Memory,* diese beiden bunten Abende mit gemischtem Programm, bei dem die Zuschauer insgesamt sieben Stunden wie auf einem Jahrmarkt oder Volksfest auf den Beinen waren, ließen einige Thesen erkennen, die sich Peter Stein, sein Dramaturg Dieter Sturm und das Ensemble aus dem Umkreis Shakespeares erarbeitet haben.

These Nummer eins: Shakespeare war weniger akademisch, weniger bildungstheatralisch, als es sich unsre Schulweisheit träumen läßt. Zum Beleg knallten Schauspieler mit Bärenpeitschen, tapsten in Faschingsmasken durch die Zuschauer, tanzten Seil und schlugen Rad.

Die Problematik solcher Demonstrationen jedoch ist gleich doppelt spürbar. Einmal fällt man damit aus dem Verbund der Shakespeareschen Stücke heraus – Brechts *Dickicht der Städte* wäre ja mit einem Boxkampf den Zuschauern auch kaum zu entschlüsseln.

Zum andern sind die Schaubühnen-Künstler alles andere als Populär-Akrobaten. Ihre Entschlossenheit, volkstümlich zu sein, wirkte etwa so, wie wenn ein Jesuitenseminar Fußball mit Clochards und Pennbrüdern spielt: rührend, herablassend.

These Nummer zwei: Shakespeare war seiner Zeit, ihrer Weltsicht, ihren Vorstellungen stärker verhaftet, als wir gemeinhin wahrhaben wollen.

Die Schaubühne also zeigte (glänzend) das Rhetorik-Repertoire und die Cicero-Verliebtheit der Renaissance, zeigte (weniger glänzend) die astronomischen und astrologischen Vorstellungen der Shakespeare-Zeit, ließ Schauspieler über die Melancholie referieren, Hermaphroditen erläutern – Deutschlands bestes Theater als Sonntagsschule. [...]

Wie es euch gefällt (1977)

Benjamin Henrichs: *Shakespeares Monument: hoffentlich kein Nachruf auf die Berliner Schaubühne* (*Die Zeit*, 30. 9. 1977)

[...] Man könnte natürlich noch lange, im Ton des verzückten Erlebnis-Aufsatzes, über Steins und Herrmanns szenische Erfindungen erzählen. Man könnte die Schauspieler bedauern, weil vieles von ihrem Text in der Riesenhalle gar nicht zu verstehen war; könnte sie loben, weil sie sich artig bewegten, sehr schöne Kostüme (Moidele Bickel) trugen, hübsch zur Laute sangen, gepflegt deklamierten; weil sie eine Inszenierung, mit der sie wenig zu tun hatten, auch nicht weiter störten.

Herrmanns Ardenner Wald, fast halb so groß wie ein Fußballstadion, ist eine Schau-Bühne: eine Bühne gegen die Schauspieler. Das kann, bei so langen Proben, bei soviel Professionalität aller Beteiligten, kein böses Mißgeschick sein: es ist das jüngste, konsequenteste Monument einer Theaterphantasie, die sich vom Schauspieler wegbewegt, zur Oper, zum Kino, zur documenta, wer weiß wohin. Daß daran eine Shakespeare-Komödie kaputtgeht, ist noch zu verschmerzen. Ob aber die Schaubühne, die sich immer als ein Ensemble-Theater verstand (das Wort *Kollektiv* nur vermied, weil es so modisch war und so schneidig klang), die Gigantomanie ihrer leitenden Herrschaften überleben wird, scheint mehr als ungewiß. Schon heute sieht eine Schaubühnen-Inszenierung einer Luxusproduktion in Salzburg, einer Sprechoper von Strehler ähnlicher als einer früheren Schaubühnen-Inszenierung. *Wie es euch gefällt* ist ein Wendepunkt: ob die Schaubühne wirklich ein *zeitgenössisches Theater* bleibt, wie sie sich auf ihrem Briefkopf nennt, oder der erste Festspielbetrieb des Landes wird – das wird davon abhängen, welche Schlußfolgerungen man aus Prunk und Elend dieser Veranstaltung zieht. Daß die Berliner Zeitungen lokalpatriotisch jubeln, in verbale Verzückungen geraten (*Shakespeare für Berlin erobert, Wie es uns gefällt*), weil die Schaubühne (ausgerechnet die Schaubühne!) ihre Staatstheater-Sehnsüchte erfüllt, darf niemandem ein Trost sein. [...]

Joachim Kaiser: *Peter Steins Shakespeare-Freiheit – wohin? (Süddeutsche Zeitung*, 22. 9. 1977)

Nun haben die beiden Shakespeare-Einübungsabende (*Shakespeares Memory*), mit denen Peter Stein und sein Schaubühnen-Ensemble sich zu Weihnachten 1976 unklugerweise einer davon weithin enttäuschten Öffentlichkeit stellten, indirekt doch gelohnt. Die Premiere von *Wie es euch gefällt,* in der manches damals Erarbeitete benutzt und zielbewußt weitergeführt wurde, war ein Theaterereignis außerordentlichen Ranges. Sie begann glanzvoll, machte dann, im Ardenner Wald, manchmal sogar jene Träume wahr, wie man sie als Kind in einer schönen, bunten, ereignisreichen Aufführung vom Theater hat, verlor aber leider, je länger je mehr, an innerer Spannung und Schönheit. Zum Schluß entließ sie ein ausdauernd tapfer klatschendes Publikum, das wahrlich viel durchgestanden hatte.

Denn während des beinahe einstündigen ersten Aktes mußten wir in Karl-Ernst Herrmanns antiseptisch weißen, höchst klassizistischen Herzog-Palast-Zivilisations-Bühnenbildern stehen; danach schritten Premieren-Tiger und ergraute Theaterintellektuelle durch eine sinnvoll hergerichtete Geisterbahn. An Leichen vorbei, bespritzt von Pfützenwasser, erschreckt von endloser Unabsehbarkeit. Endlich kamen wir in einer riesigen Waldkulisse (Mischung aus Zirkus und Freigehege) an und nahmen auf hartem Holzwerk Platz. Dort saßen wir, pausenlos, bis Mitternacht ferner rückte. Shakespeare total, Shakespeare romantisch, Shakespeare übermütig, Shakespeare forciert – nichts fehlte. Ja einiges, was nicht im Text steht, kam als Erläuterung hinzu, den berühmten Lebensalter-Monolog des Jacques hörte man (so streng sind in Peter Steins oft derben Volkstheater-Bemühungen die Bräuche beim Populären) in englischer Sprache. Der akzeptable Willem Menne bot da offenkundig eine sanfte Parodie des britischen Barden-Bibbertons [...]

Doch bevor wir uns in einer Fülle von Einzelheiten oder in Steins Ardenner Wald verlaufen, einige allgemeine Feststellungen: Stein hat sich Shakespeare gegenüber eine imponierende Freiheit erkämpft. Übergroße Befangenheit gegenüber dem größten Dramatiker aller Zeiten scheint umgeschlagen in fast forcierte Unbefangenheit. Stein denkt nicht daran, die Märchen-Komödie zu *modernisieren.* Mit Hilfe Eschenburgs und August Wilhelm von Schlegels haben Steins Dramaturgen einen heiteren, oft kecken, neuen Text gemacht, der witzig ist, vorbildlich, antiakademisch. [...]

Also: Peter Stein, der sicherlich meistgerühmte, deutsche Schauspielregisseur, ist frei für Shakespeares Erzählhaltung, für Shakespeares Fülle, für Shakespeares – natürlich an tausend historischen Konkretionen festgemachter, hier nicht als unproblematische Beliebigkeit gemeinter – Zeitlosigkeit. Aber, und diese Frage drängte sich je länger je mehr auf: frei wozu?

Und nun fangen die Einwände an. Die Freiheit, eine Shakespeare-Aufführung ohne die Dogmen modernisierender Interpretation darzubieten, schlägt bei Peter Stein um in Totalfreiheit. Es gibt keine Stileinheit mehr, keine durchgehaltene Kunststrenge. Nun wirkt ja alles Pochen auf feinsinnige Stilmanipulationen und enge Kunstreinheit immer ärgerlich-akademisch. So klassizistisch war der Elisabethaner nicht, und schon gar nicht in einem Stück, dessen Titel sich (zum Ärger beispielsweise G. B. Shaws, der *dem ganzen Unsinn offen ins Gesicht lachen* wollte) ja schamlos genug beim Publikum anbiedert. Trotzdem kommt man nicht umhin, in den vielfältig kombinierten Kunstkonventionen, die auch dieses Shakespeare-Drama enthält, einen entsprechenden, gewiß der Ausweitung, der Derbheit, ja sogar des Reißerischen fähigen *Kunstanspruch* zu erkennen.

Im ersten Akt hatte Stein sowohl diesen Anspruch als auch seine gelegentlich witzige Widerlegung glänzend konkretisiert. Frei schaltete er mit Szenen und Sätzen, die er klug auseinandernahm, manchmal sogar hilfreich wiederholte. Auf gleichzeitig sichtbaren Handlungspodesten standen die jeweiligen Dialoggruppen stets für alle sichtbar. Aus dem Nacheinander wurde, wie schon in Stein/Gorkis *Sommergästen,* ein beziehungsvolles Nebeneinander. Feine Damen, eindeutig grimmige Bösewichter, dazu ein fabelhaft einstudierter Ringkampf, der dieser Inszenierung schon um seiner sportiven Qualitäten willen einen Gastspielerfolg auch in der englisch sprechenden Welt garantieren dürfte. Wie der junge Orlando den aberwitzig dicken Ringer Charles, nachdem er mehrfach beinahe zu Boden gegangen war, hoch in die Luft wirbelte: so etwas sieht man auf deutschen Bühnen sonst nicht.

Doch im Ardenner Wald führte die ununterbrochene Omnipräsenz der einander bei Shakespeare rhythmisch und beziehungsvoll folgenden Szenen doch zu einer gewissen langwierigen Atemlosigkeit. Nicht nur die Sätze, die Äußerungen, sondern auch die Gefühle traten sich sozusagen gegenseitig auf die Füße. Weniges konnte ausschwingen, wirken. Die opulente Fülle, ohne sichtbare Strenge dargeboten, schuf also ein Entertainment-Klima, demgegenüber sich nur glänzende Schauspieler hätten zwingend bewähren und profilieren können. Aber die konnte Stein nicht für alle wichtigen Rollen aufbieten; und so schadeten die weniger guten Schauspieler leider nicht nur sich selbst, sondern dem Ganzen. [...]

Merkwürdig: In ihrer Opulenz erinnerte die Aufführung an Max Reinhardts Theater, in ihrer wildwesthaften Naivität an den *Drachen* von Benno

Besson. Stein, eben noch als ästhetizistisch-elitär verschrien, geht weit hinter die Gegenwart zurück bei seiner Bemühung um Volkstheater. Seine Freiheit läßt dabei steriles Staatstheater als blutleer, bemüht-bürgerlich erscheinen gegenüber dieser Mischung aus Genialischem und Primitivem.

Winterreise (1977)

Peter von Becker: *Hölderlin im Olympiastadion* (*Theater heute,* Januar 1978)
Kein Unterfangen in der jüngeren (deutschen) Theatergeschichte ist diesem vergleichbar gewesen. Kein anderer Theaterabend läßt sich den zwei Stunden einer angebrochenen Winternacht, Dezember 1977 im Berliner Olympiastadion, durch einbildungskräftige Erinnerung zuordnen. Überhaupt ist es nicht möglich, in einer Zeit der verwalteten Unordnung in unseren Städten und Köpfen im Kopf eines einzelnen oder in den Gedanken vieler neben frühere Theatereindrücke jetzt nur einen weiteren, scharf umrissenen Eindruck zu heften, darin sich noch nachzeichnete die Erfahrung, wie hier der eisige, heiße Hauch eines oftmals Ermordeten, selten Erlebten zu spüren, zu ahnen war. Ein Hauch, der herwehte durch die Geschichte seit Hölderlins Tod und allen anderen Toden, eine kalte Luft, die wir selbst geatmet haben, ein Wind, der draußen fortbläst.
Außerordentlich, unvergleichbar – die Vokabeln sollen nicht vortäuschen, Klaus Michael Grüber und die Schauspieler der Berliner Schaubühne hätten mit Textfragmenten aus Friedrich Hölderlins *Hyperion* in der Sportarena etwas erspielt, dem die Kritik gar nicht mehr nachreichen könnte. Kritik, Beschreibung, mitlaufende Phantasie – nichts von allem wird *nicht* provoziert durch diese *Winterreise.* Viele, viel mehr Fragen als nach einer gewöhnlichen Theateraufführung bleiben, und auch mehr Antworten erscheinen denkbar. Denn die Zuschauer selber sind ja auf *Winterreise* – der Jahreszeit nach, im allgemeinen politischen, kulturellen Klima und als Teilnehmer einer höchst seltsamen, großartigen, doch nie (von wegen des Ambiente!) größenwahnsinnigen, einer gewaltigen, doch nicht gewalttätigen, einer so abweisenden wie einladenden, auf keine in Köpfen und Gemütern längst verfestigte Haltungen eingefrorenen Veranstaltung. Dabei ist das Schöne (gewesen), daß man eben nicht mit Verstand ganz ermessen oder vergleichen kann, was Grübers Inszenierung nun mit anderen Theaterinszenierungen zu tun hat oder wie nah, wie fern das in Berlin Vorgegangene einem rein literarischen Hölderlin-Verständnis stehen mag. Die *Winterreise,* obwohl auch trivialer Beförderung nicht verschlossen, entzieht sich einer trivialen Vergleichslogik. Die *Winterreise* im einstigen Hitler-Stadion ist vielmehr an den Grenzen des Theaters eine Entdeckungsreise ganz und gar besonderer Art: Der Versuch, an einem von neu-

zeitlichem Geschichtsmythos geprägten und mißbrauchten Ort unsere eigene derzeitige und vergangene Geschichte uns in den merkwürdigen, merk-würdigen Sätzen und Sehnsüchten eines am Schreibtisch von Deutschland nach Griechenland abgestürzten, hochgestürzten Kopfs neu anzuverwandeln. Hölderlin und ein Stück Heutiges in ein fremd Vertrautes, noch Unbekanntes, auch nach dieser Veranstaltung noch nicht Erkennbares zu verwandeln. Diese Anstrengung mußte scheitern und konnte im Scheitern doch gelingen. Gelang auch, weil die Inszenierung – anders als andere Inszenierungen – sich fortsetzt, fortsetzen konnte in denen, die sie gesehen haben. [...]

Trilogie des Wiedersehens (1978)

Roland H. Wiegenstein: *Theatertendenzen heute (Merkur,* Oktober 1978) Strauß schreibt zwischen den Szenen Black-outs vor, Peter Stein hat die Szenen so ineinandergeschoben, wie er das auch bei den *Sommergästen* getan hat. So ist eine Fortsetzung entstanden, die zwar dem Ausgangsmaterial des Autors entsprechen mag, nicht aber seinen im Stück manifest gewordenen Intentionen. Stein blickt aus großer Distanz auf seine Figuren und siehe da – sie werden (fast) alle lächerlich, etwas törichte kleine Leute in Umständen, in denen sie sich für halbgroße halten können. Ich habe nie bisher eine Inszenierung von Peter Stein gesehen, in die so viel Verachtung eingegangen ist – eine Verachtung für die Figuren, mit denen er es zu tun hat, die nur von Otto Sander durch schiere komische Inständigkeit und von Libgard Schwarz durch eine das Inszenierungskonzept energisch beiseitewischende tragische Allüre durchbrochen wurde. Natürlich ist das eine beinah perfekte, stellenweise ungeheuer komische Inszenierung, aber wir lachen auf Kosten anderer, und Stein lacht (oder grimassiert) auch noch auf unsere, des Publikums Kosten.

Hellmuth Karasek: *Personen einer Ausstellung* (*Der Spiegel,* 3. 4. 1978) [...] Daß Stein die Strauß-Figuren diesem Gelächter wirksam aussetzte, hat seiner Inszenierung den Vorwurf eingetragen, sie sei Boulevard-Theater, wenn auch von höchster Präzision und schonungsloser Menschenbeobachtung. Nur: Der hochnäsige Einwand vom Boulevard übersieht, daß das Stück den Boulevard-Charakter der gegenwärtigen Empfindungswelt zum Thema hat, daß seine Sentimentalität die Sentimentalität einer Zeit meint und trifft. [...]
Steins Schauspieler sind dem Publikum nahe und wirken doch, als agierten sie hinter Glas. Botho Strauß handelt von dem Gefühl, daß es nur noch vermittelte Gefühle gibt. Die Berliner Aufführung handelt danach.

Groß und klein (1978)

Günther Grack: *Gottbefohlen, mein Mißliebchen* (*Tagesspiegel*, 10. 12. 78)
[...] Anders als bei der *Trilogie des Wiedersehens,* Strauß' vorigem Stück, dessen dramaturgische Faktur Peter Stein so eigenwillig wie erfolgreich den Schaubühnen-Erfordernissen angepaßt hat, ist der Regisseur diesmal als treuer Diener seines Autors tätig geworden. Die Aufführung, Uraufführung, im CCC-Filmstudio draußen in Spandau-Haselhorst bringt den ungekürzten Text der Buchausgabe (erschienen bei Hanser) und die hundertvierzig Druckseiten in Bühnenwirklichkeit umzusetzen, braucht es, wie sich zeigt, viereinhalb Stunden einschließlich Pause: kurz nach Mitternacht tritt man wieder in die Winternacht, strebt dem Auto oder dem BVG-Sonderbus zu. Lohnt sich diese Anstrengung? So wird sich mancher Leser, etwas konsterniert, fragen, und ich zögere nicht, mit einem Ja zu antworten: Ja, wenn man daran interessiert ist, wie sich Theater heute dem Anspruch stellt, zeitgenössisches Leben zu spiegeln – rückhaltlos und rücksichtslos. Für die Strapaze, die diese viereinhalb Stunden bedeuten, entschädigt ein Reichtum an Bildern, an theatralisch festgemachter Erfahrung, der mit der Zeit eher noch wachsen als sich vermindern wird.

Das Filmstudio gibt sich jetzt als Stadttheater comme il faut (die allzu engen Foyers abgezogen): aus dem ansteigenden Halbrund eines mit gepolsterten Klappsesseln bestückten Auditoriums blickt man auf eine Bühne hinab, die dank einem ausgeklügelten System mehrfach gestaffelter Vorhänge einen raschen Szenenwechsel erlaubt. Die zehn Bühnenbilder Karl-Ernst Herrmanns, in einigen Fällen nichts als zweckmäßig, erreichen in anderen – im Verein mit Moidele Bickels Kostümen – eine eigene, den Charakter der betreffenden Szene unterstreichende Qualität: das Sylter Familienbild etwa, Menschen an einem Grillplatz im Garten unter einem flammenden Sonnenhimmel, übersetzt den Stil der Malerschule des Kritischen Realismus ins Szenische. Oder der Aufriß des Appartementhauses: achtmal neben- und übereinander das gleiche hell getünchte unmöblierte Zimmer mit der Tür rechts hinten und dem Fenster links seitlich, achtmal das gleiche Gehäuse, in dem der einzelne Mensch, der einzelne Gegenstand die Ausstrahlung einer Skulptur bekommt – besonders eindrucksvoll in der Gesamtwirkung, wenn Stein nicht nur das eine jeweils benötigte Zimmer ausleuchtet, sondern auch in den anderen die Schauspieler als stumme Figurationen der Einsamkeit ausstellt. [...]

Für ein schauspielerisches Ereignis ohnegleichen indes sorgt Edith Clever: als Lotte trägt sie den ganzen langen Abend, in allen zehn Szenen gefordert, mit einer physischen Kraft, mit einer intellektuellen und emotionalen Präsenz, die aufs höchste bewundernswert sind. Was alles in dieser Lotte steckt, dieser ganz alltäglichen und ganz geheimnisvollen Person, holt die Clever mit einer

Wandlungsfähigkeit hervor, die sie auf den Höhepunkt ihrer bisherigen künstlerischen Existenz führt. Von der demonstrativen Mondänität der Anfangsszene im marokkanischen Hotel über die schlichte Unauffälligkeit der zutunlich-hilfsbereiten jungen Frau bis zu dem albernen ganz jungen Mädchen, das sie in der Begegnung mit der Jugendfreundin unwillkürlich wieder wird, zeigt sie immer neue Seiten dieser Lotte vor. Und schlechterdings faszinierend, ja im alten Sinne des Wortes unheimlich ist es, was sie macht, wenn sie die Passagen religiöser Eingebung, der Überwältigung durch das Irrational-Metaphysische, zu spielen hat: es schreit aus ihr heraus, als wäre, wenn schon kein Teufel, doch ein Gott in sie gefahren [...]

Georg Hensel: *Ausführliche Erkrankung eines Engels (FAZ, 11. 12. 1978)*
[...] Wenn Edith Clever, die Touristin, im modischen Glitzerschick von Moidele Bickel, ihre falschen roten Fingernägel herunterblättert, da blättert bei ihr der gesamte Lack von ihrer Traumreise ab, und ihre Alptraumreise beginnt. Mitten im Spott über ihre Reisegruppe, bleibt Edith Clever an einem Wort wie *Jammertal* hängen und singt es leicht betrunken, aber tief verzweifelt laut und lang wie ein verlorenes Kind in der Nacht. Ihr hingestöhntes *Oh Gott* ist mehr als der konventionelle Seufzer: sie meint schon wirklich Gott. Mitten in einer Boulevardszene melden sich, hochgeschwemmt von Einsamkeit und Alkohol, die beiden großen Themen des Autors Botho Strauß an: die Erde ist ein Jammertal, und Gott schweigt sich dazu aus.

Peter Stein, der Regisseur, hat das Schwere noch nie zuvor so leicht verschweben, ja in scheinbarem Jux verpulvern lassen wie hier. Unter seinen Händen schießen die Szenen des Botho Strauß zusammen zu einer Komödie unserer alltäglichen Miseren, und manchmal ist es eine Posse unserer Lebensängste. Als Edith Clever zum ersten Mal unter ihrem Make-up einen Engel ahnen läßt, einen Frauen-Engel von der Barlach-Sorte, gottberauscht und erdenschwer, als sie sich plötzlich aus ihrer modischen Existenz in eine irreale Begeisterung mit Engelszungen redet, da hat sie eine glückliche, eine schrecklich glückliche Vision: *Die Erde wird unbemannt sein und aufblühn.* Es ist die einzige Passage eines sich aufdrängenden, nachfühlbaren Glücks im gesamten Stück: das Glück wird möglich, weil die Menschen ausgestorben sind.

Am Ende der Aufführung treibt es die weißhaarige zur Stadtstreicherin gewordene Lotte, die im Müllkasten wühlt wie eine wohlhabende Frau in ihrer exotischen Handtasche, in das Wartezimmer eines Arztes. Sie ist bei ihm nicht angemeldet, denn, so sagt sie: *Mir fehlt ja nichts.* Verwirrten Geistes sitzt sie, ihrer Krankheit unbewußt, im Krankenzimmer. Es ist die Endstation der Hoffnungslosigkeit. [...]

Reinhard Baumgart: *Scharfe Bilder, dunkle Bedeutung*
(*Die Zeit*, 15. 12. 1978)

[...] Für das letzte kurze Bild – wieder sitzt Lotte auf schmaler Vorbühne, jetzt in einem Internisten-Wartezimmer unter den Schauspielern des Abends – läßt Herrmann um den ganzen Zuschauerraum weiße Stoffbahnen ausfahren. Eine aufwendige Geste mit nur allzu deutlicher Absicht: Wir alle sind also nun in ein aseptisches Wartezimmer eingesperrt, ganz normale Kranke. Als einzige nicht mehr Behandelbare wird dann Lotte von der Bühne geschickt, die in ihren letzten Minuten dahockte wie endgültig kontaktlos, kontaktfrei, *geistig weggetreten*, wie man so sagt, entrückt, wie man ja auch sagen könnte.

So kam es noch am Ende zu diesem Widerspruch zwischen einem enormen theatralischen Aufwand (wieviel hundert Meter Stoffbahnen haben da in den Zuschauern wieviel bewirkt?) und einem viel kleineren, konkreten szenischen Anlaß, zu diesem Widerspruch, der sich durch lange Strecken der Inszenierung und auch durch den Straußschen Text zieht. Offenbar wäre es am einfachsten, einige dieser Szenen ins nur noch Bedeutende aufzublähen und alle anderen als eine Serie von satirischen Schnappschüssen gefällig nur auszubeuten. Aber, die Balance zwischen dem realistischen Material des Stücks und seinen ungleich vageren Bedeutsamkeitsgesten, läßt sie sich auf einer Bühne durchhalten? Die von Strauß verschämt und unverschämt offengelassene Frage, ob diese Lotte eben nur ein Krankheitsfall ist oder womöglich doch die einzige in ihrem Kern unbeschädigte Person unter allen (ob als Verrückte oder Entrückte) – kann sie, darf sie beantwortet werden?

Steins Inszenierung jedenfalls geriet, wo sie scharf und genau sein wollte, zu schnell und unbarmherzig voyeuristisch, und wenn sie Pathos riskierte, entlief sie rasch in bloße Virtuositäten. Was sich aus Straußens Sprache deutlich herauslesen läßt, die Zärtlichkeit und Trauer, mit denen er auch durchschaute Personen noch in Schutz nimmt, nicht verkommen läßt zu Karikaturen, das scheint schwer zu inszenieren. Oder liegt es doch an Strauß selbst? Weiß er in seiner unerhörten Kunstfertigkeit nicht, was er sein möchte und sollte: unser bester Boulevardier (wie Zadek eben vorgeschlagen hat), oder ein zeitgemäßer Tschechow, oder unser neuer Strindberg? Oder er selbst? [...]

1970

8.10. Bertolt Brecht: *Die Mutter;* Regie: Peter Stein; Bühne: Klaus Weiffenbach; Pelagea Wlassowa: Therese Giehse, Pawel Wlassow: Heinrich Giskes, Der Lehrer: Günter Lampe.

1971

23.1. Peter Handke: *Der Ritt über den Bodensee;* Regie: Claus Peymann/Wolfgang Wiens; Bühne: Karl-Ernst Herrmann; Kostüme: Moidele Bickel/Joachim Herzog; Emil Jannings: Otto Sander, Heinrich George: Bruno Ganz, Elisabeth Bergner: Jutta Lampe, Erich von Stroheim: Günter Lampe, Henny Porten: Edith Clever, Alice und Ellen Kessler: Barbara Bertram u. Barbara Sukowa.

2.2. H. M. Enzensberger: *Das Verhör von Habana;* Kollektivproduktion, u. a. mit Giskes, König, Laser, Menne, Nel, Prückner, Steckel, Stein.

Frühjahr Gerhard Kelling: *Die Auseinandersetzung;* Regie: Peter Stein; mit Giskes, Hacker, König, Mächtlinger, Menne, Nel, Prückner.

13.5. Henrik Ibsen: *Peer Gynt, 1. Teil, Jugend im Gudbrandstal;* Regie: Peter Stein; Dramaturgie: Botho Strauß; Bühne: Karl-Ernst Herrmann; Kostüme: Moidele Bickel/Joachim Herzog/Susanne Raschig; Peer Gynt: Michael König, Bruno Ganz, Wolf Redl, Aase: Edith Clever, Solveig: Jutta Lampe, Trollkönig: Otto Sander.

14.5. Henrik Ibsen: *Peer Gynt, 2. Teil, In der Fremde und Heimkehr;* Peer Gynt: Dieter Laser, Wolf Redl, Werner Rehm, Bruno Ganz, Kapitän: Otto Mächtlinger.

21.11. Hugo von Hofmannsthal: *Das gerettete Venedig;* Regie: Jan Kauenhowen und F.-P. Steckel; Dramaturgie: Ellen Hammer/Michael Pehlke; Bühne: Karl-Ernst Herrmann; Kostüme: Susanne Raschig; Belvidera: Elfriede Irrall, Antonio Jaffier: Bruno Ganz, Jacques Pierre: Wolf Redl, Aquilina: Jutta Lampe, Priuli: Peter Fitz.

1.12.   *Brecht – gelesen und gesungen von Therese Giehse;* Regie: Peter Fischer und Therese Giehse.

1972

19.1.   Johannes Schenk: *Transportarbeiter Jakob Kuhn;* Kollektivproduktion; Bühne: Brigitte Friesz u. Karl-Ernst Herrmann; Jakob Kuhn: Rüdiger Kirschstein, Olga Baschba: Rita Leska, Irma Kuhn: Angela Winkler, Erklärer: Dieter Laser, Zementbauer: Ulrich Wildgruber.

7.3.   Kollektivproduktion: *Märzstürme 1921;* Regie: Wolfgang Schwiedrzik; Bühne: Herrmann/B. Friesz; Paul Schrader: Peter Fitz, Josef Schneider: Michael König, Willy Breitenbach: Otto Sander, Stefan Beyer: Werner Rehm, Karl Stock: F.-P. Steckel, Erna Schrader: Jutta Lampe.

18.4.   Wsewolod Wischnewski: *Optimistische Tragödie;* Regie: Peter Stein; Dramaturgie: F.-P. Steckel/Dieter Sturm; Bühne: Klaus Weiffenbach; Kostüme: Susanne Raschig; Der Anführer: Peter Fitz, Der Heisere: Otto Sander, Alexej: Ulrich Wildgruber, Kommandeur: Rüdiger Hakker, Kommissar: Elke Petri.

18.8.   Ödön von Horváth: *Geschichten aus dem Wiener Wald;* Regie: Klaus Michael Grüber; Dramaturgie: Dieter Sturm; Bühne: Karl-Ernst Herrmann; Kostüme: Moidele Bickel; Marianne: Jutta Lampe, Alfred: Michael König; Oskar: Bruno Ganz; Valerie: Edith Clever, Die Großmutter: Elfriede Irrall, Die Mutter: Katharina Tüschen, Der Rittmeister: Otto Sander, Havlitschek: Tilo Prückner.

4.11.   Heinrich von Kleist: *Prinz Friedrich von Homburg;* Regie: Peter Stein; Dramaturgie: Botho Strauß; Bühne: Karl-Ernst Herrmann; Kostüme: Moidele Bickel; Kurfürst von Brandenburg: Peter Lühr, Die Kurfürstin: Katharina Tüschen, Natalie: Jutta Lampe, Prinz von Homburg: Bruno Ganz, Oberst Kottwitz: Otto Sander.

19.12.   Marieluise Fleißer: *Fegefeuer in Ingolstadt;* Regie: Peter Stein; Bühne: Karl-Ernst Herrmann; Berotter: Otto Mächtlinger, Olga: Angela Winkler, Clementine: Sabine Andreas, Roelle: Rüdiger Hacker, Hermine Seitz: Elke Petri, Christian: Ingo Lampe.

14.3.   Botho Strauß: *Die Hypochonder,* Regie und Bühne: Wilfried Minks; Dramaturgie: Dieter Sturm; Kostüme: Moidele Bickel/Joachim Herzog; Vladimir: Peter Fitz, Nelly: Edith Clever, Vera: Jutta Lampe, Gebrüder Spaak: Otto Sander und Otto Mächtlinger, Elisabeth: Christine Oesterlein, Jakob: Peter Fitz.

12.4.   Kollektivproduktion: *Gilgamesch und Engidu,* 1. Teil, u.a. mit Prückner, Menne, Winkler, Ingo Lampe.

16.4.   Bertolt Brecht: *Die Ausnahme und die Regel;* Regie: F.-P. Steckel; Bühne: Susanne Raschig; Kaufmann: Wolf Redl, Kuli: Michael König, Führer: Werner Rehm.

1.9.   Eugène Labiche: *Das Sparschwein* (übersetzt und bearbeitet von Botho Strauß); Regie: Peter Stein; Dramaturgie: Jean Jourdheuil; Bühne: Karl-Ernst Herrmann; Kostüme: Susanne Raschig; Champbourcy: Otto Sander, Leonida: Jutta Lampe, Colladan: Wolf Redl, Cordenbois: Werner Rehm, Cocarel: Peter Fitz, Tricoche: Gerd David.

6.2.   *Antikenprojekt,* 1. Abend, *Übungen für Schauspieler;* Gesamtleitung: Peter Stein; Dramaturgie: F.-P. Steckel; Raum: Karl-Ernst Herrmann; Musik: Peter Fischer; Atemtechnik: Gerd Kaminski; Körpertraining: Miloslav Lipinsky.

7.2.   *Antikenprojekt,* 2. Abend, Euripides: *Die Bakchen;* Regie: Klaus Michael Grüber; Dramaturgie: Dieter Sturm; Bühne: Gilles Aillaud/Eduardo Arroyo; Kostüme: Susanne Raschig; Übungen für Chor: Gerd Kaminski; Dionysos: Michael König, Pentheus: Bruno Ganz, Agaue: Edith Clever.

26.6.   Peter Handke: *Die Unvernünftigen sterben aus;* Regie: Peter Stein; Bühne: Klaus Weiffenbach; Kostüme: Moidele Bickel; Quitt: Bruno Ganz, Quitts Frau: Angela Winkler, Paula Tax: Sabine Andreas.

31.8.   Heiner Müller: *Der Lohndrücker;* Regie: F.-P. Steckel; Dramaturgie: Johann Zischler; Bühne: Susanne Raschig; Balke: Willem Menne, Direktor: Wolf Redl, Karras: Michael König.

22.12.   Maxim Gorki: *Sommergäste,* Fassung von Peter Stein und

Botho Strauß; Regie: Peter Stein; Dramaturgie: Botho Strauß/Ellen Hammer; Musik: Peter Fischer; Bühne: Karl-Ernst Herrmann, Kostüme: Susanne Raschig; Sergej Basow: Wolf Redl, Warwara: Edith Clever, Wlas: Michael König, Dudakow: Werner Rehm, Olga: Sabine Andreas, Suslow: Otto Sander, Schriftsteller: Bruno Ganz, Ärztin: Jutta Lampe, Doppelpunkt: Günter Lampe, Pawel Rjumin: Rüdiger Hacker, Wächter: Otto Mächtlinger, Eberhard Feik.

1975

15.3.   Franz Xaver Kroetz: *Oberösterreich*/Sean O'Casey: *Das Ende vom Anfang;* Schauspielerproduktion, erarbeitet von Bruno Ganz, Eberhard Feik, Ilse Ritter, Susanne Raschig, Joachim Herzog, Wolf Redl, Otto Sander, Katharina Tüschen.

18.3.   *Gilgamesch und Engidu,* 2. Teil; Kollektivproduktion, u. a. mit Prückner, Menne, Wameling, Österlein, Mächtlinger, Diehl.

14.12.   (Friedrich Hölderlin:) *Empedokles. Hölderlin lesen;* Regie: Klaus Michael Grüber; Dramaturgie: Dieter Sturm, Bühne: Antonio Recalcati; Kostüme: Moidele Bickel und Susanne Raschig; Empedokles: Bruno Ganz.

1976

11.3.   Bertolt Brecht: *Der Untergang des Egoisten Fatzer;* Regie: F.-P. Steckel; Dramaturgie: Wolfgang Storch; Bühne: Karl-Ernst Herrmann; Kostüme: Joachim Herzog; Fatzer: Wolf Redl, Therese Kaumann: Angela Winkler.

6.6.   Else Lasker-Schüler: *Die Wupper;* Regie: Luc Bondy; Bühne: Karl-Ernst Herrmann; Kostüme: Moidele Bickel u. Joachim Herzog; Charlotte Sonntag: Jutta Lampe, Heinrich: Werner Rehm, Großvater Wallbrecker: Otto Sander, Carl Pius: Gerd David, Mutter Pius: Ilse Ritter, Lieschen: Angela Winkler, Berta: Libgart Schwarz, Der Pendelfrederech, Lange Anna, Der Gläserne Amadeus: Rüdiger Hacker, Günter Lampe, Willem Menne.

| 22.12.
und
23.12. | *Shakespeares Memory,* Bilder und Texte; Regie: Peter Stein; Dramaturgie (und, mit anderen, Zusammenstellung der Texte): Dieter Sturm; Bühne: Karl-Ernst Herrmann; Kostüme: Moidele Bickel, Joachim Herzog, Susanne Raschig; Musik: Eichhorn/Groenewold/Kastner/Stern. |

1977

13.2.	Alfred de Musset: *Man spielt nicht mit der Liebe;* Regie: Luc Bondy; Dramaturgie: Ellen Hammer/Jean Jourdheuil; Bühne und Kostüme: Susanne Raschig; Der Baron: Werner Rehm, Perdikan: Rüdiger Hacker, Camille: Ilse Ritter, Rosette: Tina Engel.
26.3.	Georges Courteline: *Die ganz begreifliche Angst vor Schlägen;* erarbeitet von: Andreas/Diehl/Fitz/Hansen/Kauenhowen/Klett/König/Redl/Sander; Bühne: Uwe Oelkers; Kostüme: Dagmar Niefind.
4.6.	Libgart Schwarz: *Limes;* Regie, Bühne, Darstellung: Libgart Schwarz.
20.9.	Shakespeare: *Wie es euch gefällt;* Regie: Peter Stein; Dramaturgie: Ellen Hammer, Dieter Sturm; Bühne: Karl-Ernst Herrmann; Kostüme: Moidele Bickel; Musik: Peter Hamel; Rosalind: Jutta Lampe, Celia: Tina Engel, Der alte Herzog: Günter Lampe, sein Bruder: Otto Sander, Hofnarr: Werner Rehm, Oliver: Eberhard Feik, Orlando: Michael König, Jacques: Willem Menne, William: Hans Diehl, Landpfarrer: Otto Sander, Le Beau: Rüdiger Hacker.
1.12.	Hölderlin/Grüber: *Winterreise;* Regie: Klaus Michael Grüber; Dramaturgie: Bernard Pautrat/Ellen Hammer; Mitarbeit und Organisation: Hannes Klett; Bild: Antonio Recalcati; Kostüme: Bickel/Niefind; (Hyperion): Willem Menne.

1978

| 21.3. | Botho Strauß: *Trilogie des Wiedersehens;* Regie: Peter Stein; Bühne: Karl-Ernst Herrmann; Kostüme: Dagmar Niefind; Susanne: Libgart Schwarz, Moritz: Peter Fitz, Elfriede: Elke Petri, Lothar: Werner Rehm, Ruth: Edith Cle- |

ver, Marlies: Tina Engel, Felix: Roland Schäfer, Richard: Otto Sander, Peter: Paul Burian.

2.4.   Herbert Achternbusch: *Ella;* Regie: Michael König; Bühne: Karl-Ernst Herrmann; Kostüme: Moidele Bickel; Ella: Jutta Lampe, Josef: Michael König.

8.12.   Botho Strauß: *Groß und klein;* Regie: Peter Stein; Bühne: Karl-Ernst Herrmann; Kostüme: Moidele Bickel; Lotte: Edith Clever.

1979

12.2.   Robert Wilson: *Death Destruction & Detroit;* Regie und Bühnenbilder: Robert Wilson. Die Aufführung ist keine Produktion der Schaubühne, die Wilson nur das Haus überlassen hat. Von dem Schaubühnen-Ensemble beteiligen sich Otto Sander, Gerd Wameling, Sabine Andreas und Otto Mächtlinger an dieser *Liebesgeschichte in 16 Szenen.*

(Die Angaben zu den Besetzungen beschränken sich auf die wichtigsten Rollen).

Register

Adamov, Arthur 50, 252
Adorno, Theodor W. 190
Aillaud, Gilles 59, 166, 250
Aischylos
Orestie 71
Der gefesselte Prometheus 164, 175
Ali, Muhammed 166
Andreas, Sabine 82, 116, 187, 201, 210
Aristophanes 22
Weiber-Volksversammlung 22
Aristoteles 251
Arroyo, Eduardo 59 f., 166, 250

Baader, Andreas 64
Barlach, Ernst 266
Barlog, Boleslaw 17
Baumgart, Reinhard 235, 236, 246, 255 ff., 267
Becker, Peter von 224, 235, 263 f.
Becker, Rolf 22
Beckett, Samuel 191, 252
Beissner, Friedrich 256
Bernhard, Thomas 89
Der Ignorant und der Wahnsinnige 88
Besson, Benno 263
Bickel, Moidele 58, 60, 61, 82, 105 ff., 119, 123, 145, 241, 259, 260, 265
Bienert, Gerhard 231
Bison, Olaf 247
Bond, Edward 17, 24, 26, 27, 67
Gerettet 17, 27
Early Morning (Trauer zu früh) 25, 27, 89, 92,
Lear 43
Bondy, Luc 46, 60, 68, 96, 200 ff.
Borchert, Wolfgang
Draußen vor der Tür 233
Borges, Jorge Luis 220
Brahm, Otto 14
Brasch, Thomas 67
Brecht, Bertolt 9, 13, 14, 17, 20, 29, 37, 41, 51, 98 ff., 150, 214, 237 f., 242, 244, 252, 255
Fatzer-Fragment 14, 67, 68, 74, 80, 83, 98
Die Mutter 14, 34, 36, 39, 40, 41, 58, 65, 67, 89, 92, 98 ff., 110, 221, 237 f.
Im Dickicht der Städte 17, 51, 67, 260
Die Ausnahme und die Regel 38, 67, 158
Die Maßnahme 98
Die heilige Johanna der Schlachthöfe 98
Bremer, Claus 22
Brentano, Bernard von 70
Brock, Bazon 172
Unterstzuoberst 161
Brook, Peter 14
Buckwitz, Harry 17, 18, 28, 77
Büchner, Georg
Leonce und Lena 200
Busch, Wilhelm 124

Clever, Edith 20, 24 f., 26, 75, 80, 83 ff., 104, 108 ff., 121, 150, 168 f., 186, 225, 228 f., 238, 252 f., 255, 265 f.

Courteline, Georges 46
  *Die ganz begreifliche Angst vor
  Schlägen* 46, 76
Danzeisen, Peter 29
David, Gerd 80, 202
Deichsel, Wolfgang
  Frankenstein 92
Diehl, Hans 74, 191, 201, 202
Dorn, Dieter 84
Düggelin, Werner 26, 224

Ehrenburg, Ilja 140
Ehrlich, Peter 27, 28
Engel, Tina 82, 213
Engels, Friedrich 125
Enzensberger, Hans Magnus 14, 45
  Das Verhör von Habawa 14
Erdmann, Nikolai 29
Erfurth, Ulrich 29
Eschenburg, Johann Joachim 215,
  261
Euripides, 12, 42, 52, 65, 83
  Die Bakchen 12, 44, 52, 53, 59,
  74, 77, 83 f., 91, 160 ff., 251
Everding, August 17

Fassbinder, Rainer Werner 20, 115
Fehling, Jürgen 253
Feik, Eberhard 164, 215
Fitz, Peter 77, 80, 138, 143 ff., 151,
  159, 167, 215, 224, 242 f.
Fleißer, Marieluise 65, 66
  Fegefeuer in Ingolstadt 47, 68,
  82, 158
Friedrich, Caspar David 44, 54
Froboess, Cornelia 84
Füssli, Johann Heinrich 124

Ganz, Bruno 20, 24, 26, 27, 28, 44,
  56, 73, 75, 80, 86 ff., 104, 107 ff.,
  117 f., 148, 150 ff., 167, 186,
  190 f., 238, 255, 256 f.

Gatti, Armand 67
Gelhaar, Klaus 29
Genet, Jean 68
Giehse, Therese 36, 74, 98 f., 237
Giesing, Dieter 220
Giskes, Heinrich 27, 73 f., 98, 169
Goethe, Johann Wolfgang 19, 23,
  89
  Tasso 19, 22 ff., 26, 43, 49, 64,
  77, 87, 88 f., 92, 187, 246, 247
  Faust 55, 120, 128, 193
  Stella 200
Goldoni, Carlo 20, 240
  Das Kaffeehaus 20
Gorki, Maxim 14, 34, 60, 65, 66,
  181 ff., 254, 255
  Sommergäste 35, 41, 44, 47, 61,
  77, 80, 82, 86, 91, 96, 98 ff.,
  181 ff., 219, 254 f., 262, 264
Grack, Günther 235, 236, 243,
  265 f.
Grass, Günther 29
Grotowski, Jerzy 14, 252
Grüber, Klaus Michael 15, 20, 46,
  49, 50 ff., 58 f., 67 f., 70, 82, 83,
  91, 92, 93 f., 144 ff., 160, 165 ff.,
  192 ff., 218, 235, 236, 243,
  250 ff., 256 ff., 263 f.
Gründgens, Gustav 20

Hacker, Rüdiger 80, 82, 169, 187,
  202, 251
Hallwachs, Peter 92
Handke, Peter 14, 65, 66, 84, 91,
  101 ff., 187, 238
  Ritt über den Bodensee 14, 40,
  41, 80, 86, 89, 92, 98, 101 ff.,
  238 f.
  *Die Unvernünftigen sterben
  aus* 14, 113 ff.
Heising, Ulrich 26

Henrichs, Benjamin 235, 236, 260 f.
Hensel, Georg 236, 250, 266
Herrmann, Karl-Ernst 46, 58 ff., 93,
    103, 117, 145 f., 151, 161, 184,
    203, 213 ff., 224, 233, 239, 241,
    243, 249, 258, 260 f., 265, 267
Herzog, Joachim 119, 241
Heyme, Hansgünther 34
Hilbert, Ulrich 241
Hilpert, Heinz 20
Hitchcock, Alfred 220
Hodler, Ferdinand 239
Hölderlin, Friedrich 14, 52, 56, 66,
    91, 187 ff., 192 ff., 256 ff., 263 f.
    Empedokles 14, 35, 44, 52, 69,
    74, 82, 91, 187 ff., 218, 256 ff.
    (Winterreise, nach Hyperion 40,
    42, 52, 55, 57, 187, 192 ff.)
Hofer, Johanna 231
Hoffmann, Hilmar 29
Hofmannsthal, Hugo von 14
    Das gerettete Venedig 14, 59, 68,
    77, 92, 243
Hollmann, Hans 26
Horváth, Ödön von 15, 29, 65, 66,
    144 ff., 243 ff., 252
    *Geschichten aus dem Wiener
    Wald* 15, 41, 44, 51 f., 54, 58, 59,
    61, 76, 77, 82, 86, 89, 92 ff.,
    144 ff., 158, 218, 243 ff.
    Glaube Liebe Hoffnung 200
Hübner, Kurt 9, 19, 20 f., 22 ff., 50,
    87, 92

Ibsen, Henrik 40, 56, 59, 66, 73,
    121 f., 124, 131, 135, 136, 168, 239 f.
    Peer Gynt 12, 28, 32, 39, 40, 41,
    42, 43, 46, 47, 49, 61, 62, 86, 89,
    92, 116 ff., 138, 159, 161, 219,
    235, 239 ff., 242, 243, 246
    Nora 168

Irral, Elfriede 146
Jäger, Gerd 33
Jarry, Alfred 128
    König Ubu 128
Jessner, Leopold 14
Joyce, James 140

Kaiser, Joachim 236, 245 f., 257 f.,
    261 ff.
Kaminski, Gerd 252
Karasek, Hellmuth 224, 235, 237 f.,
    240 f., 242 f., 249, 254, 259 f., 264
Karge, Manfred 152
Karsunke, Yaak 23 f.
Kelling, Gerhard 38
    Die Auseinandersetzung 38, 39
Kerr, Alfred 251
Kirschstein, Rüdiger 27, 75, 99
Kleist, Heinrich von 14, 41, 44, 65,
    150 ff., 245 ff.
    Prinz von Homburg 14, 35, 44,
    47, 59, 61, 64, 66, 74, 75, 90, 96,
    150 ff., 236, 245 ff.
    Penthesilea 51, 150, 219
    Käthchen von Heilbronn 248
Klimt, Gustav 25
Kneidl, Helga 140
König, Michael 73, 75, 77, 93, 121,
    150, 166, 186, 210, 213, 255
Kortner, Fritz 16 f., 120, 253
Kouenhowen, Jan 77
Kroetz, Franz Xaver 14, 46
    Oberösterreich 14, 66

Labiche, Eugène 11, 14, 66, 158 ff.
    Das Sparschwein 11, 14, 41, 44,
    47, 59, 61, 76, 80, 96, 158 ff.,
    219, 249 f.
Lampe, Günther 27, 75, 80, 99,
    104, 110 f., 187, 202, 238
Lampe, Jutta 20, 24 f., 26, 28, 31,

56, 75, 80, 82, 86, 92 ff., 104,
109 ff., 150 f., 154, 159, 186,
191 f., 201 f., 213, 218, 231, 238,
250, 255, 256, 259
Langhoff, Matthias 152
Langhoff, Wolfgang 139
Laser, Dieter 27, 28, 73 f., 148, 150
Lasker-Schüler, Else 14, 66, 200 ff.
Die Wupper 14, 46, 60, 68, 77,
82, 83, 96, 200 ff.
Laube, Horst
Der Dauerklavierspieler 200
Lausen, Uwe 27
Lehmann, Günter 113
Lenin, W. I. 237
Leska, Rita 27, 75
Lipinsky, Miloslav 252
Löffler, Peter 26 f.
Lorca, Garcia 108
Lühr, Peter 75, 151, 154
Luft, Friedrich 144, 235, 236, 239,
244, 251, 254 f., 258

Mächtlinger, Otto 27, 75, 80, 81
Mao Tsetung 237
Marks, Eduard 92
Marivaux, Pierre
*Spiel von der Liebe und vom Zu-
fall* 200
Marx, Karl 125
May, Karl 118, 121
Meinhof, Ulrike 64
Menne, Willem 80, 191, 193, 202,
242, 261
Meyerhold, Wsewolod 139
Michaelis, Rolf 224, 235, 236, 237,
238, 244 f., 247 f., 255
Middleton & Rowley 26, 92
Changeling 26
Minks, Wilfried 19, 20 f., 24 f., 46,
50, 58, 61, 68, 158

Morgenstern, Christian 119, 129
Müller, Heiner 14, 43
Lohndrücker 14, 46, 58, 68, 80
Macbeth-Bearbeitung 43
Münch, Richard 90
Musset, Alfred de
Man spielt nicht mit der Liebe 46,
68

Nagel, Ivan 23
Nel, Christof 68
Noelte, Rudolf 253
Nürmberger, Wolfgang 29

O'Casey, Sean 26, 46
Kikeriki 26, 92

Palitzsch, Peter 19, 29
Petri, Elke 47, 82, 139, 142 f., 159,
187, 210, 215, 231, 242 f., 255
Peymann, Claus 13, 28, 30, 31, 34,
40, 58, 67, 88, 101 ff., 220, 238 f.
Picasso, Pablo 140
Piscator, Erwin 14, 37, 242
Poppy, Ricarda 241
Prückner, Tilo 27, 28, 39, 74, 75,
129

Quadflieg, Will 89

Racine, Jean-Baptiste 66
Raschig, Susanne 25, 58, 60, 119,
241
Rath, Karl vom 29
Recalcati, Antonio 59, 193
Redl, Wolf 73, 80, 154, 159, 186,
255, 259
Rehm, Werner 20, 24, 73, 77, 123,
154, 159, 187, 188, 201, 213, 215
Reible, Dieter 28
Reichmann, Wolfgang 27, 90

Reinhardt, Max 14, 262
Rischbieter, Henning 37, 99, 144, 146, 201, 202, 235, 241 f.
Ritter, Heinz 235, 236, 248 f., 249 f.
Ritter, Ilse 82, 201, 255
Rohmer, Eric 80
Rudolph, Niels-Peter 67, 220, 224, 225
Rühle, Günther 102, 235, 236, 256 f.
Rühmkorf, Peter 63
  Was heißt hier Volsinii? 63
  Die Handwerker kommen 63

Samel, Udo 232
Sander, Otto 75, 76 f., 80, 104, 109, 138, 146, 151, 159, 167, 187, 202, 210, 213, 238, 242 f., 250, 255, 259, 264
Sattler, D. E. 187
Schalla, Hans 92
Schenk, Johannes 38
  Transportarbeiter Jakob Kuhn 38, 158
Schiller, Friedrich 19, 20
  Die Räuber 19, 70, 87
  Kabale und Liebe 20, 87, 92
Schitthelm, Jürgen 29, 32
Schlegel, August Wilhelm 215, 261
Schloz, Günther 238 f., 258 f.
Schütz, Klaus 37
Schulte-Frolinde, Georg 119, 129
Schwab, Gustav 102
Schwarz, Libgart 56, 82, 191 f., 203, 211, 224, 256, 264
Schwarz, Wolfgang 24
Schwiedrzik, Wolfgang 38, 98 ff.
Sellner, Rudolf 20
Shakespeare, William 13, 19, 20, 65, 66, 112, 203 ff., 258 ff.
  Wie es euch gefällt 13, 41, 45,

47, 60, 62, 96, 204, 213 ff., 236, 260 ff.
  Maß für Maß 19, 84, 87, 92
  Macbeth 19, 87
  Hamlet 19, 87, 92, 204
  Sturm 20, 150
  Heinrich IV 90
  Was ihr wollt 200
  Richard II 203
  Der Kaufmann von Venedig 204
  Lear 204
  Othello 204
  Das Wintermärchen 204
  Richard III 204
Shaw, George Bernard 262
Sperr, Martin 17, 50
Stanislawski 14
Steckel, Frank-Patrick 38, 46, 59, 68, 77, 98 ff., 158, 237
Strauß, Botho 14, 35, 44, 59, 65, 66, 67, 107, 119, 130, 132 f., 152, 154 ff., 158 f., 181, 184 f., 218 ff., 248, 249, 254 f., 264 ff.
  Die Hypochonder 14, 46, 68, 158, 220, 223
  Trilogie des Wiedersehens 41, 45, 49, 56, 58, 76, 80, 82, 84, 220, 222 ff., 235, 264
  Groß und klein 67, 70, 84, 220, 226 ff., 265 ff.
  Bekannte Gesichter, gemischte Gefühle 220, 223
Strehler, Giorgio 50, 89 f., 240, 260
Strindberg, August 267
Stroux, Karlheinz 17
Sturm, Dieter 30, 35, 46, 51, 69, 104 ff., 121 ff., 144 f., 161, 189, 203, 218 f., 243, 259

Tairow, Alexander 136
Tarlé, E. W. 255

Torelli, Giacomo 62
Tschechow, Anton 181, 184, 185,
   231, 255, 267
   Onkel Wanja 184
   Der Kirschgarten 184
   Die Möwe 184
Tüschen, Katharina 247

Völker, Klaus 26

Walser, Martin 67
Walser, Robert 70
Wameling, Gerd 80, 201
Wayne, John 129
Wedekind, Frank 87
Weiffenbach, Klaus 29, 32, 58, 100,
   138
Weiss, Peter 17
   Vietnam-Diskurs 17, 20
Wendt, Ernst 67
Wiegenstein, Roland H. 235, 264
Wiens, Wolfgang 40, 101 ff., 238 f.

Wildgruber, Ulrich 47, 74, 138,
   141 ff., 242
Williams, Tennessee
   Die Glasmenagerie 92
Wilson, Robert
   Death Destruction & Detroit 71
Winkler, Angela 82, 116, 202
Wischnewski, Wsewolod 14, 42,
   66, 82, 136 ff.
   Optimistische Tragödie 14, 35,
   41, 44, 47, 58, 74, 77, 80, 82,
   136 ff., 158, 236, 241 ff.
   *Gericht über die Meuterer von
   Kronstadt* 139
   Das letzte Gefecht 139
Wolf, Friedrich 139

Zadek, Peter 19, 20, 24 f., 66, 74,
   84, 87, 92, 204, 267
Zankl, Horst 115
Zipes, Jack 69

Fotonachweis

Ilse Buhs S. 48 – 78 – 216/217

Helga Kneidl S. 81 – 85 – 88 – 114/115 – 140 – 141 – 141 – 142 – 143 – 147 – 149 – 153 – 156/157 – 160 – 162 – 163 – 167 – 170/171 – 176 – 179 – 182/183 – 186 – 189 – 191

Abisag Tüllmann S. 2/3 – 100 – 106 – 119 – 126/127 – 135

Günter Vierow S. 21 – 21

Ruth Walz S. 53 – 79 – 95 – 194/195 – 196/197 – 206 – 207 – 208/209 – 212 – 215 – 222 – 225 – 227 – 228 – 230 – 232

Der Verfasser dankt den Autoren für die freundliche Genehmigung, die im Pressespiegel S. 237 – 268 zitierten Auszüge aus Besprechungen abzudrucken.

Theaterbücher bei Hanser

Theaterbuch 1
Herausgegeben von H. Laube unter Mitarbeit von B. Landes. Mit Stücken von
J. M. R. Lenz, H. Müller, R. W. Fassbinder, G. Loschütz, W. Deichsel und
H. Laube. 1978. 328 Seiten. Broschur.

Volker Canaris,
Peter Zadek. Der Theatermann und Filmemacher.
Theaterbuch 2. Herausgegeben von Peter von Becker und Peter Iden. 1979.
288 Seiten mit 45 Abbildungen. Broschur.

Peter Iden,
Die Schaubühne am Halleschen Ufer 1970–1979. Theaterbuch 3. 288 Seiten
mit 51 Abbildungen. Broschur.

Elias Canetti,
Hochzeit. Komödie der Eitelkeit. Die Befristeten. Dramen 1976. 256 Seiten.
Leinen.

Botho Strauß,
Die Hypochonder. Bekannte Gesichter, gemischte Gefühle. Zwei Theater-
stücke. 1979. 136 Seiten mit 8 Seiten Abbildungen. Broschur.
– Groß und klein. Szenen. 1978. 144 Seiten. Broschur.
– Trilogie des Wiedersehens. Theaterstück. 3. Auflage 1978. 128 Seiten. Bro-
schur.

George Tabori,
Ich wollte meine Tochter läge tot zu meinen Füßen und hätte die Juwelen in
den Ohren. Improvisation über Shakespeares Shylock. Dokumentation einer
Theaterarbeit. Herausgegeben von Andrea Welker und Tina Berger. Großfor-
mat. 1979. Ca. 100 Seiten mit ca. 40 Fotos. Broschur.

Raymond Roussel,
Die Prädestinierten. Zwei Theaterstücke. Herausgegeben von Klaus Völker.
Aus dem Französischen von Klaus Völker und Jürg Laederach. 1978. 264
Seiten.

Ernst Toller
Gesammelte Werke. Herausgegeben von W. Frühwald und J. Spalek. 1978.
Fünf Textbände in Kassette. Broschur.

Der Fall Toller
Herausgegeben von Wolfgang Frühwald und John Spalek. Kommentar und Materialien. 1979. 324 Seiten mit 24 Seiten Abbildungen. Broschur.

Benjamin Henrichs,
Beruf Kritiker
Rezensionen. Polemiken, Liebeserklärungen. 1978. 260 Seiten. Broschur.

Theater und Aufklärung
Dokumentation zur Ästhetik des französischen Theaters im 18. Jahrhundert. Herausgegeben und kommentiert von Renate Petermann und Peter Volker Springborn. Einleitung von Martin Fontius. 1979. 891 Seiten. Leinen.